Heroes

INIO ASANO

TOKYOPOP

Heroes

Inhalt

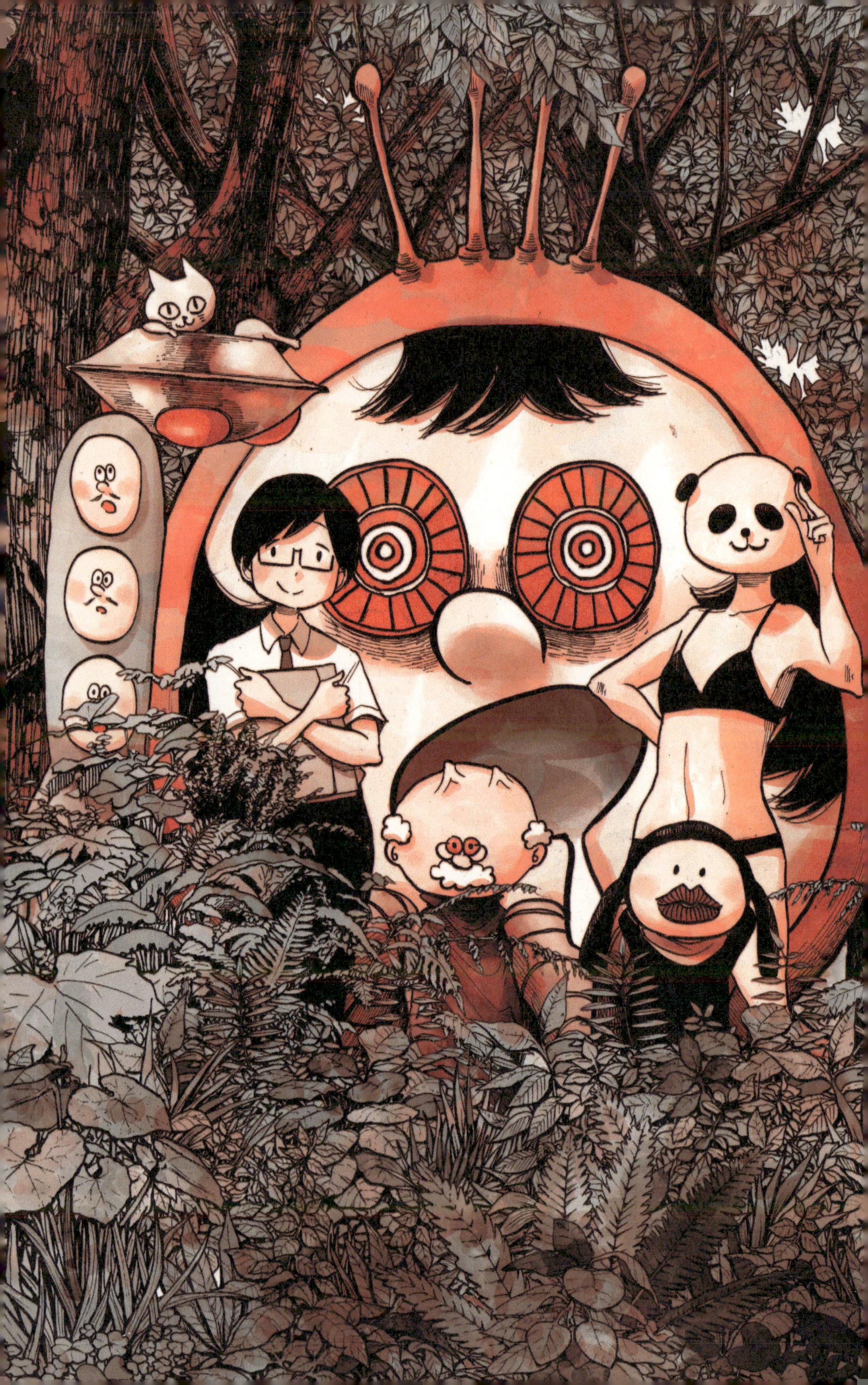

Kapitel 1

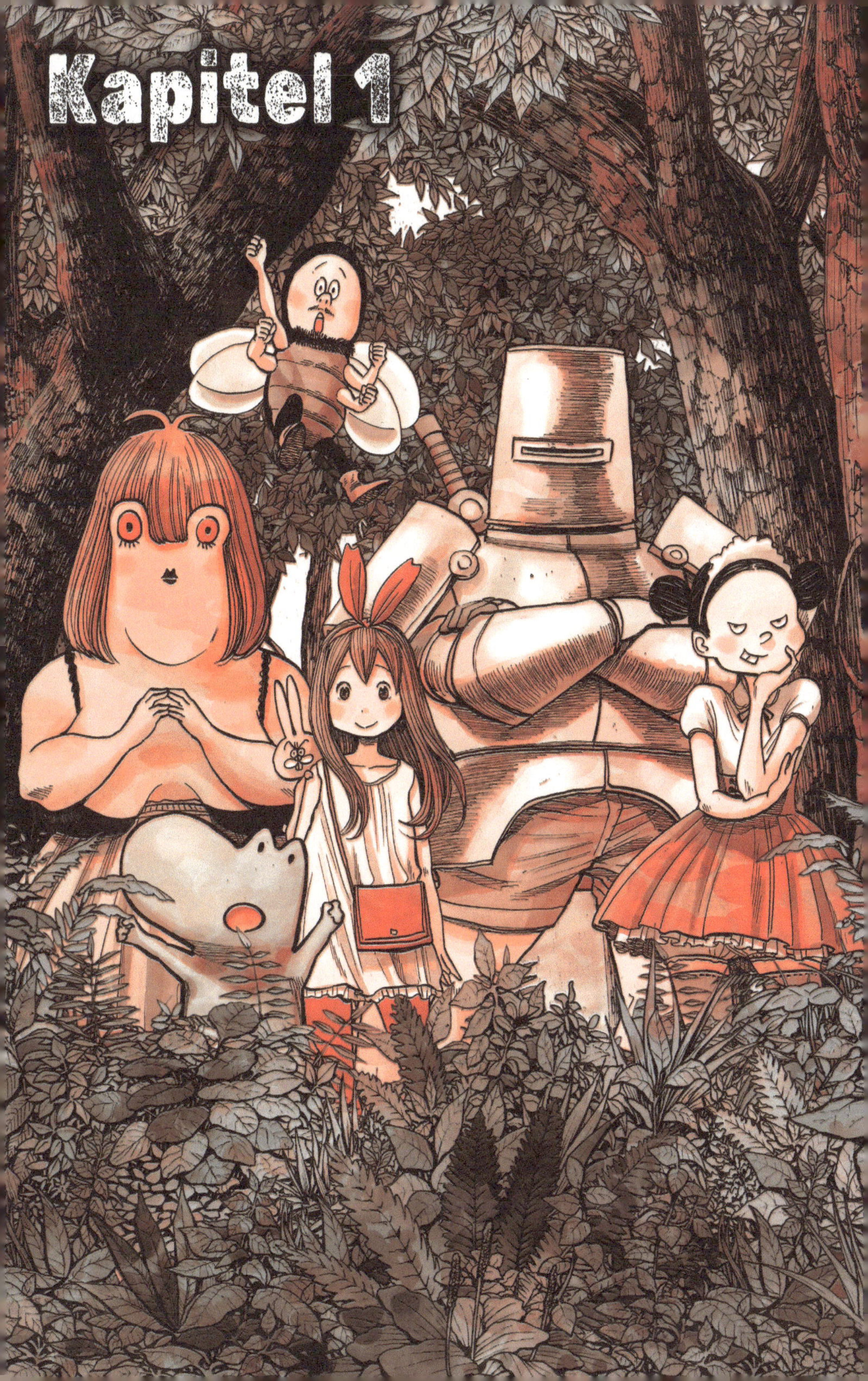

»Reden wir nicht länger über Gerechtigkeit.
Uns sollte vielmehr die Frage beschäftigen,
wie wir den Feind bezwingen.«

Aus den Sitzungsprotokollen
des Ältestenrats

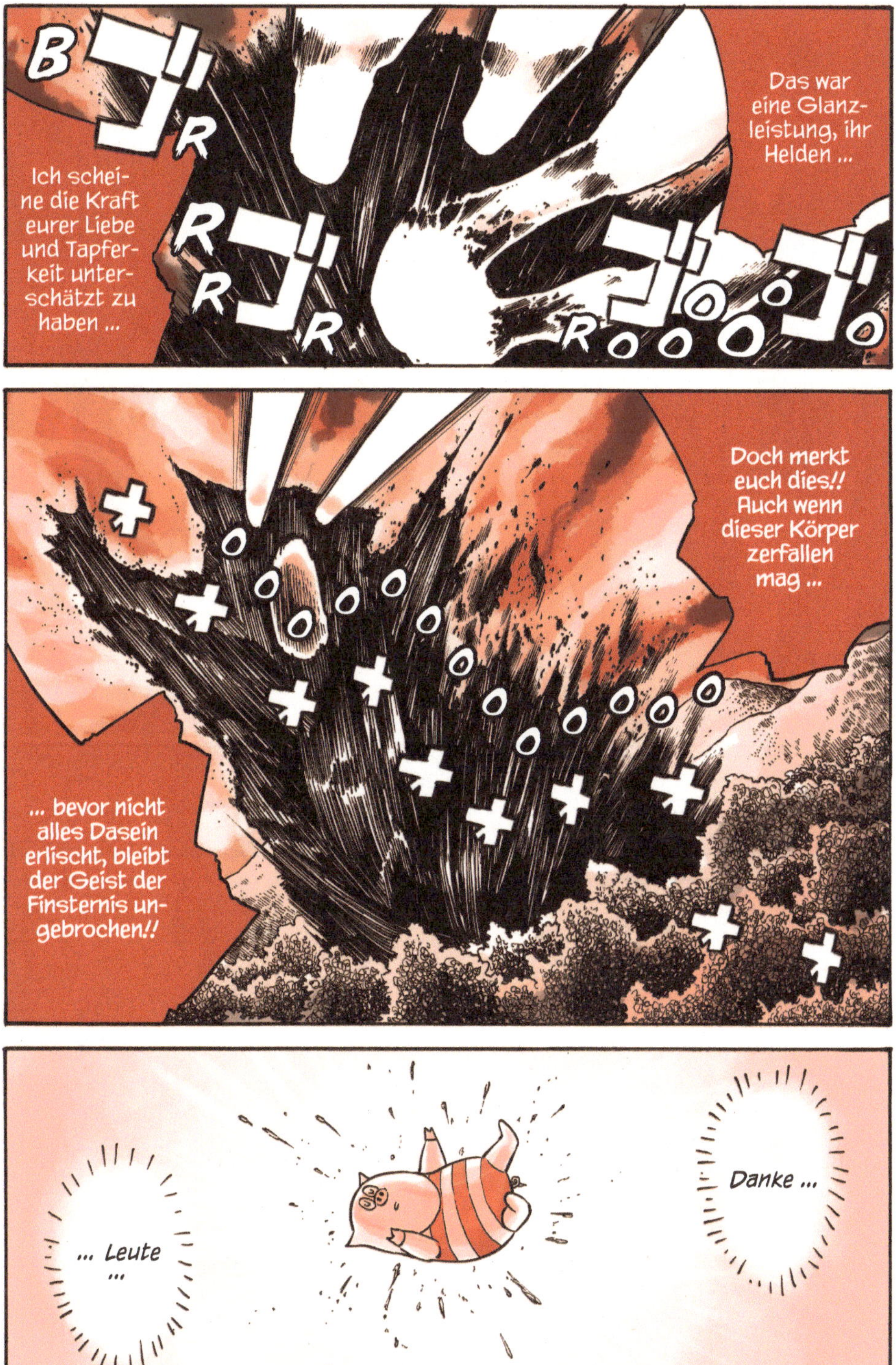

Das war eine Glanzleistung, ihr Helden ...
Ich scheine die Kraft eurer Liebe und Tapferkeit unterschätzt zu haben ...
Doch merkt euch dies!! Auch wenn dieser Körper zerfallen mag ...
... bevor nicht alles Dasein erlischt, bleibt der Geist der Finsternis ungebrochen!!
Danke ...
... Leute ...

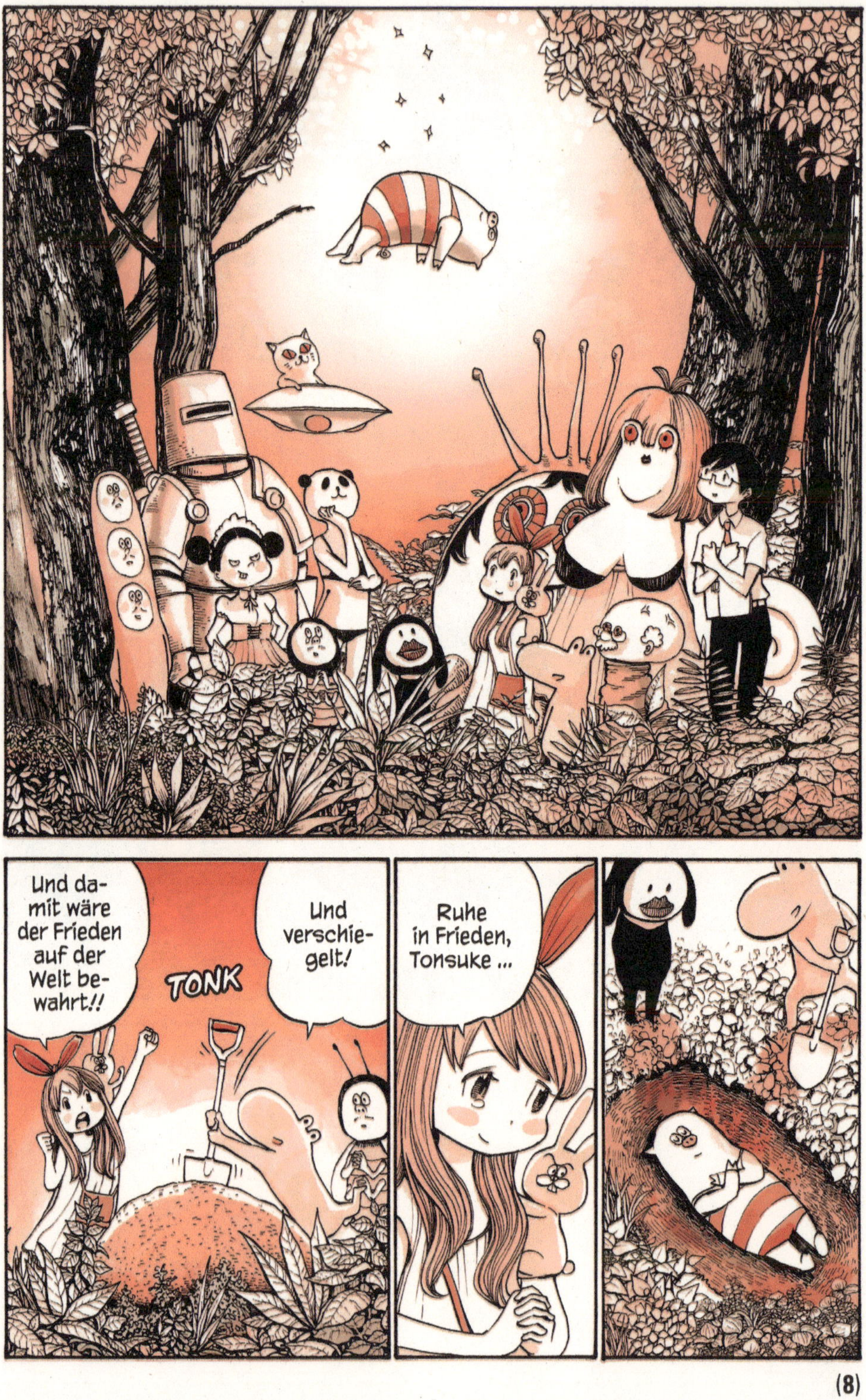
Und damit wäre der Frieden auf der Welt bewahrt!!
TONK
Und verschiegelt!
Ruhe in Frieden, Tonsuke ...

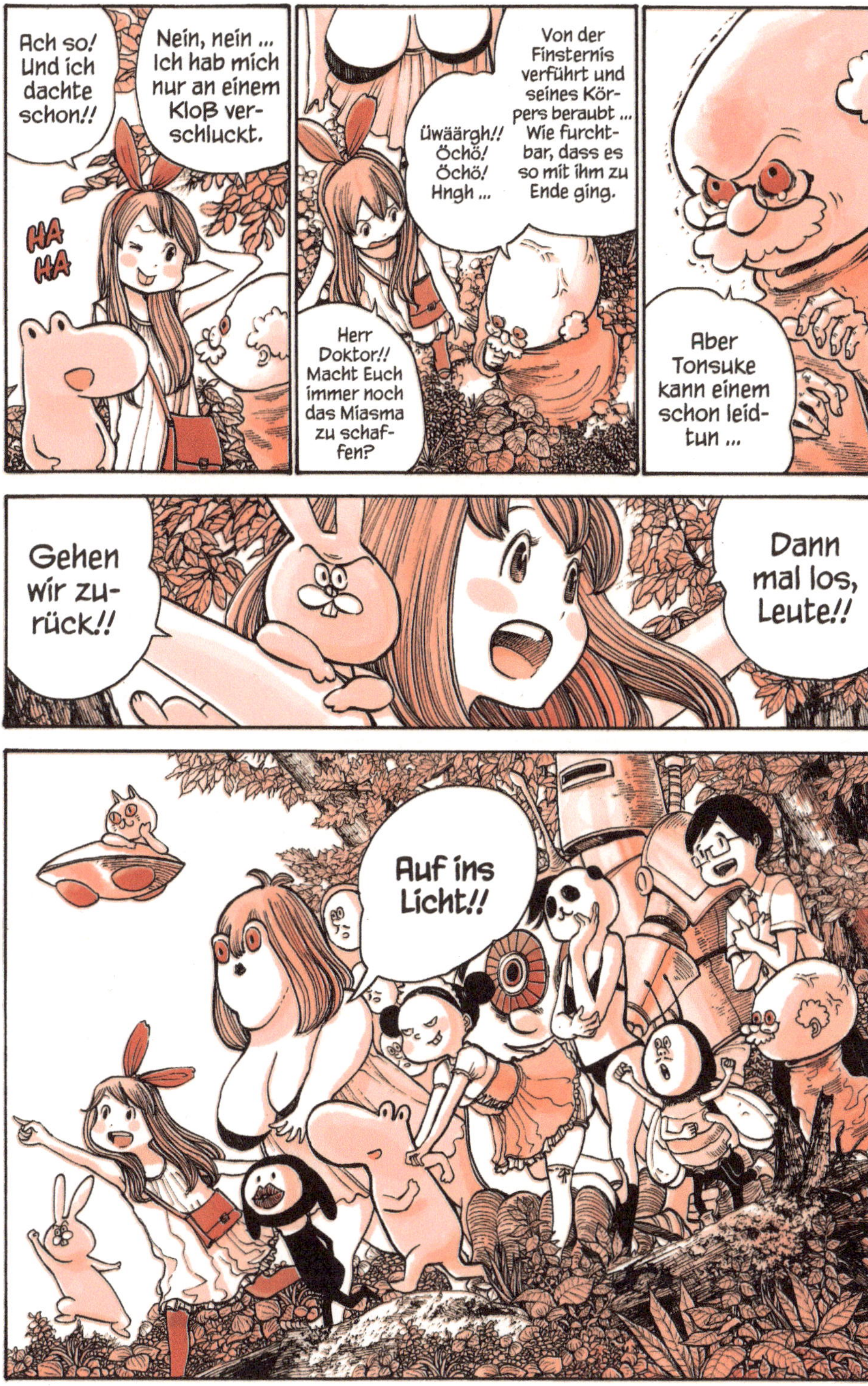
Aber Tonsuke kann einem schon leidtun ...
Von der Finsternis verführt und seines Körpers beraubt ... Wie furchtbar, dass es so mit ihm zu Ende ging.
Üwäärgh!! Öchö! Öchö! Hngh ...
Herr Doktor!! Macht Euch immer noch das Miasma zu schaffen?
Nein, nein ... Ich hab mich nur an einem Kloß verschluckt.
Ach so! Und ich dachte schon!!
HA HA
Dann mal los, Leute!!
Gehen wir zurück!!
Auf ins Licht!!

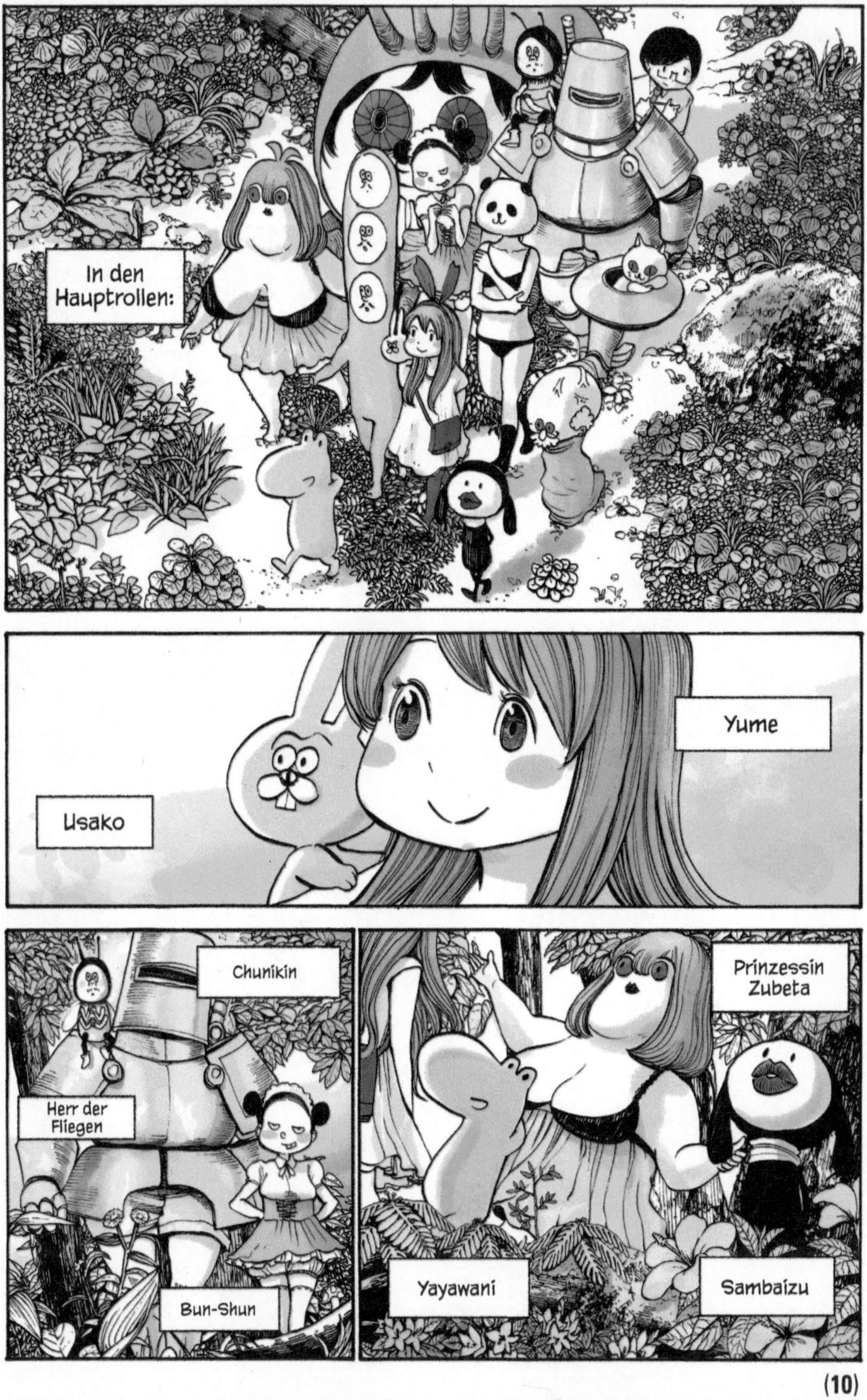
In den Hauptrollen:
Yume
Usako
Chunikin
Herr der Fliegen
Bun-Shun
Prinzessin Zubeta
Yayawani
Sambaizu

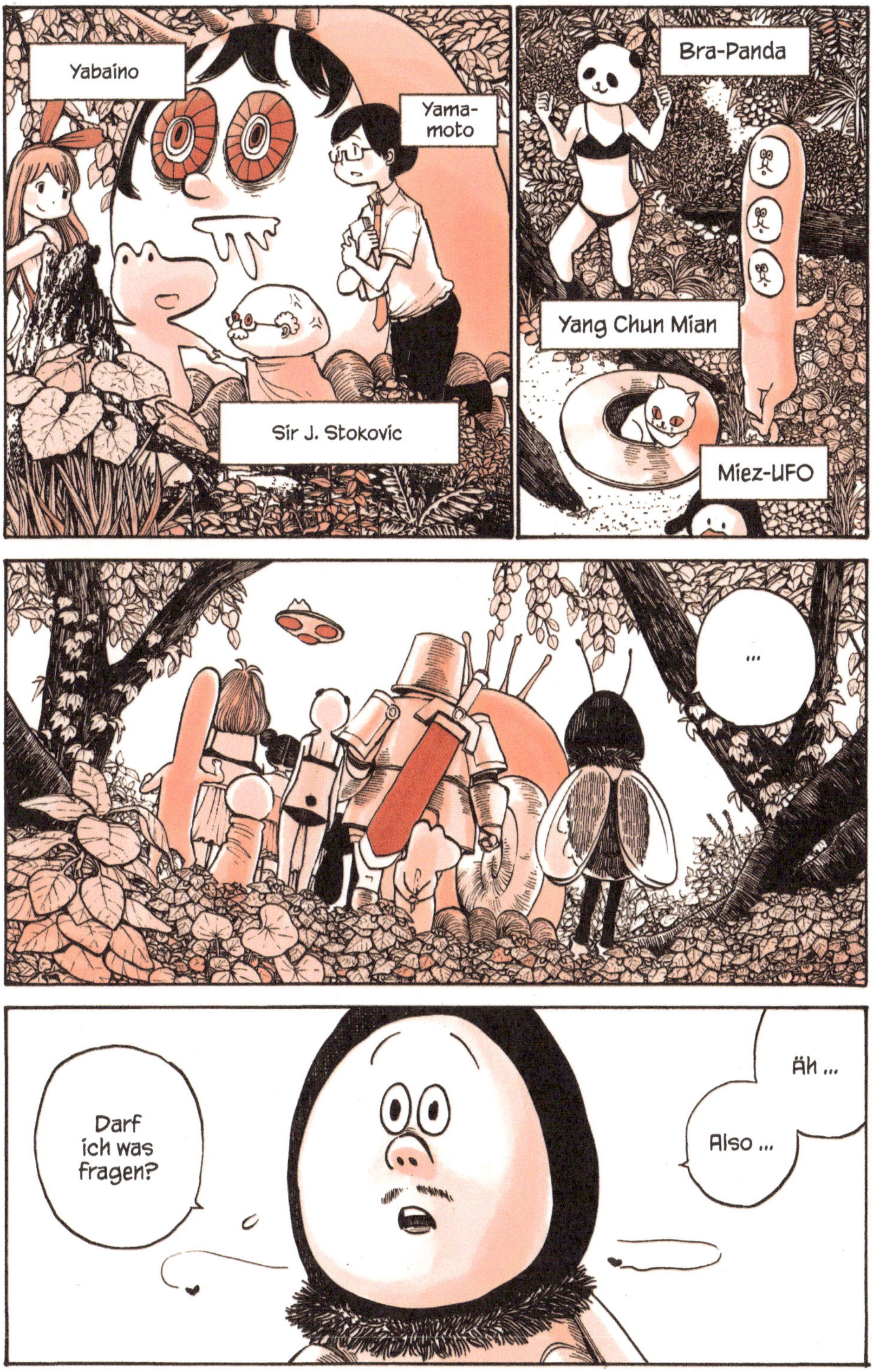
Yabaino
Yama-
moto
Sir J. Stokovic
Bra-Panda
Yang Chun Mian
Miez-UFO
...
Äh ...
Also ...
Darf
ich was
fragen?

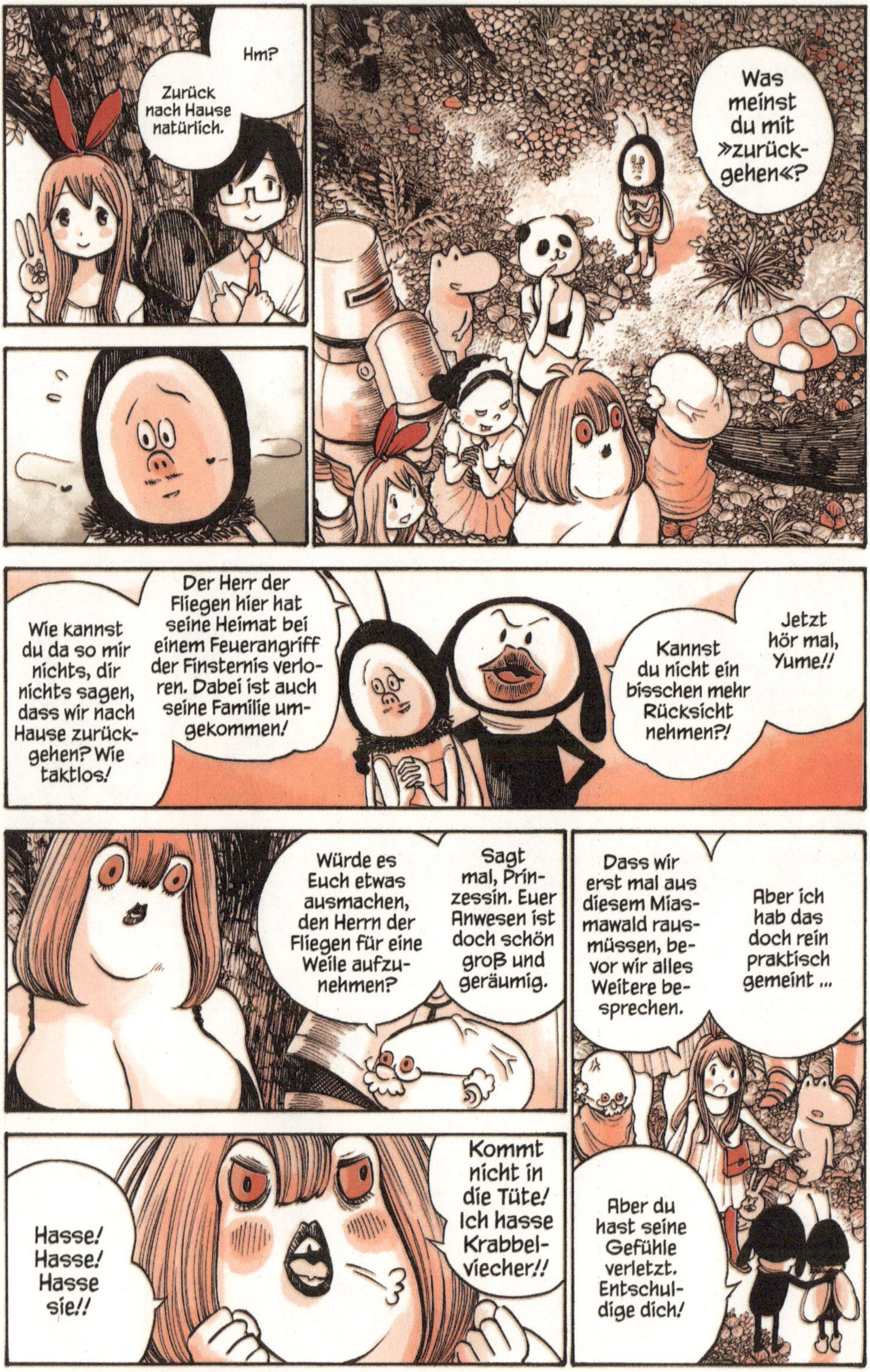
Was meinst du mit »zurückgehen«?
Hm?
Zurück nach Hause natürlich.
Jetzt hör mal, Yume!!
Kannst du nicht ein bisschen mehr Rücksicht nehmen?!
Der Herr der Fliegen hier hat seine Heimat bei einem Feuerangriff der Finsternis verloren. Dabei ist auch seine Familie umgekommen!
Wie kannst du da so mir nichts, dir nichts sagen, dass wir nach Hause zurückgehen? Wie taktlos!
Aber ich hab das doch rein praktisch gemeint ...
Dass wir erst mal aus diesem Miasmawald rausmüssen, bevor wir alles Weitere besprechen.
Aber du hast seine Gefühle verletzt. Entschuldige dich!
Sagt mal, Prinzessin. Euer Anwesen ist doch schön groß und geräumig.
Würde es Euch etwas ausmachen, den Herrn der Fliegen für eine Weile aufzunehmen?
Kommt nicht in die Tüte! Ich hasse Krabbelviecher!!
Hasse! Hasse! Hasse sie!!

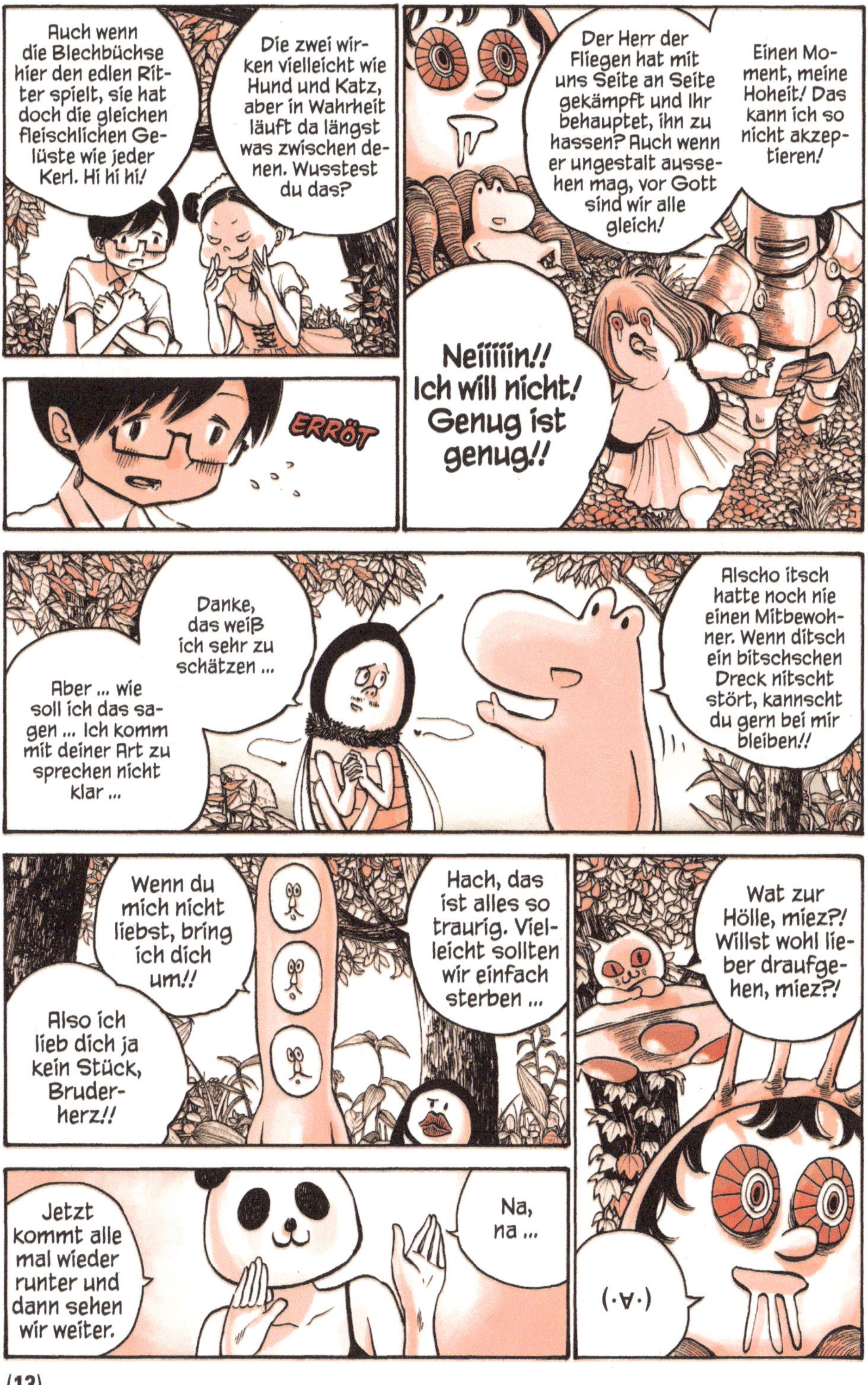
Einen Moment, meine Hoheit! Das kann ich so nicht akzeptieren!
Der Herr der Fliegen hat mit uns Seite an Seite gekämpft und Ihr behauptet, ihn zu hassen? Auch wenn er ungestalt aussehen mag, vor Gott sind wir alle gleich!
Neiiiiin!! Ich will nicht! Genug ist genug!!
Die zwei wirken vielleicht wie Hund und Katz, aber in Wahrheit läuft da längst was zwischen denen. Wusstest du das?
Auch wenn die Blechbüchse hier den edlen Ritter spielt, sie hat doch die gleichen fleischlichen Gelüste wie jeder Kerl. Hi hi hi!
ERRÖT
Alscho itsch hatte noch nie einen Mitbewohner. Wenn ditsch ein bitschschen Dreck nitscht stört, kannscht du gern bei mir bleiben!!
Danke, das weiß ich sehr zu schätzen ...
Aber ... wie soll ich das sagen ... Ich komm mit deiner Art zu sprechen nicht klar ...
Wat zur Hölle, miez?! Willst wohl lieber draufgehen, miez?!
(·∀·)
Hach, das ist alles so traurig. Vielleicht sollten wir einfach sterben ...
Wenn du mich nicht liebst, bring ich dich um!!
Also ich lieb dich ja kein Stück, Bruderherz!!
Na, na ...
Jetzt kommt alle mal wieder runter und dann sehen wir weiter.

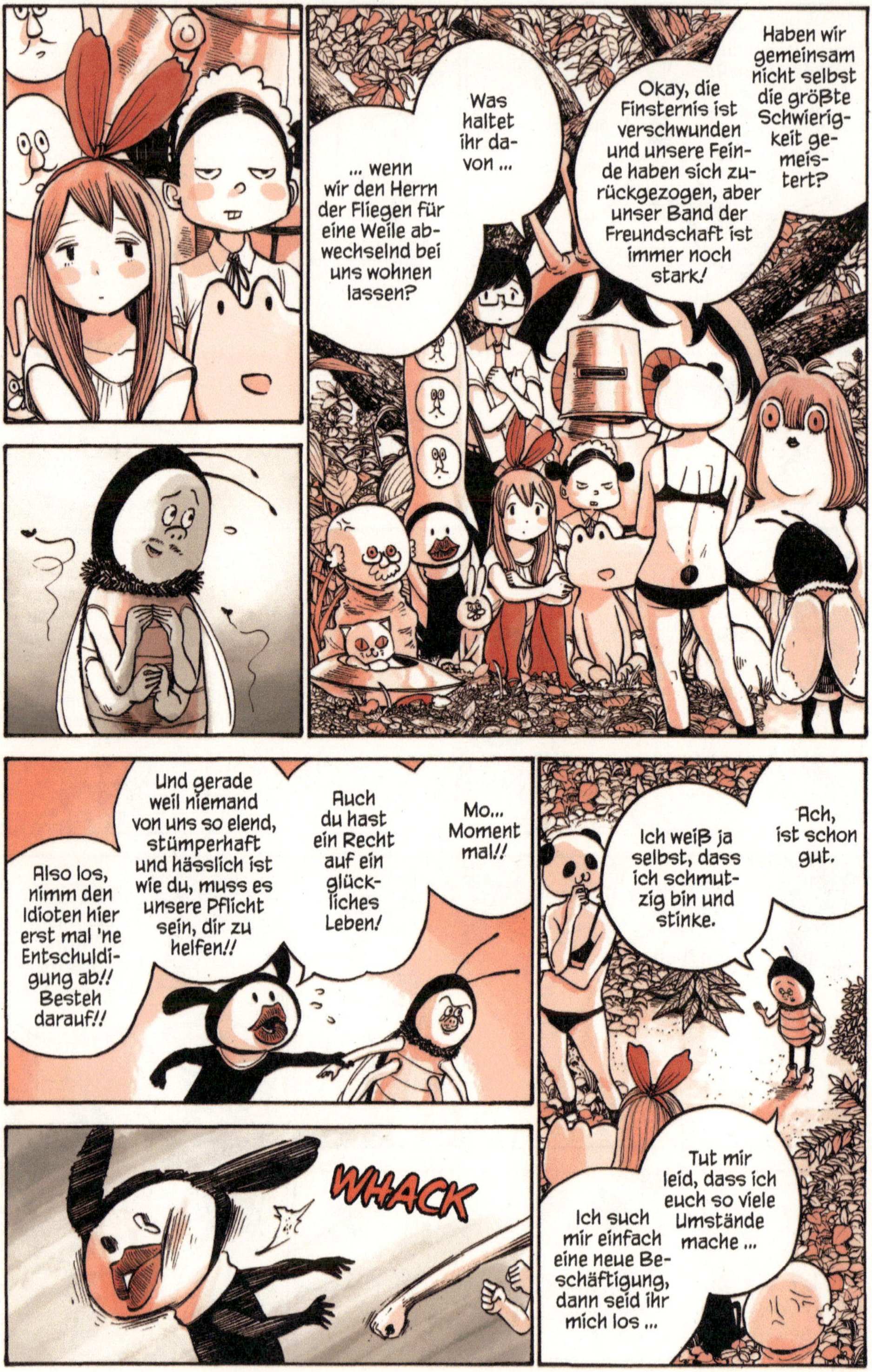
Okay, die Finsternis ist verschwunden und unsere Feinde haben sich zurückgezogen, aber unser Band der Freundschaft ist immer noch stark!
Haben wir gemeinsam nicht selbst die größte Schwierigkeit gemeistert?
Was haltet ihr davon ...
... wenn wir den Herrn der Fliegen für eine Weile abwechselnd bei uns wohnen lassen?
Ach, ist schon gut.
Ich weiß ja selbst, dass ich schmutzig bin und stinke.
Tut mir leid, dass ich euch so viele Umstände mache ...
Ich such mir einfach eine neue Beschäftigung, dann seid ihr mich los ...
Mo... Moment mal!!
Auch du hast ein Recht auf ein glückliches Leben!
Und gerade weil niemand von uns so elend, stümperhaft und hässlich ist wie du, muss es unsere Pflicht sein, dir zu helfen!!
Also los, nimm den Idioten hier erst mal 'ne Entschuldigung ab!! Besteh darauf!!
WHACK

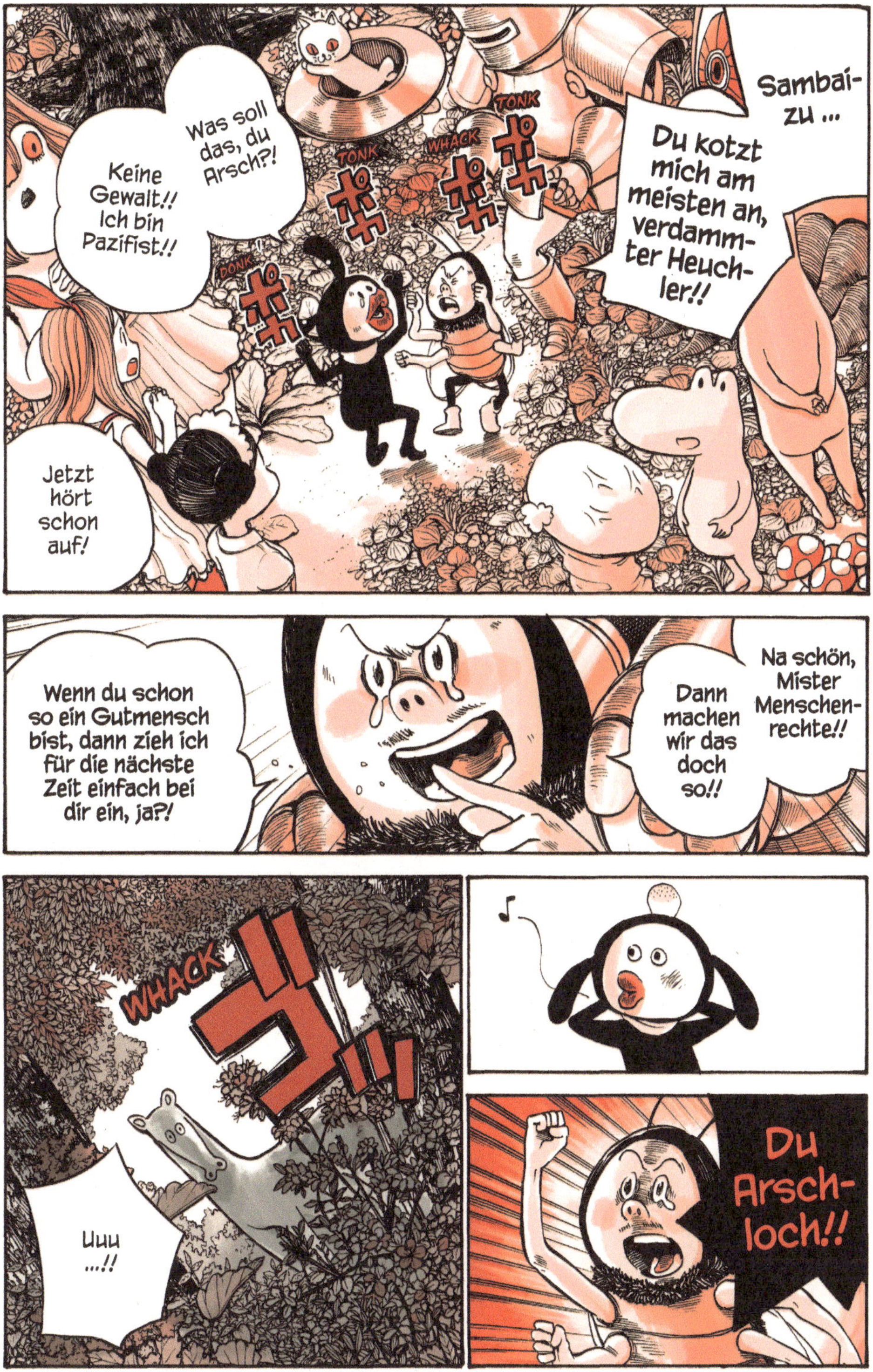
Sambai-zu ...
Du kotzt mich am meisten an, verdammter Heuchler!!
TONK
WHACK
TONK
Was soll das, du Arsch?!
Keine Gewalt!! Ich bin Pazifist!!
DONK
Jetzt hört schon auf!
Na schön, Mister Menschenrechte!!
Dann machen wir das doch so!!
Wenn du schon so ein Gutmensch bist, dann zieh ich für die nächste Zeit einfach bei dir ein, ja?!
WHACK
Uuu ...!!
Du Arsch-loch!!

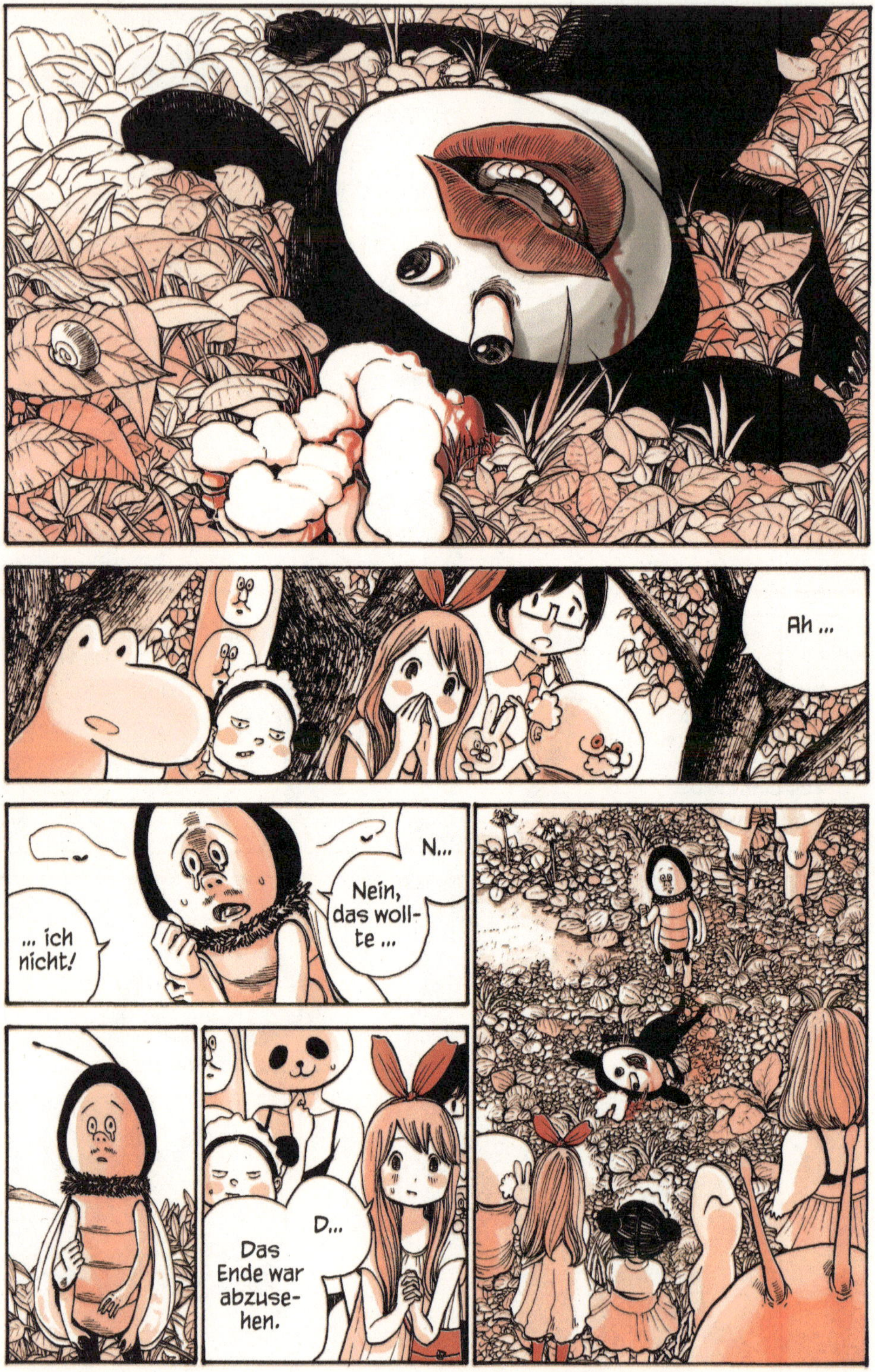
Ah ...
N...
Nein, das woll-te ...
... ich nicht!
D...
Das Ende war abzuse-hen.

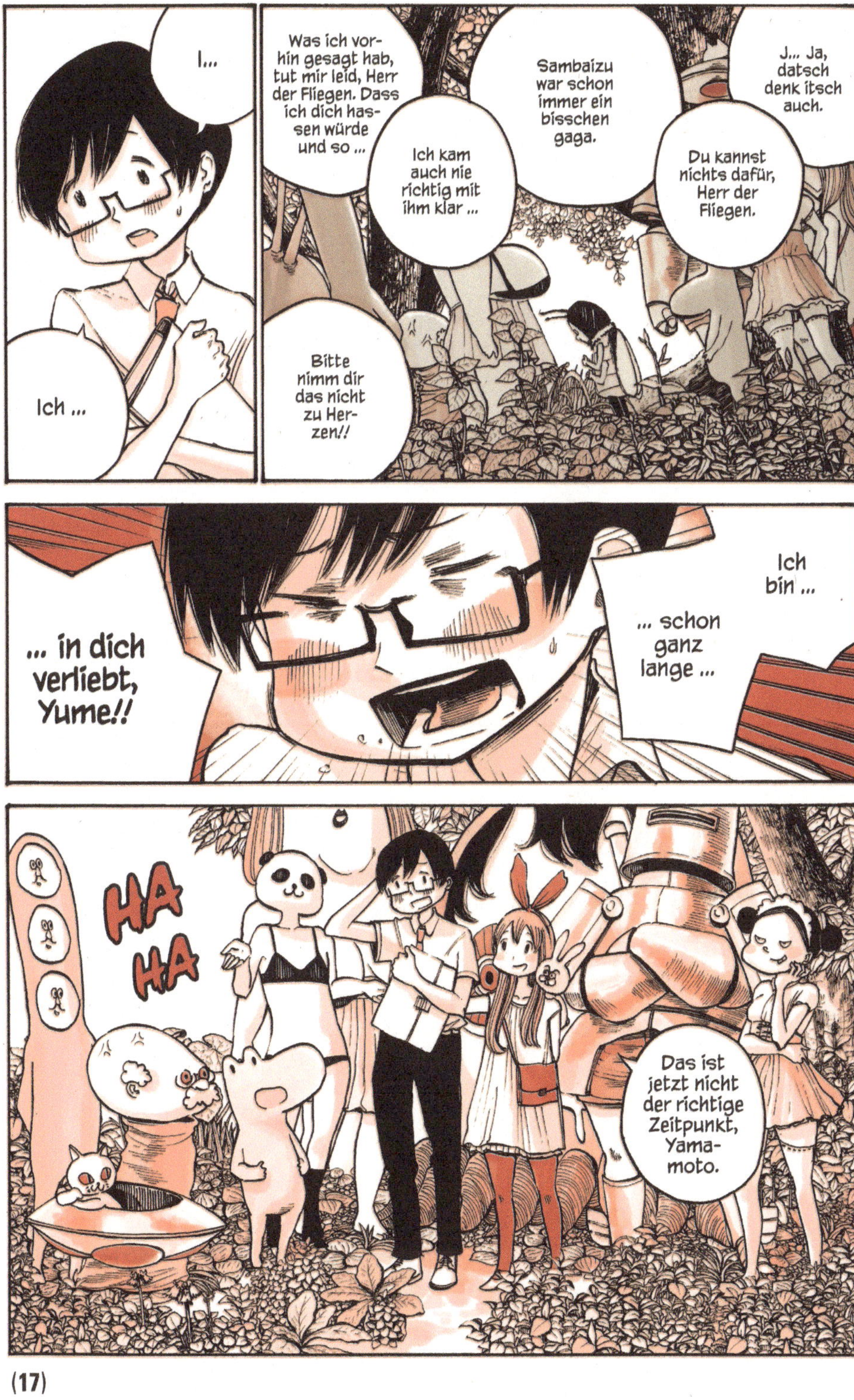
J… Ja, datsch denk itsch auch.
Du kannst nichts dafür, Herr der Fliegen.
Sambaizu war schon immer ein bisschen gaga.
Ich kam auch nie richtig mit ihm klar …
Was ich vorhin gesagt hab, tut mir leid, Herr der Fliegen. Dass ich dich hassen würde und so …
Bitte nimm dir das nicht zu Herzen!!
I…
Ich …
Ich bin …
… schon ganz lange …
… in dich verliebt, Yume!!
HA HA
Das ist jetzt nicht der richtige Zeitpunkt, Yamamoto.

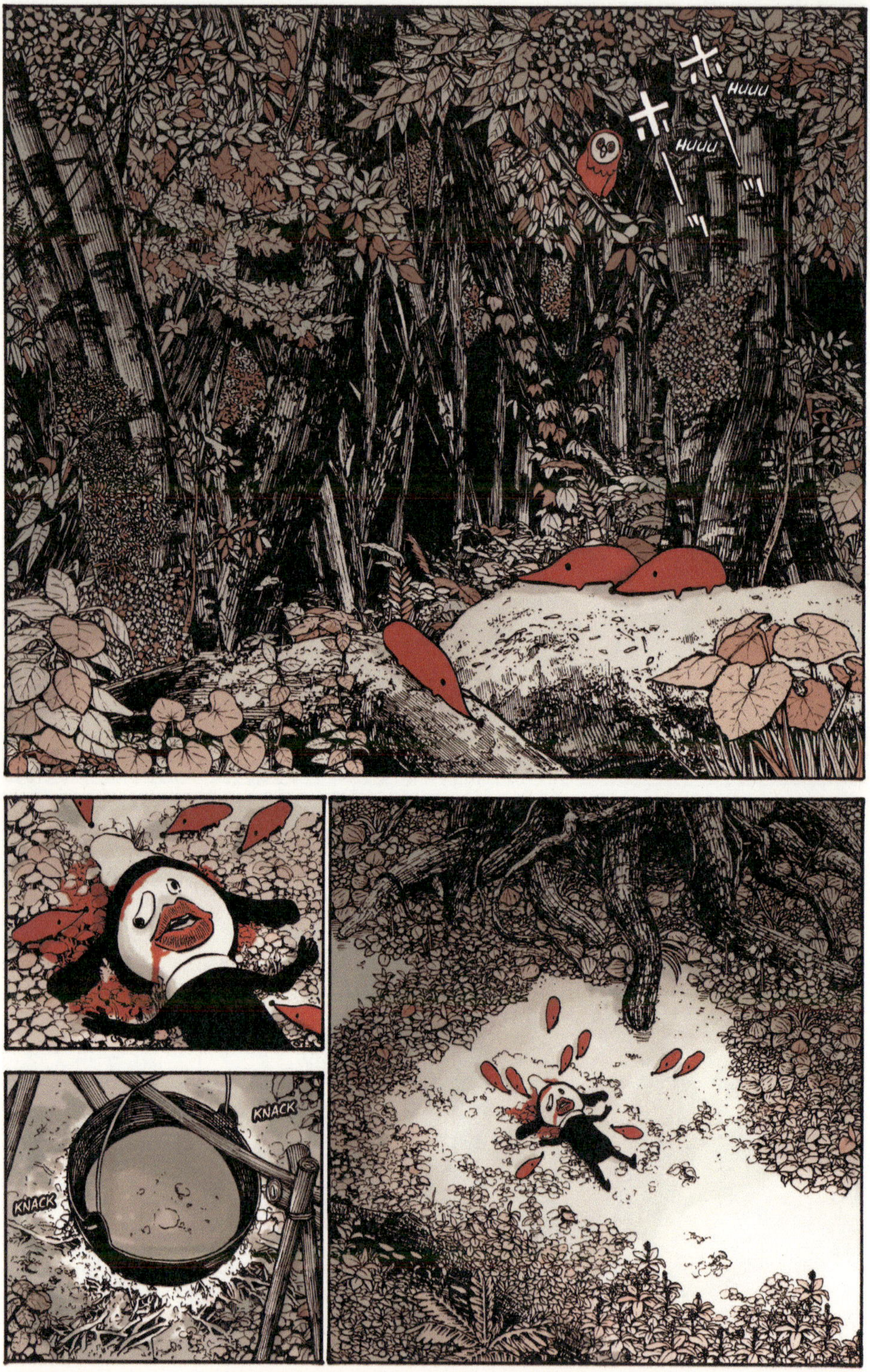
ホーッ
HUUU
ホーッ
HUUU
KNACK
KNACK

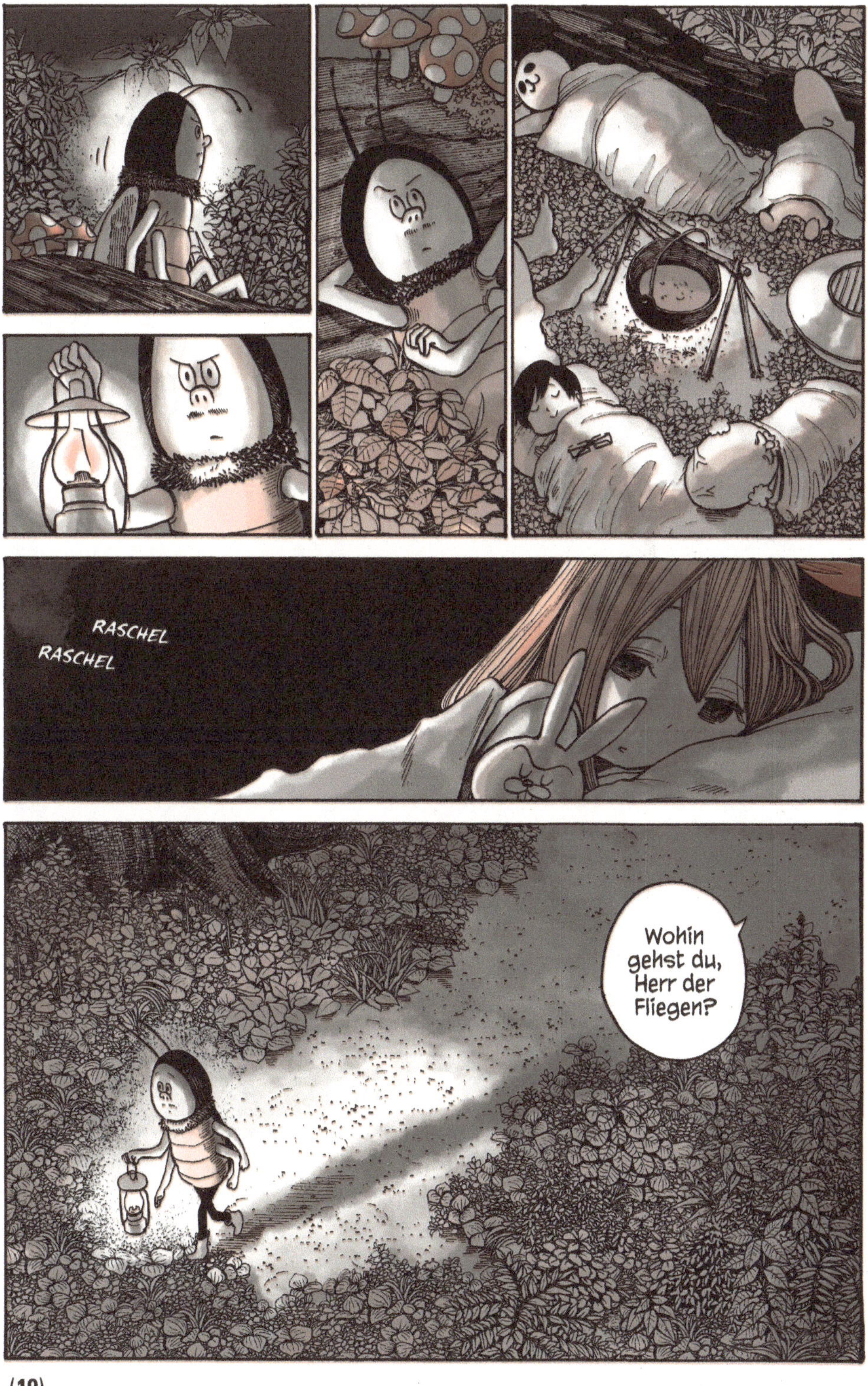
RASCHEL
RASCHEL
Wohin gehst du, Herr der Fliegen?

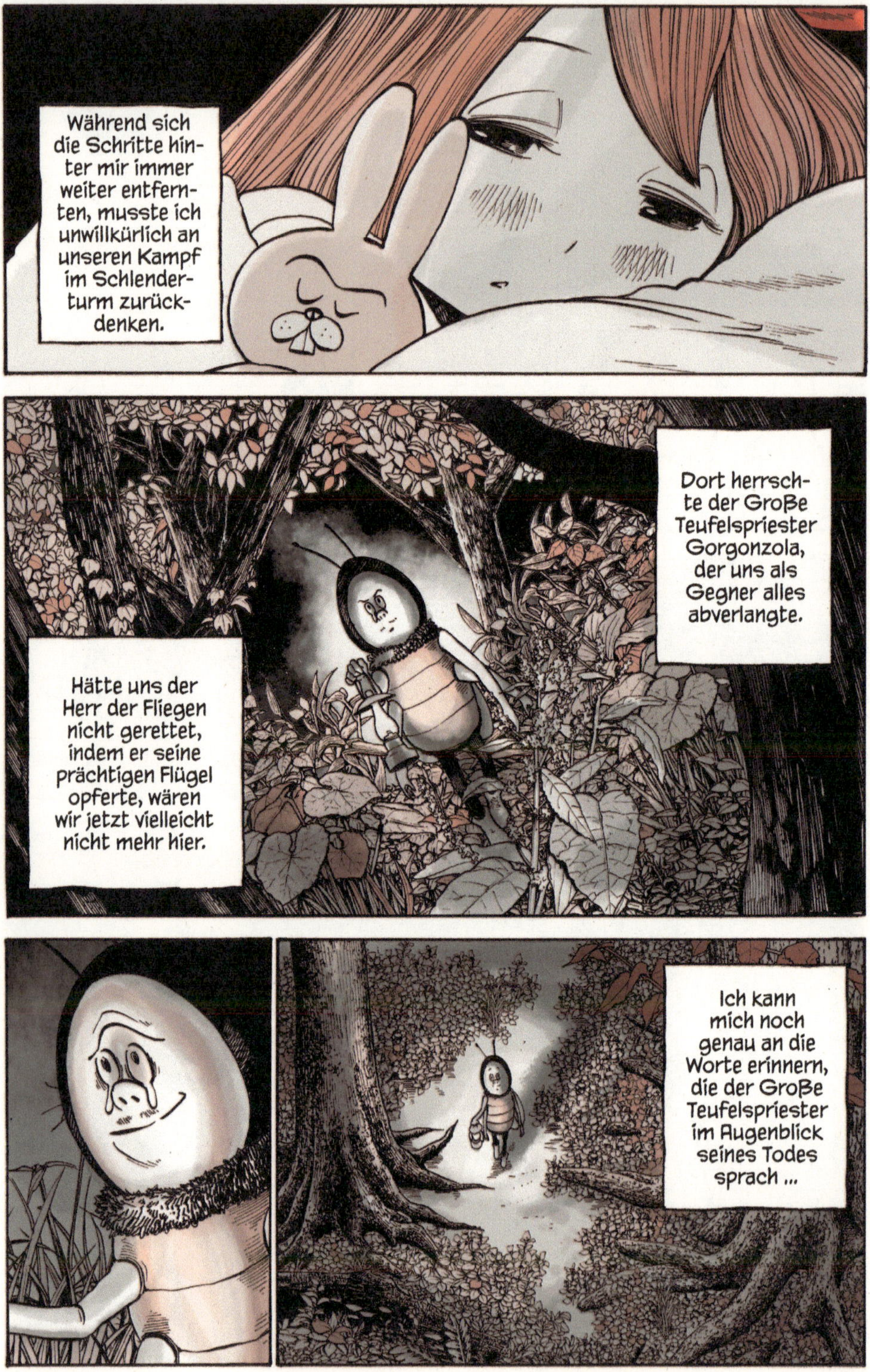
Während sich die Schritte hinter mir immer weiter entfernten, musste ich unwillkürlich an unseren Kampf im Schlenderturm zurückdenken.
Dort herrschte der Große Teufelspriester Gorgonzola, der uns als Gegner alles abverlangte.
Hätte uns der Herr der Fliegen nicht gerettet, indem er seine prächtigen Flügel opferte, wären wir jetzt vielleicht nicht mehr hier.
Ich kann mich noch genau an die Worte erinnern, die der Große Teufelspriester im Augenblick seines Todes sprach ...

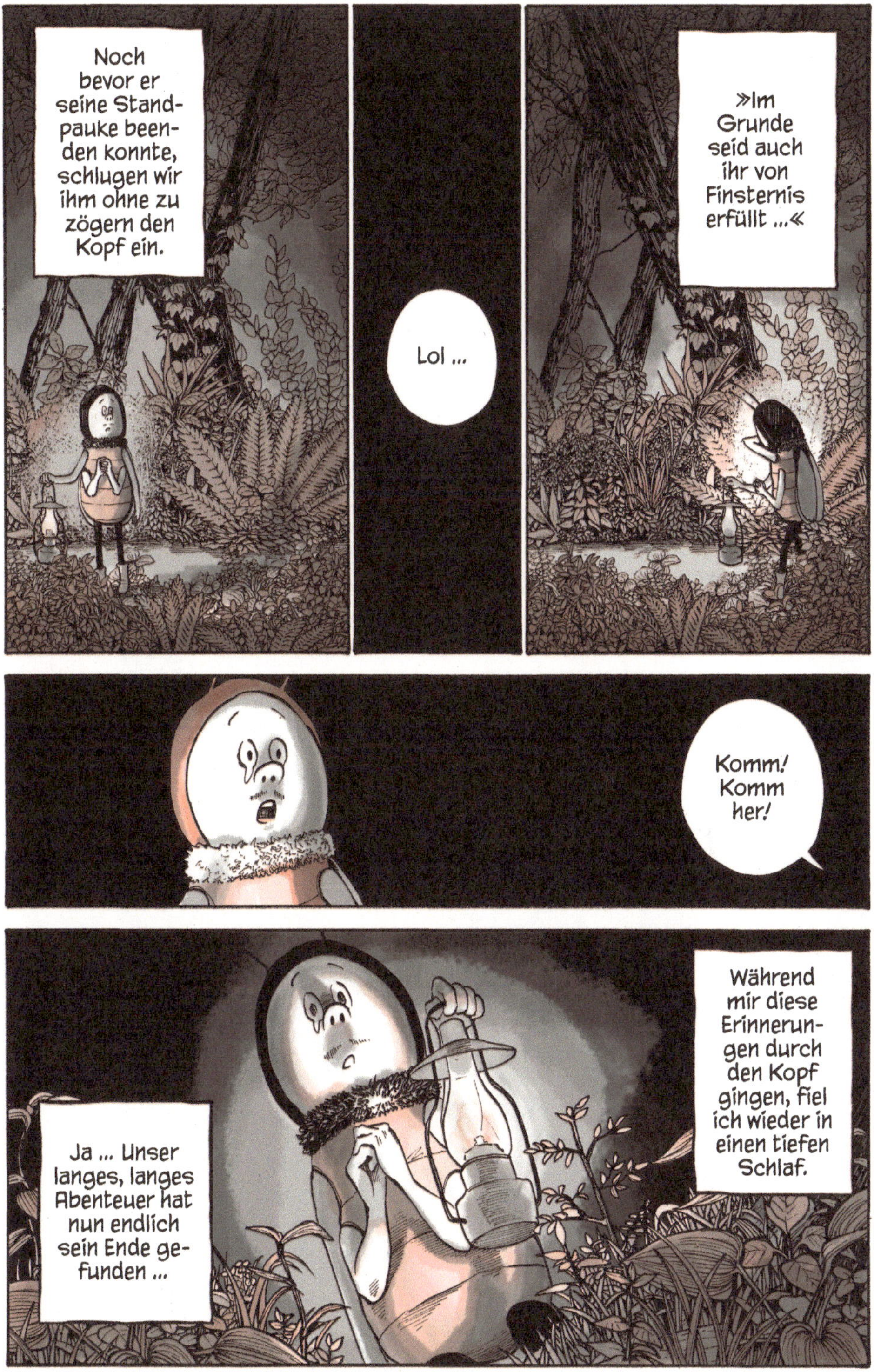
Noch bevor er seine Standpauke beenden konnte, schlugen wir ihm ohne zu zögern den Kopf ein.
Lol ...
»Im Grunde seid auch ihr von Finsternis erfüllt ...«
Komm! Komm her!
Während mir diese Erinnerungen durch den Kopf gingen, fiel ich wieder in einen tiefen Schlaf.
Ja ... Unser langes, langes Abenteuer hat nun endlich sein Ende gefunden ...

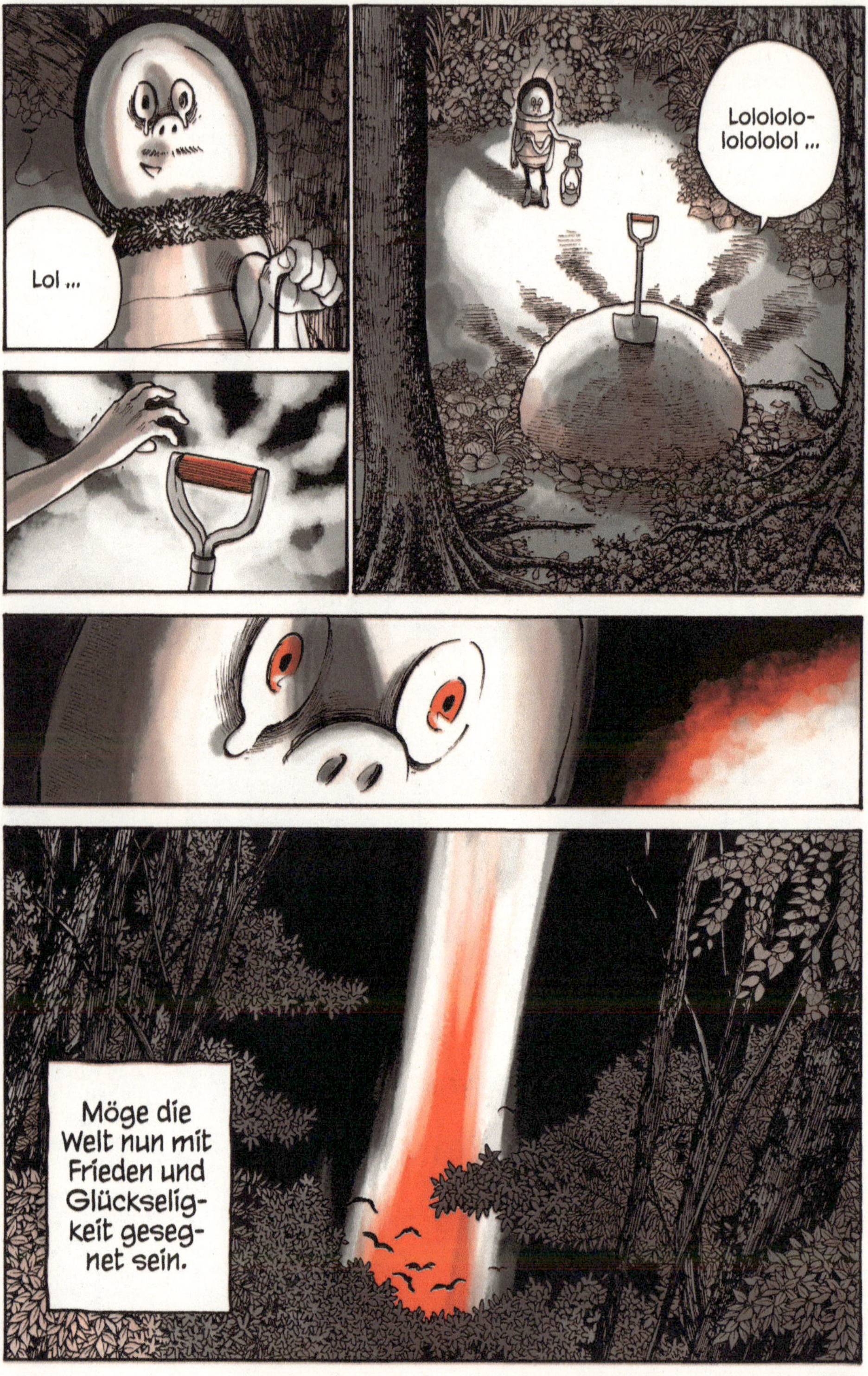

Lolololo-
lolololol ...
Lol ...
Möge die Welt nun mit Frieden und Glückselig-keit geseg-net sein.

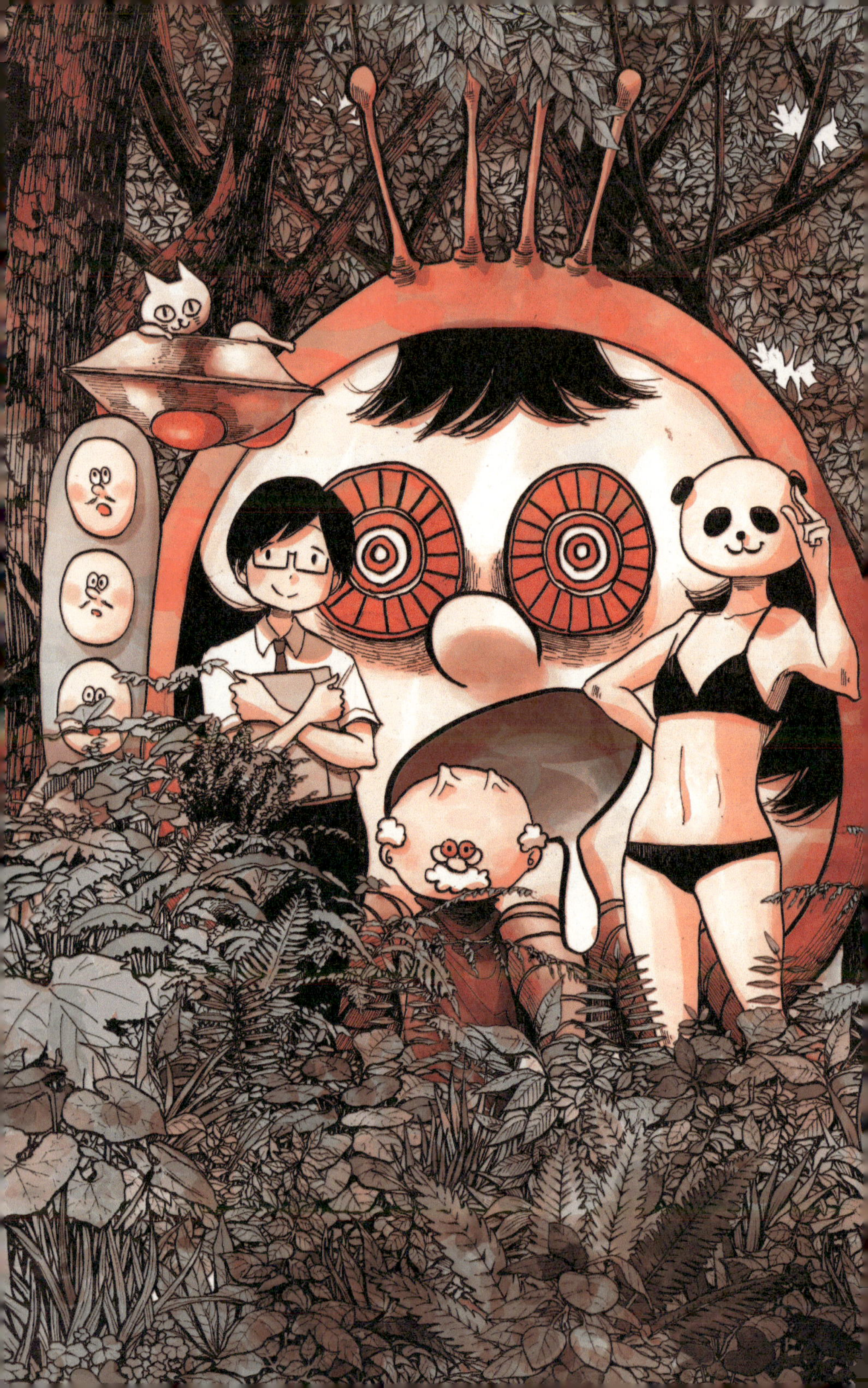

Kapitel 2

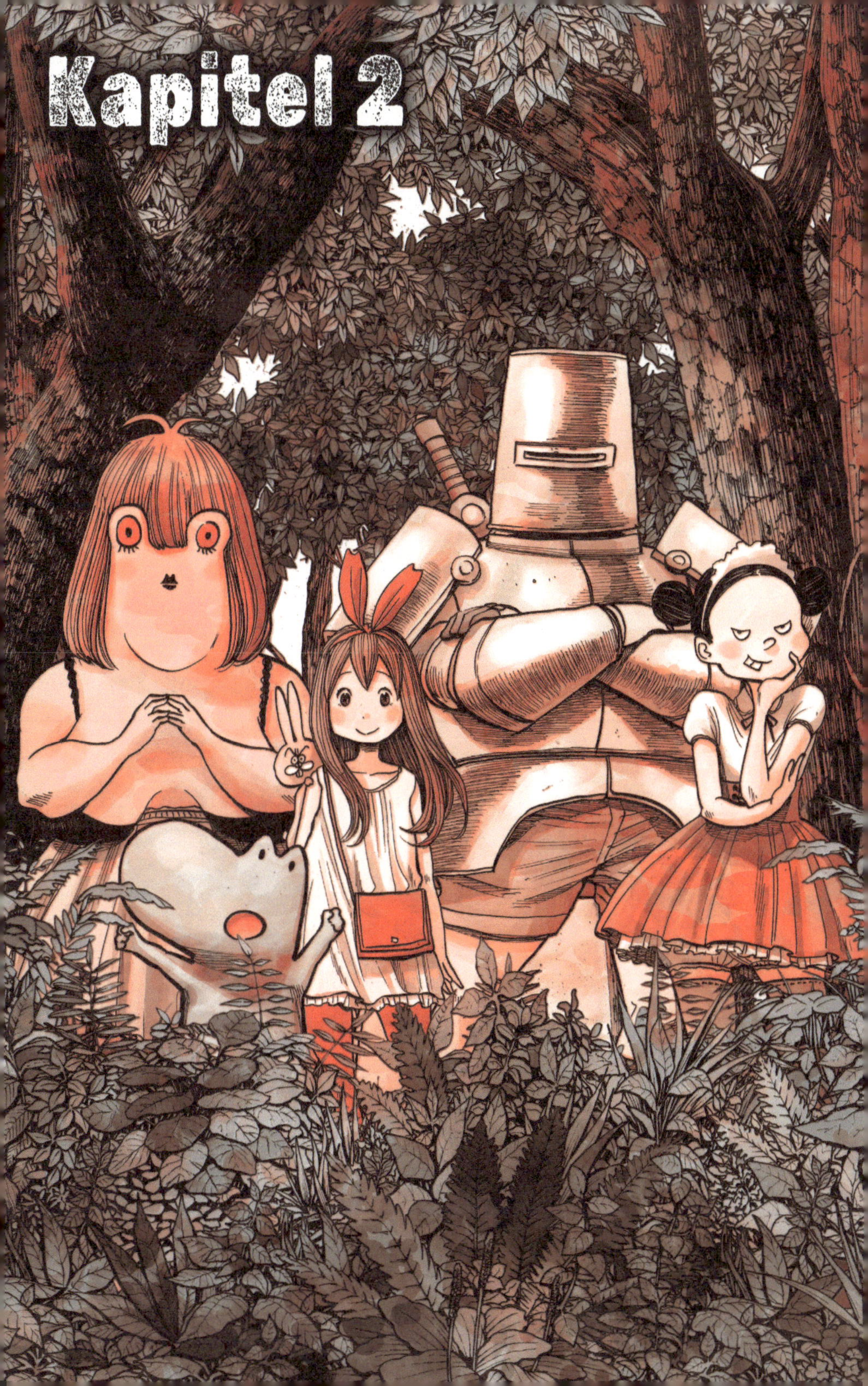

»Die Wahrheit zu kennen, ist das eine.
Aber sie auch als Wahrheit zu akzeptieren,
ist die eigentliche Schwierigkeit.«

Samoa Lawrence, Astronom

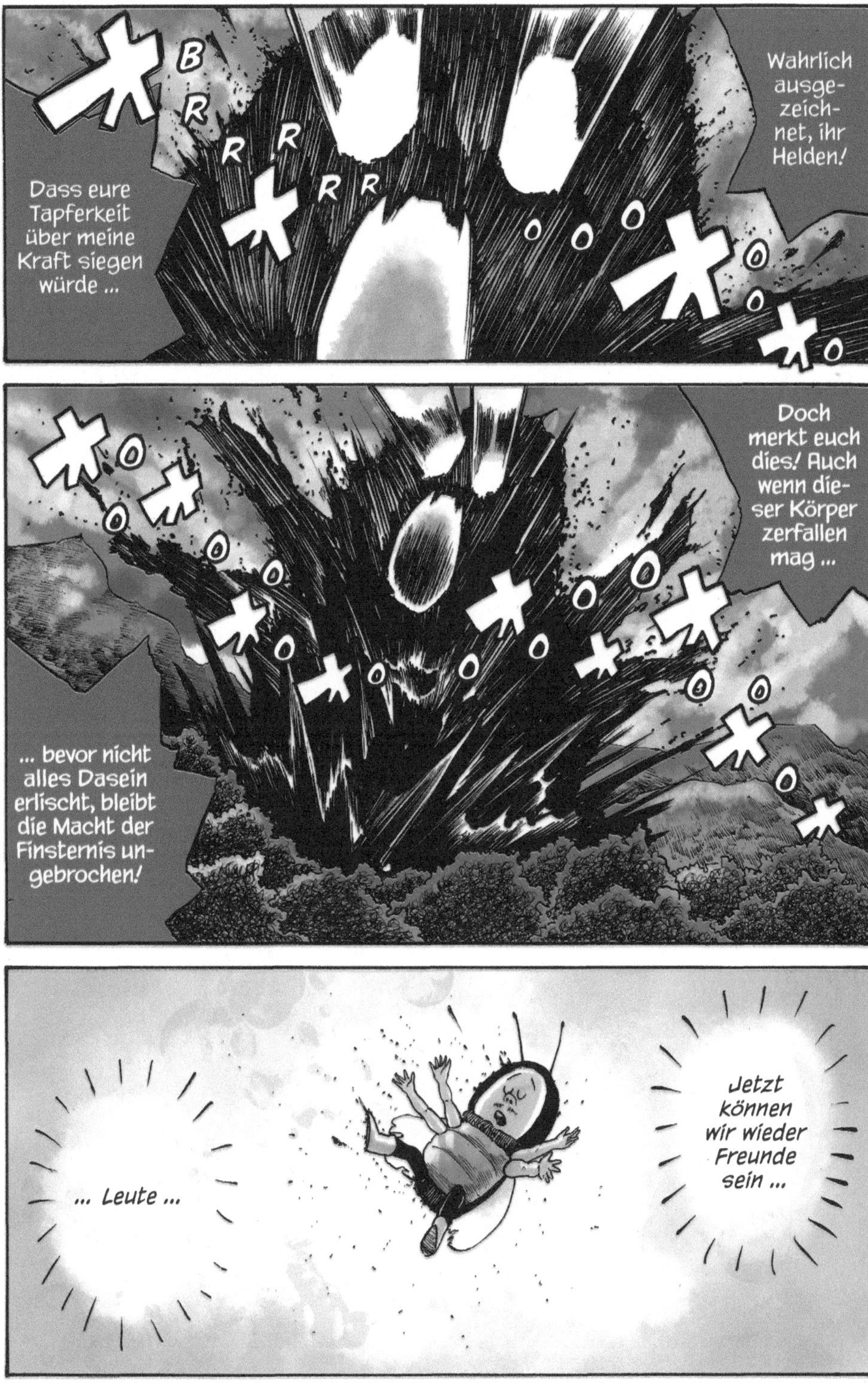

BRRRRR
Wahrlich ausgezeichnet, ihr Helden!
Dass eure Tapferkeit über meine Kraft siegen würde ...
Doch merkt euch dies! Auch wenn dieser Körper zerfallen mag ...
... bevor nicht alles Dasein erlischt, bleibt die Macht der Finsternis ungebrochen!
Jetzt können wir wieder Freunde sein ...
... Leute ...

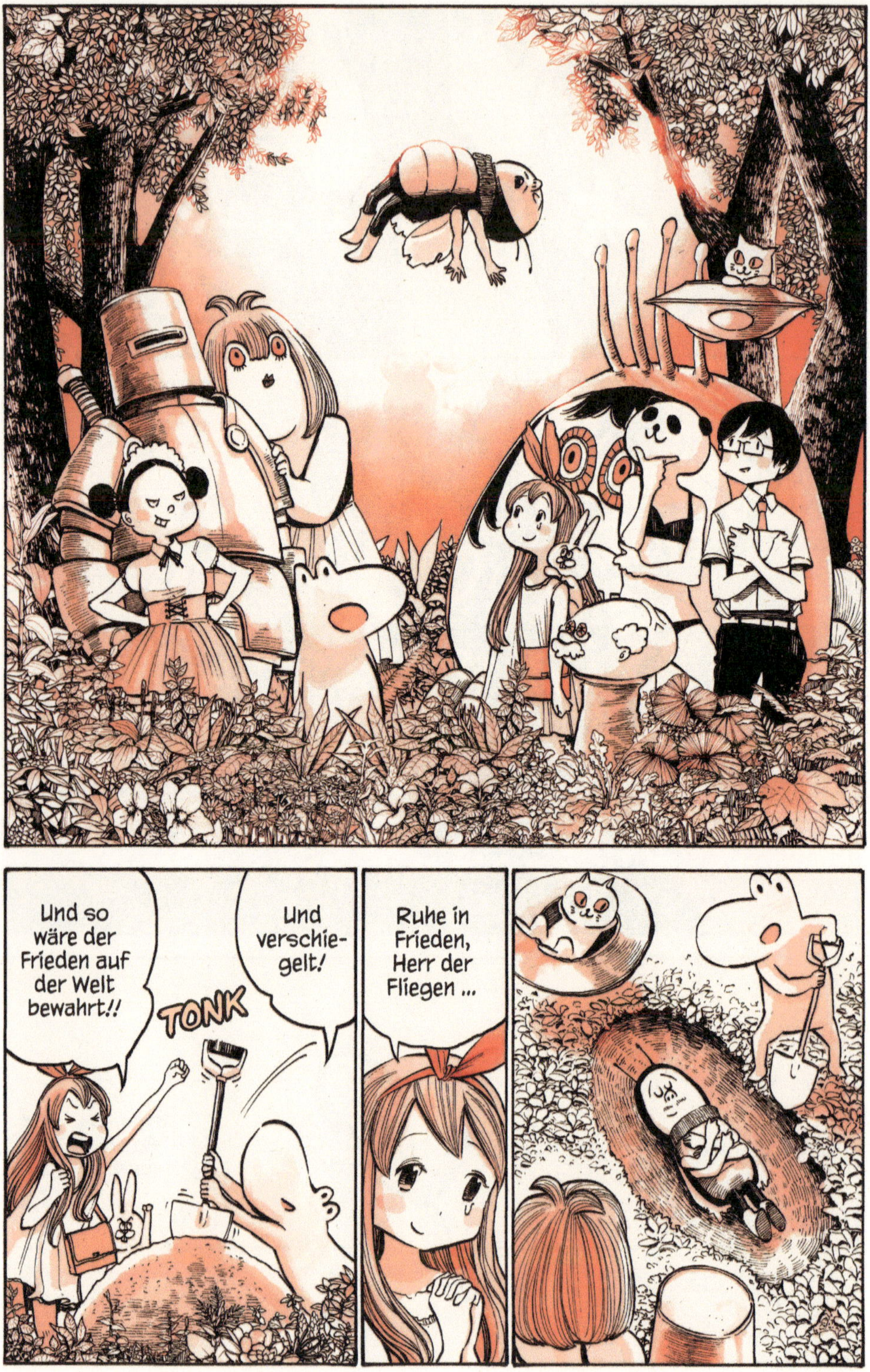
Ruhe in Frieden, Herr der Fliegen ...
Und verschiegelt!
TONK
Und so wäre der Frieden auf der Welt bewahrt!!

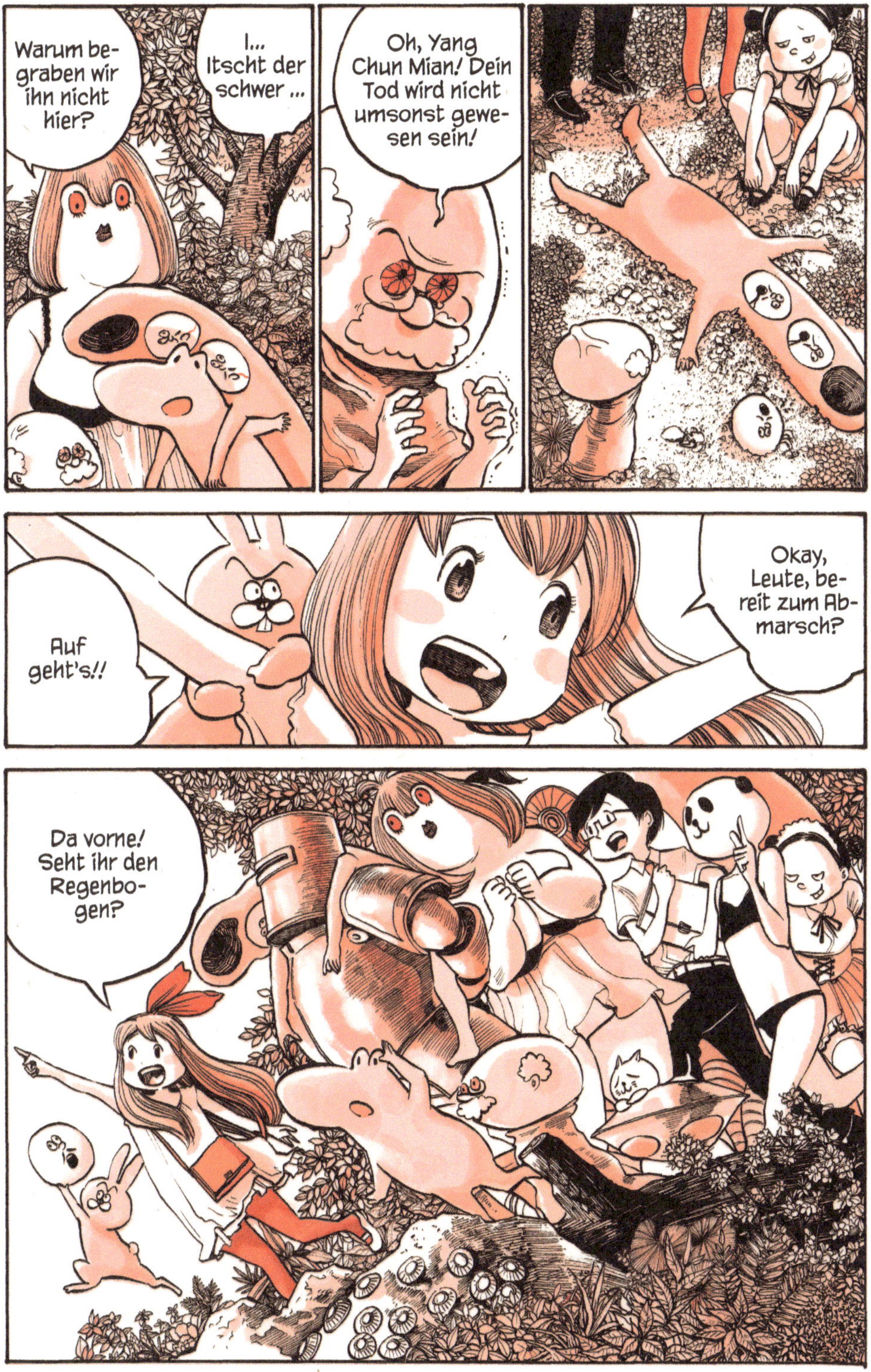
Warum begraben wir ihn nicht hier?
I... Itscht der schwer ...
Oh, Yang Chun Mian! Dein Tod wird nicht umsonst gewesen sein!
Okay, Leute, bereit zum Abmarsch?
Auf geht's!!
Da vorne! Seht ihr den Regenbogen?

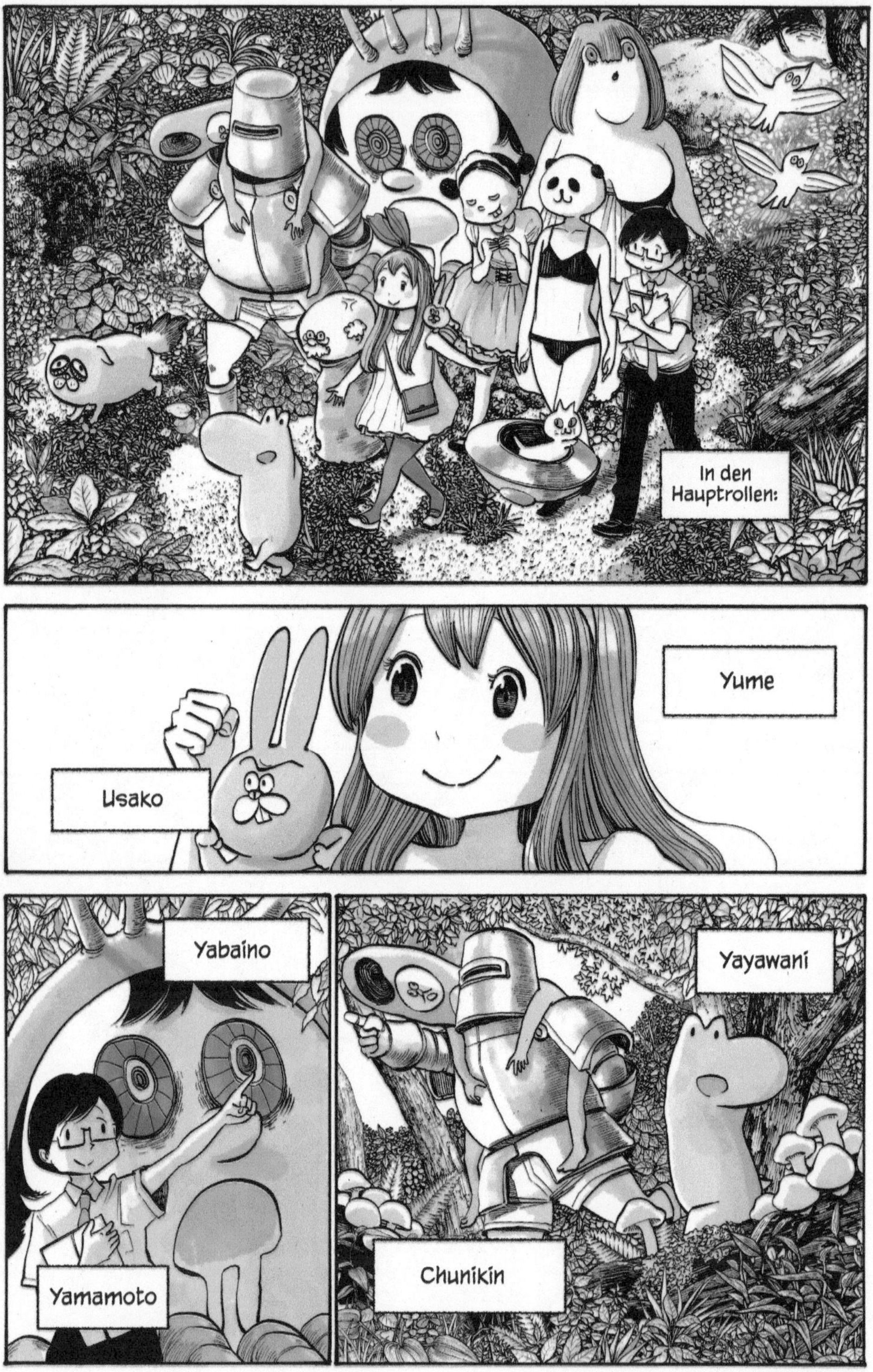

In den Hauptrollen:
Yume
Usako
Yayawani
Chunikin
Yabaino
Yamamoto

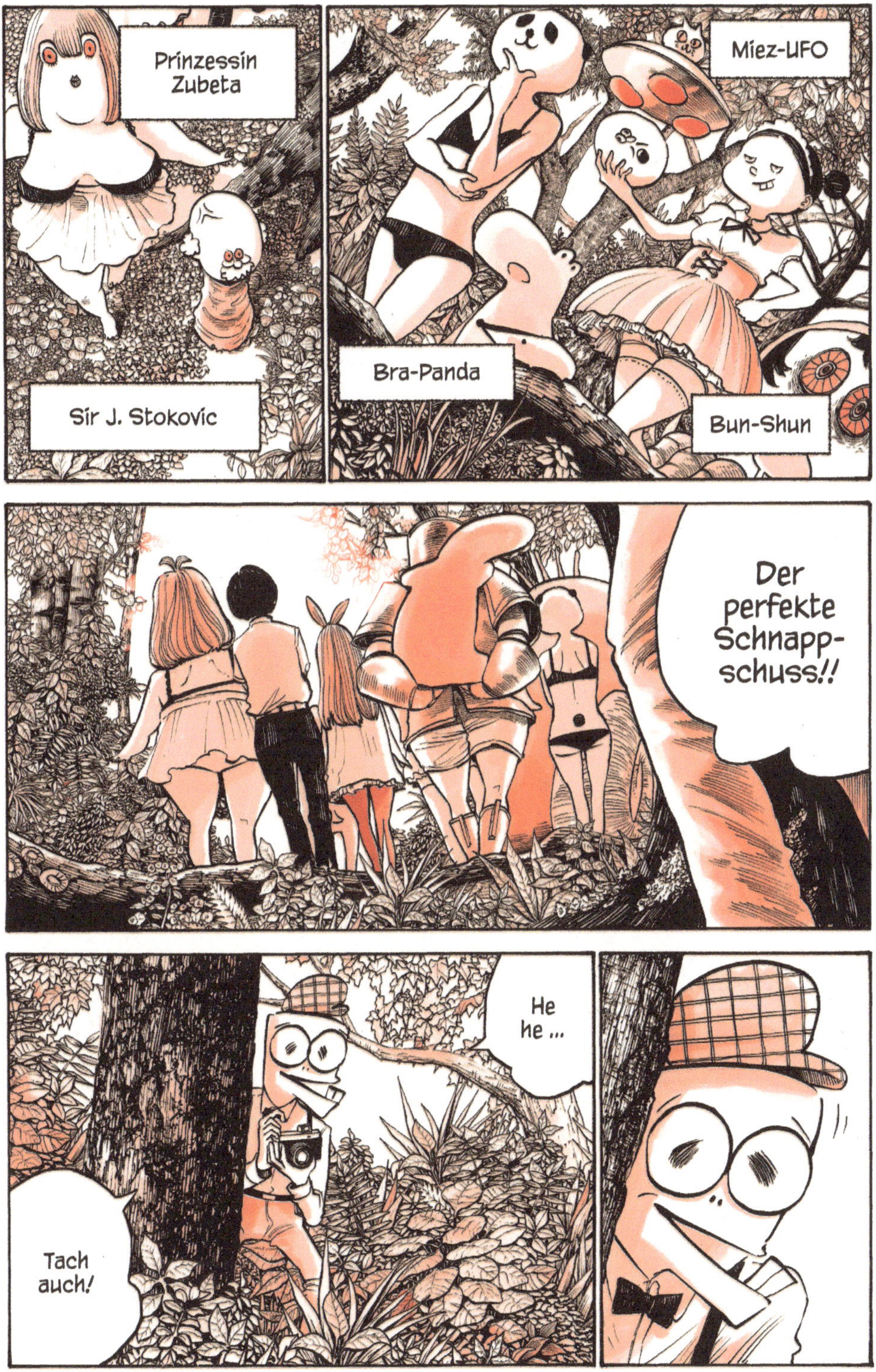

Prinzessin Zubeta
Sir J. Stokovic
Miez-UFO
Bra-Panda
Bun-Shun
Der perfekte Schnapp-schuss!!
He he ...
Tach auch!

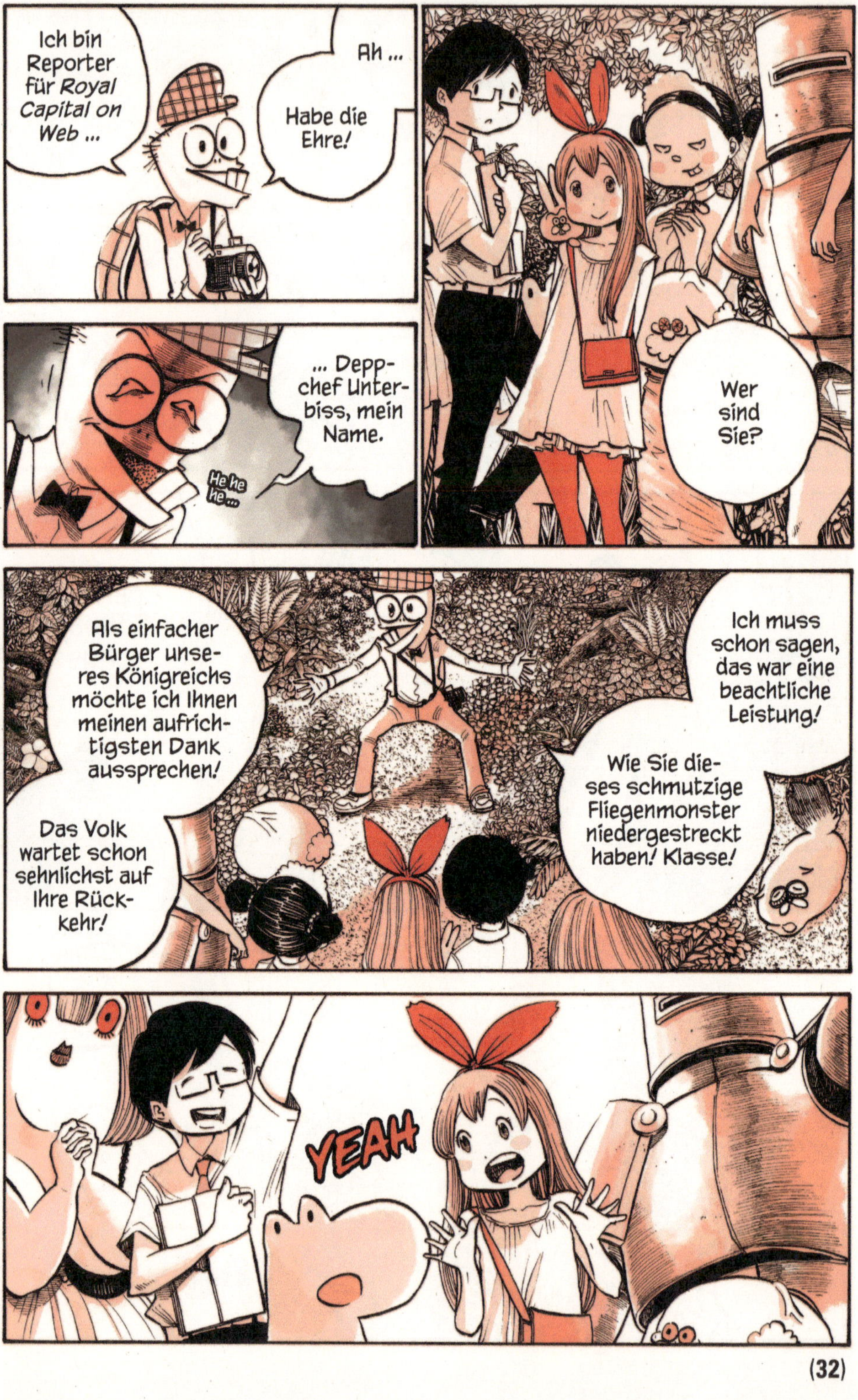
Ich bin Reporter für *Royal Capital on Web* ...
Ah ...
Habe die Ehre!
Wer sind Sie?
... Deppchef Unterbiss, mein Name.
He he he ...
Als einfacher Bürger unseres Königreichs möchte ich Ihnen meinen aufrichtigsten Dank aussprechen!
Das Volk wartet schon sehnlichst auf Ihre Rückkehr!
Ich muss schon sagen, das war eine beachtliche Leistung!
Wie Sie dieses schmutzige Fliegenmonster niedergestreckt haben! Klasse!
YEAH

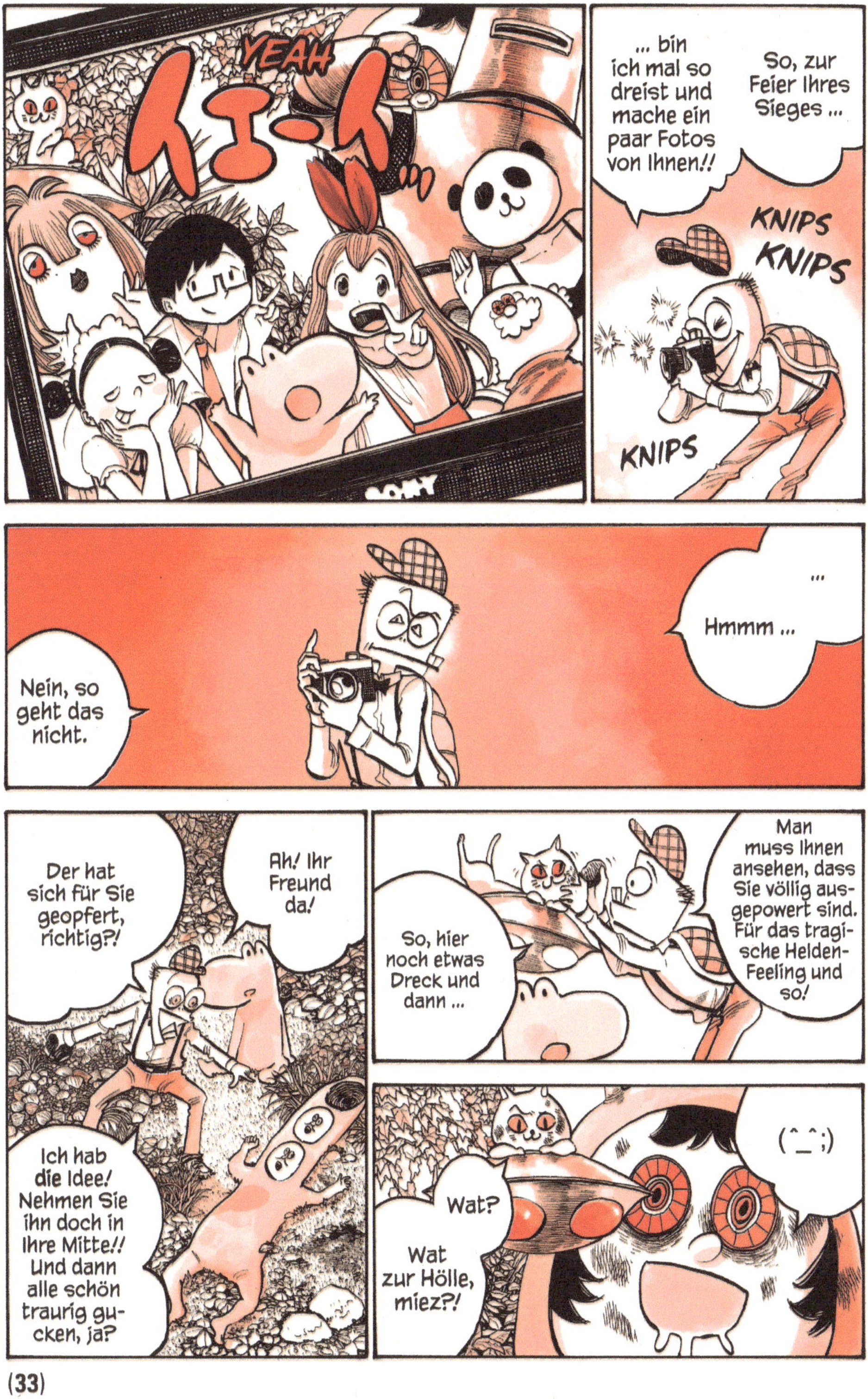
So, zur Feier Ihres Sieges ...
... bin ich mal so dreist und mache ein paar Fotos von Ihnen!!
KNIPS
KNIPS
KNIPS
YEAH
イエーイ
...
Hmmm ...
Nein, so geht das nicht.
Man muss Ihnen ansehen, dass Sie völlig ausgepowert sind. Für das tragische Helden-Feeling und so!
So, hier noch etwas Dreck und dann ...
Ah! Ihr Freund da!
Der hat sich für Sie geopfert, richtig?!
Ich hab **die** Idee! Nehmen Sie ihn doch in Ihre Mitte!! Und dann alle schön traurig gucken, ja?
(^_^;)
Wat?
Wat zur Hölle, miez?!

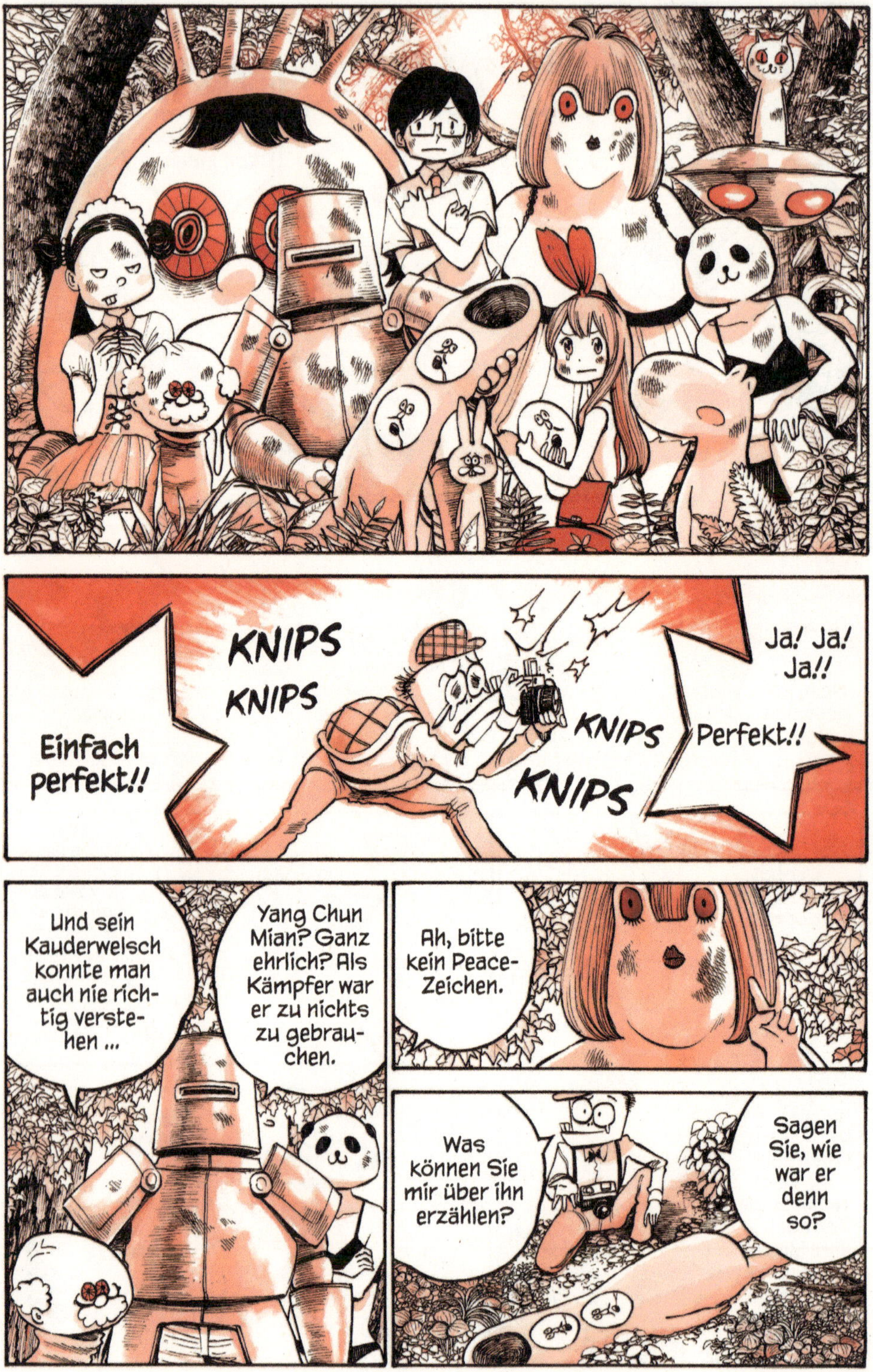
Einfach perfekt!!
KNIPS
KNIPS
KNIPS
KNIPS
Ja! Ja! Ja!!
Perfekt!!
Und sein Kauderwelsch konnte man auch nie richtig verstehen ...
Yang Chun Mian? Ganz ehrlich? Als Kämpfer war er zu nichts zu gebrauchen.
Ah, bitte kein Peace-Zeichen.
Was können Sie mir über ihn erzählen?
Sagen Sie, wie war er denn so?

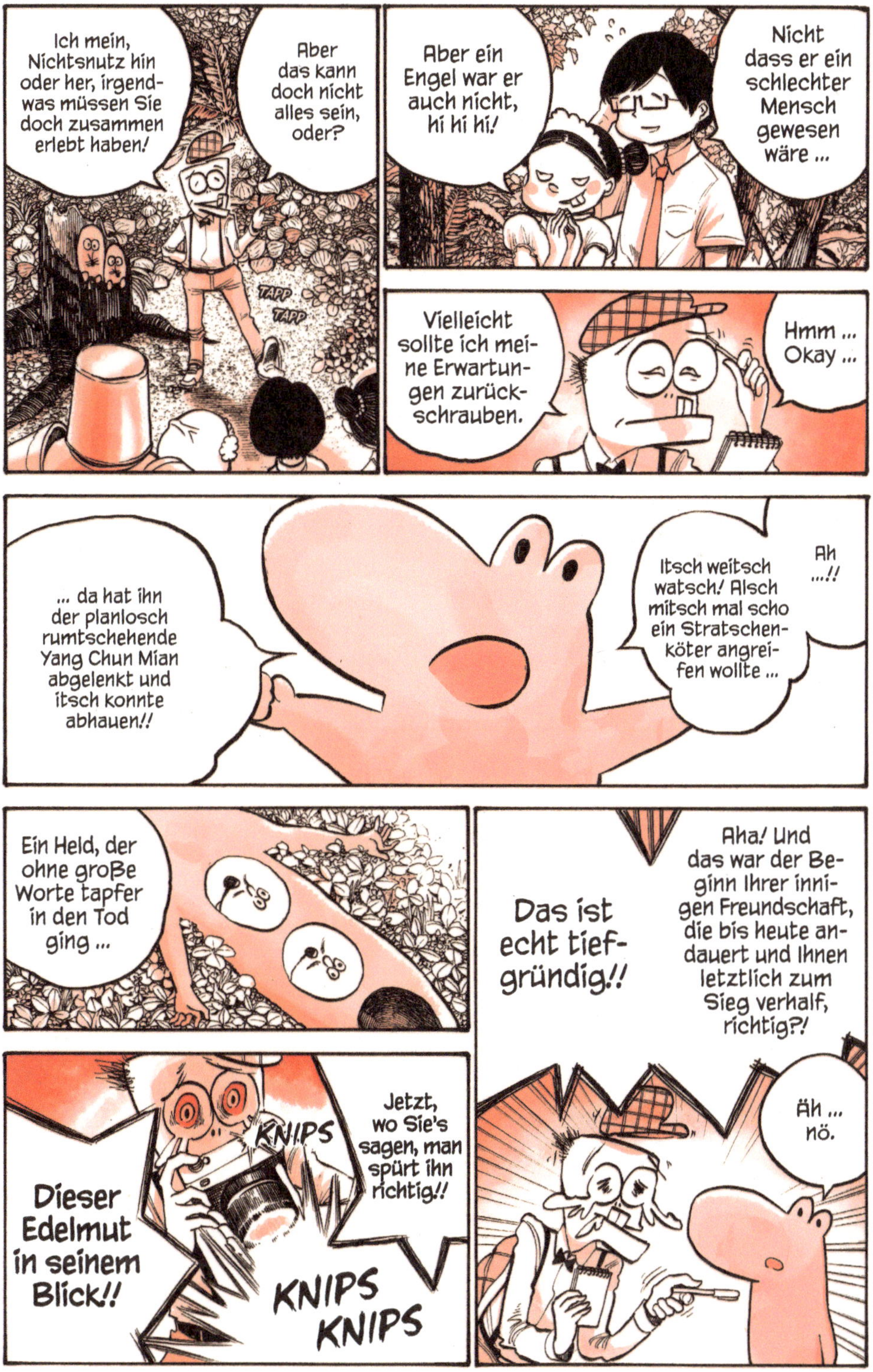
Ich mein, Nichtsnutz hin oder her, irgendwas müssen Sie doch zusammen erlebt haben!
Aber das kann doch nicht alles sein, oder?
TAPP
TAPP
Aber ein Engel war er auch nicht, hi hi hi!
Nicht dass er ein schlechter Mensch gewesen wäre ...
Vielleicht sollte ich meine Erwartungen zurückschrauben.
Hmm ... Okay ...
Ah ...!!
Itsch weitsch watsch! Alsch mitsch mal scho ein Stratschenköter angreifen wollte ...
... da hat ihn der planlosch rumtschehende Yang Chun Mian abgelenkt und itsch konnte abhauen!!
Ein Held, der ohne große Worte tapfer in den Tod ging ...
Jetzt, wo Sie's sagen, man spürt ihn richtig!!
KNIPS
Dieser Edelmut in seinem Blick!!
KNIPS KNIPS
Aha! Und das war der Beginn Ihrer innigen Freundschaft, die bis heute andauert und Ihnen letztlich zum Sieg verhalf, richtig?!
Das ist echt tiefgründig!!
Äh ... nö.

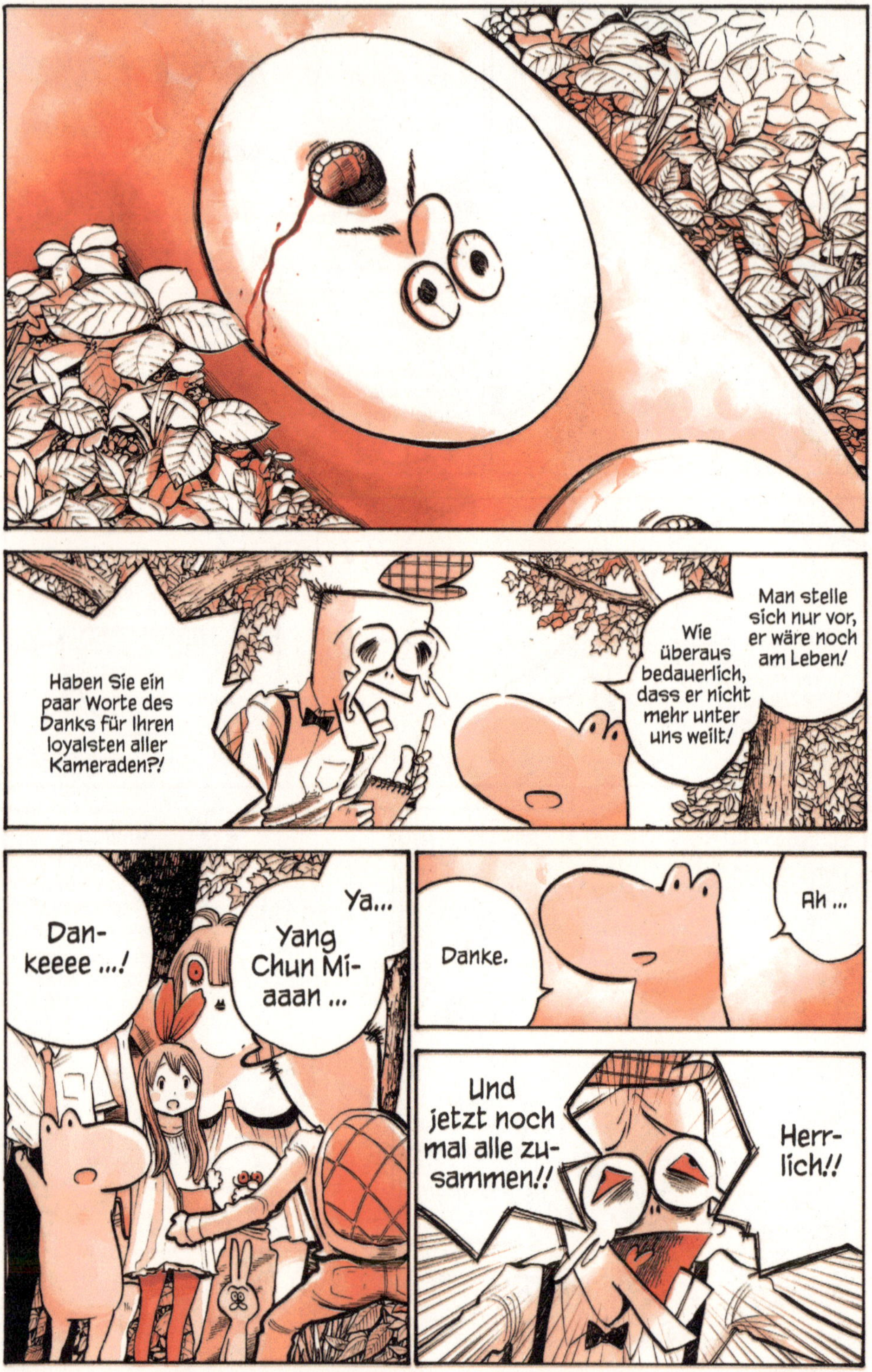

Haben Sie ein paar Worte des Danks für Ihren loyalsten aller Kameraden?!
Man stelle sich nur vor, er wäre noch am Leben!
Wie überaus bedauerlich, dass er nicht mehr unter uns weilt!
Ya...
Yang Chun Mi-aaan ...
Dan-keeee ...!
Ah ...
Danke.
Herr-lich!!
Und jetzt noch mal alle zu-sammen!!

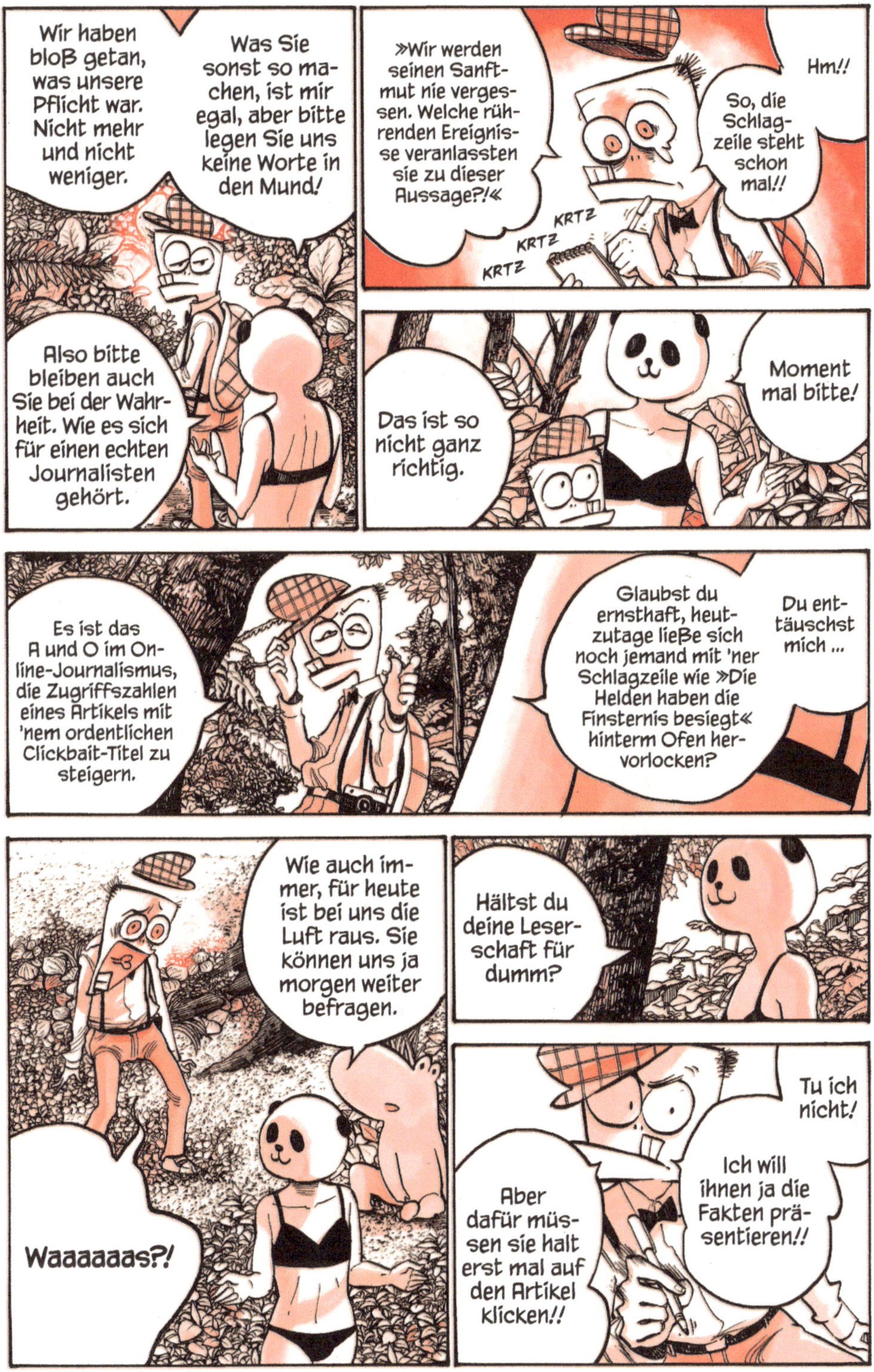
Wir haben bloß getan, was unsere Pflicht war. Nicht mehr und nicht weniger.
Was Sie sonst so machen, ist mir egal, aber bitte legen Sie uns keine Worte in den Mund!
Also bitte bleiben auch Sie bei der Wahrheit. Wie es sich für einen echten Journalisten gehört.
»Wir werden seinen Sanftmut nie vergessen. Welche rührenden Ereignisse veranlassten sie zu dieser Aussage?!«
Hm!!
So, die Schlagzeile steht schon mal!!
KRTZ KRTZ KRTZ
Moment mal bitte!
Das ist so nicht ganz richtig.
Es ist das A und O im Online-Journalismus, die Zugriffszahlen eines Artikels mit 'nem ordentlichen Clickbait-Titel zu steigern.
Du enttäuschst mich …
Glaubst du ernsthaft, heutzutage ließe sich noch jemand mit 'ner Schlagzeile wie »Die Helden haben die Finsternis besiegt« hinterm Ofen hervorlocken?
Wie auch immer, für heute ist bei uns die Luft raus. Sie können uns ja morgen weiter befragen.
Waaaaaas?!
Hältst du deine Leserschaft für dumm?
Tu ich nicht!
Ich will ihnen ja die Fakten präsentieren!!
Aber dafür müssen sie halt erst mal auf den Artikel klicken!!

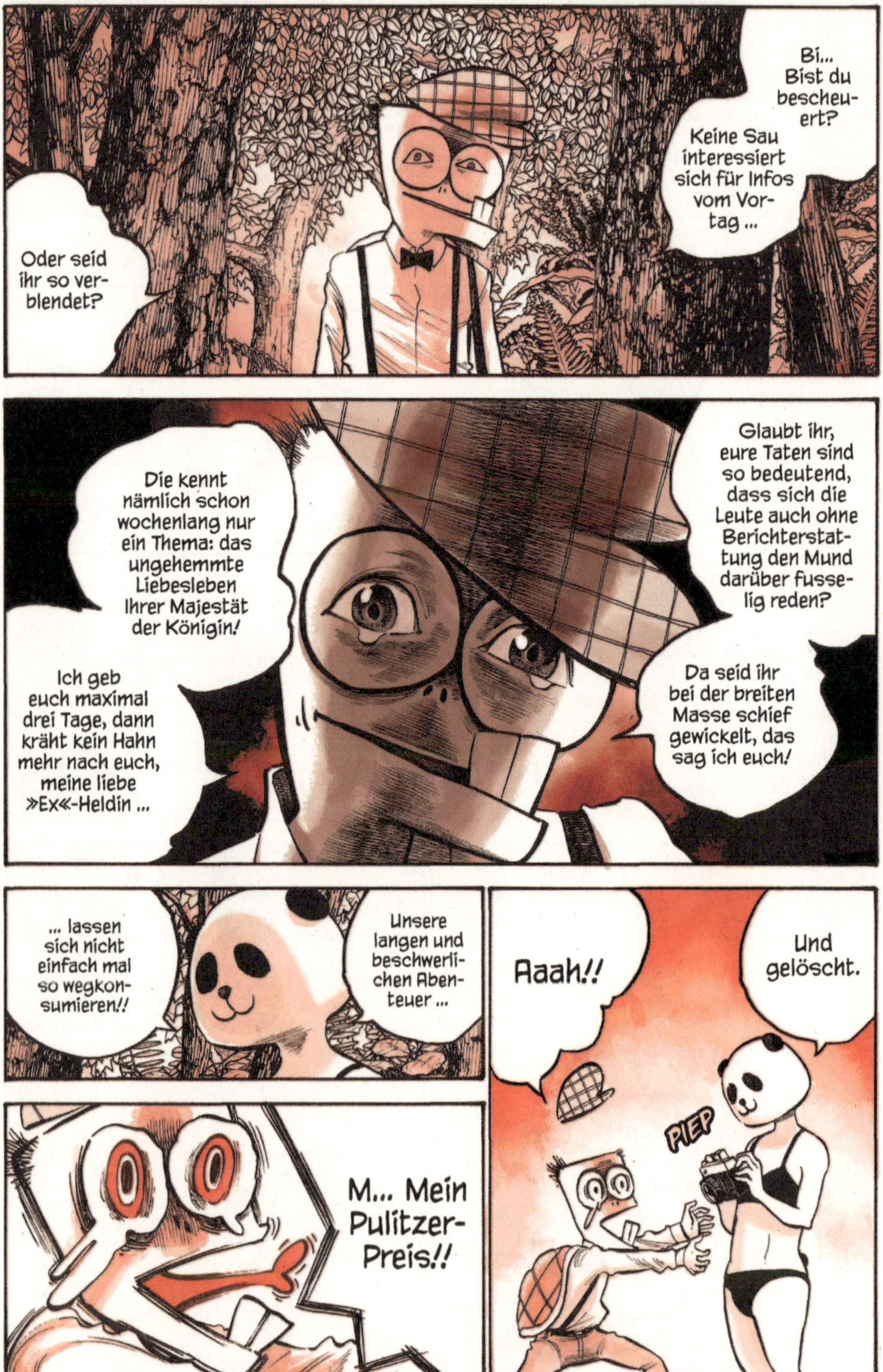
Bi... Bist du bescheuert?
Keine Sau interessiert sich für Infos vom Vortag ...
Oder seid ihr so verblendet?
Glaubt ihr, eure Taten sind so bedeutend, dass sich die Leute auch ohne Berichterstattung den Mund darüber fusselig reden?
Da seid ihr bei der breiten Masse schief gewickelt, das sag ich euch!
Die kennt nämlich schon wochenlang nur ein Thema: das ungehemmte Liebesleben Ihrer Majestät der Königin!
Ich geb euch maximal drei Tage, dann kräht kein Hahn mehr nach euch, meine liebe »Ex«-Heldin ...
Unsere langen und beschwerlichen Abenteuer ...
... lassen sich nicht einfach mal so wegkonsumieren!!
Und gelöscht.
PIEP
Aaah!!
M... Mein Pulitzer-Preis!!

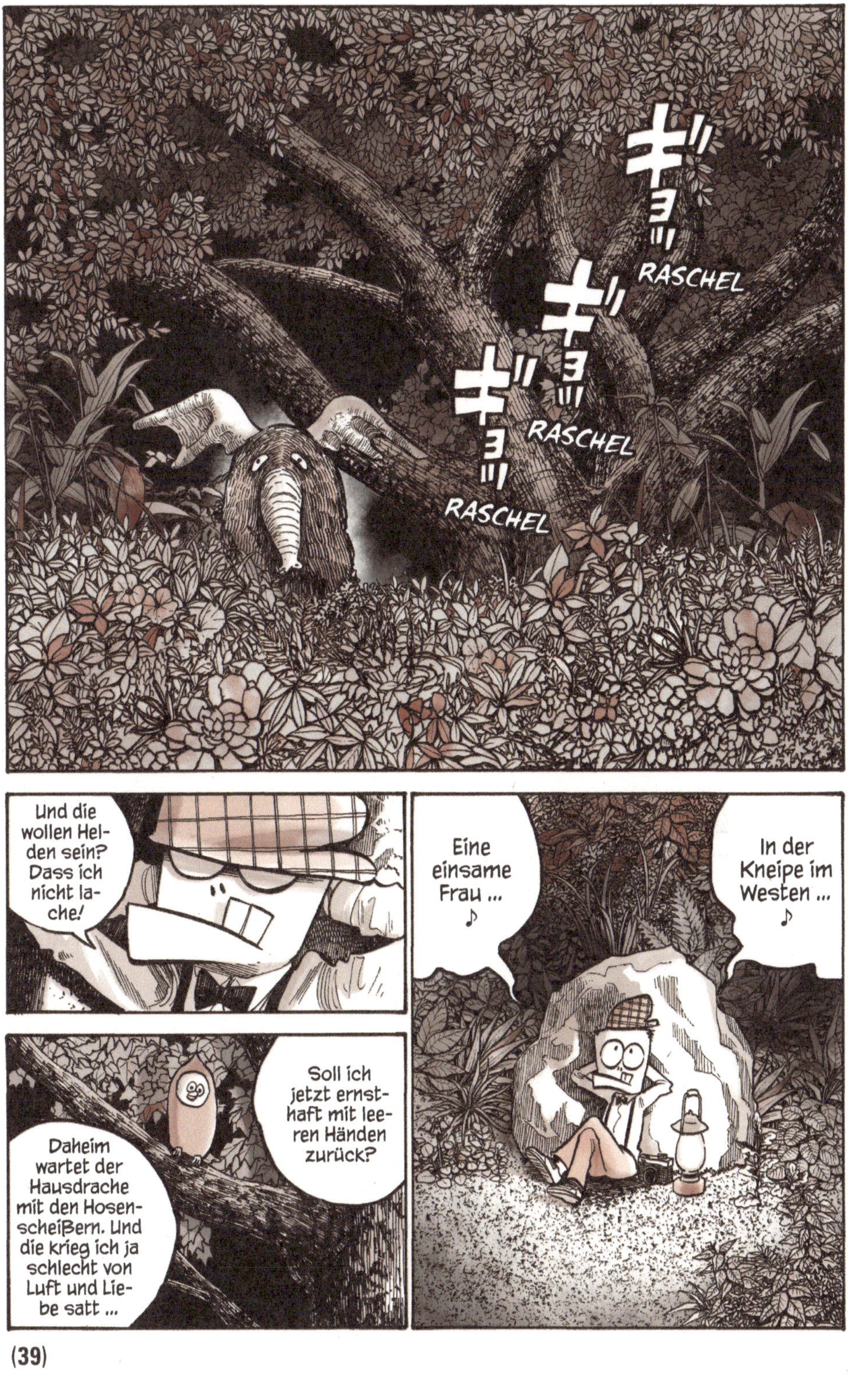
ギョッ
RASCHEL
ギョッ
RASCHEL
ギョッ
RASCHEL
In der Kneipe im Westen ... ♪
Eine einsame Frau ... ♪
Und die wollen Helden sein? Dass ich nicht lache!
Soll ich jetzt ernsthaft mit leeren Händen zurück?
Daheim wartet der Hausdrache mit den Hosenscheißern. Und die krieg ich ja schlecht von Luft und Liebe satt ...

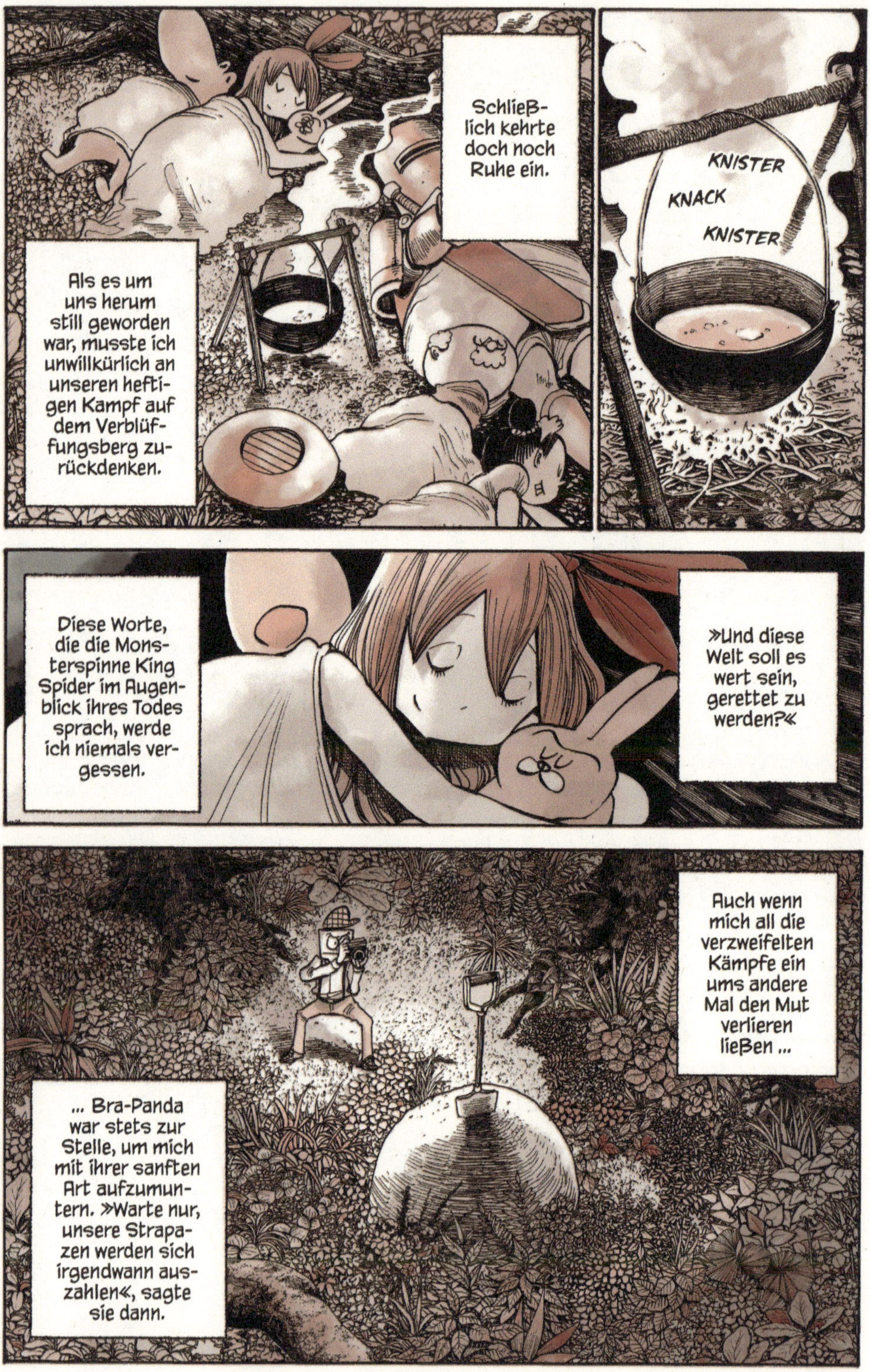

Schließlich kehrte doch noch Ruhe ein.
Als es um uns herum still geworden war, musste ich unwillkürlich an unseren heftigen Kampf auf dem Verblüffungsberg zurückdenken.
KNISTER
KNACK
KNISTER
»Und diese Welt soll es wert sein, gerettet zu werden?«
Diese Worte, die die Monsterspinne King Spider im Augenblick ihres Todes sprach, werde ich niemals vergessen.
Auch wenn mich all die verzweifelten Kämpfe ein ums andere Mal den Mut verlieren ließen ...
... Bra-Panda war stets zur Stelle, um mich mit ihrer sanften Art aufzumuntern. »Warte nur, unsere Strapazen werden sich irgendwann auszahlen«, sagte sie dann.

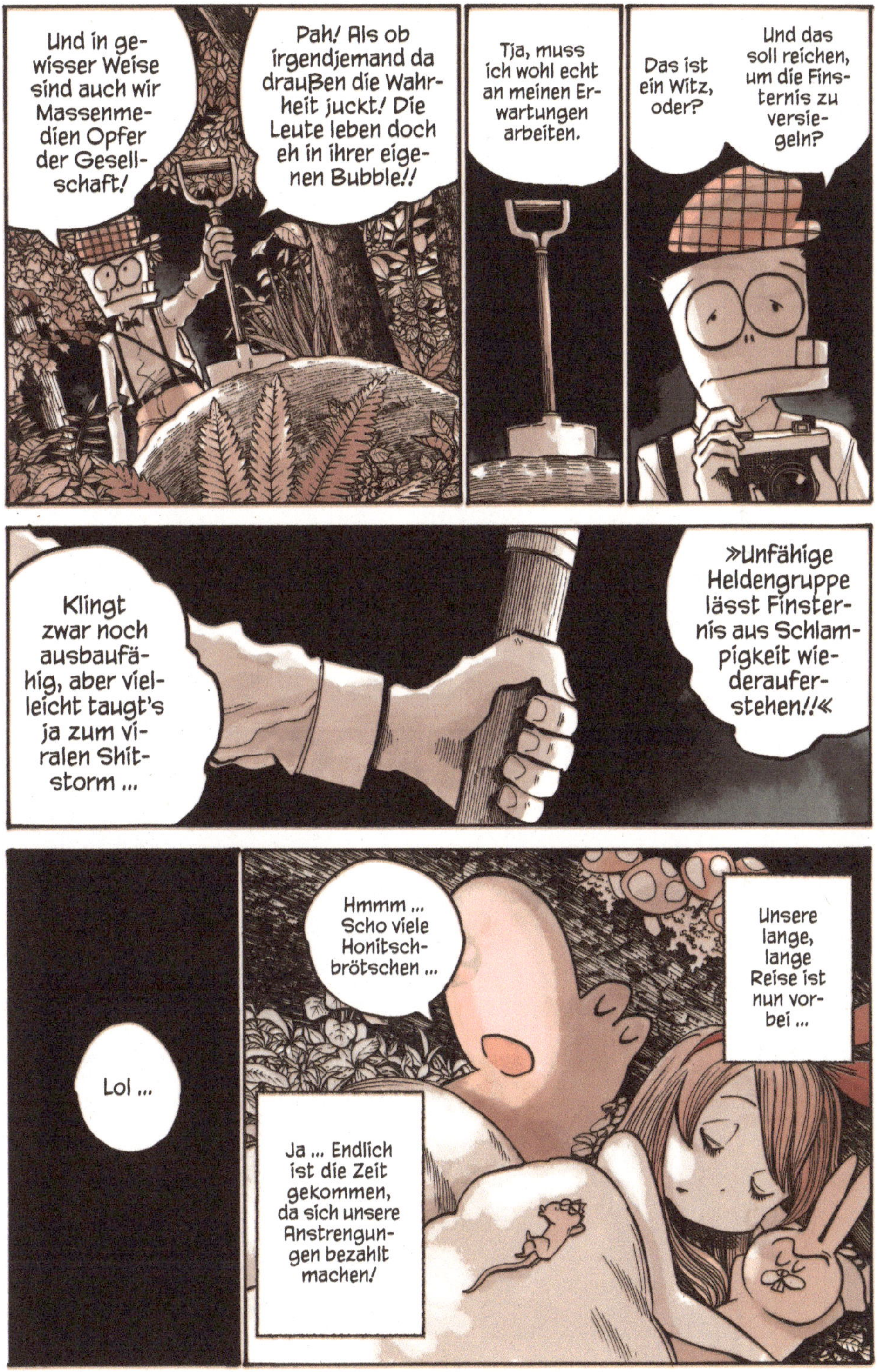
Und in gewisser Weise sind auch wir Massenmedien Opfer der Gesellschaft!
Pah! Als ob irgendjemand da draußen die Wahrheit juckt! Die Leute leben doch eh in ihrer eigenen Bubble!!
Tja, muss ich wohl echt an meinen Erwartungen arbeiten.
Das ist ein Witz, oder?
Und das soll reichen, um die Finsternis zu versiegeln?
Klingt zwar noch ausbaufähig, aber vielleicht taugt's ja zum viralen Shitstorm ...
»Unfähige Heldengruppe lässt Finsternis aus Schlampigkeit wiederauferstehen!!«
Lol ...
Hmmm ... Scho viele Honitschbrötschen ...
Unsere lange, lange Reise ist nun vorbei ...
Ja ... Endlich ist die Zeit gekommen, da sich unsere Anstrengungen bezahlt machen!

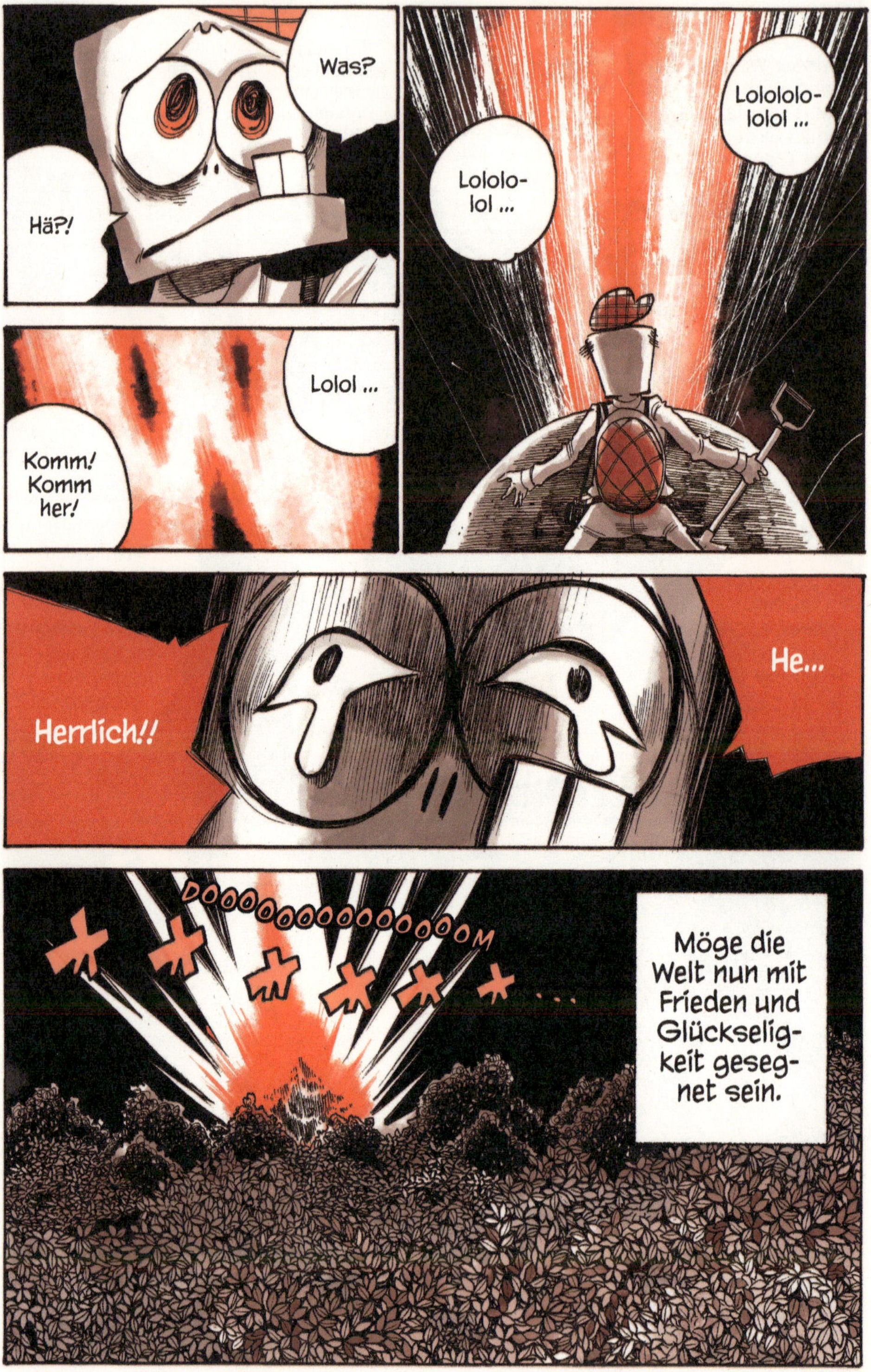
Was?
Hä?!
Lololol ...
Komm! Komm her!
Lololo-lol ...
Lolololo-lolol ...
He...
Herrlich!!
DOOOOOOOOOOOOOOOOM
Möge die Welt nun mit Frieden und Glückselig-keit geseg-net sein.

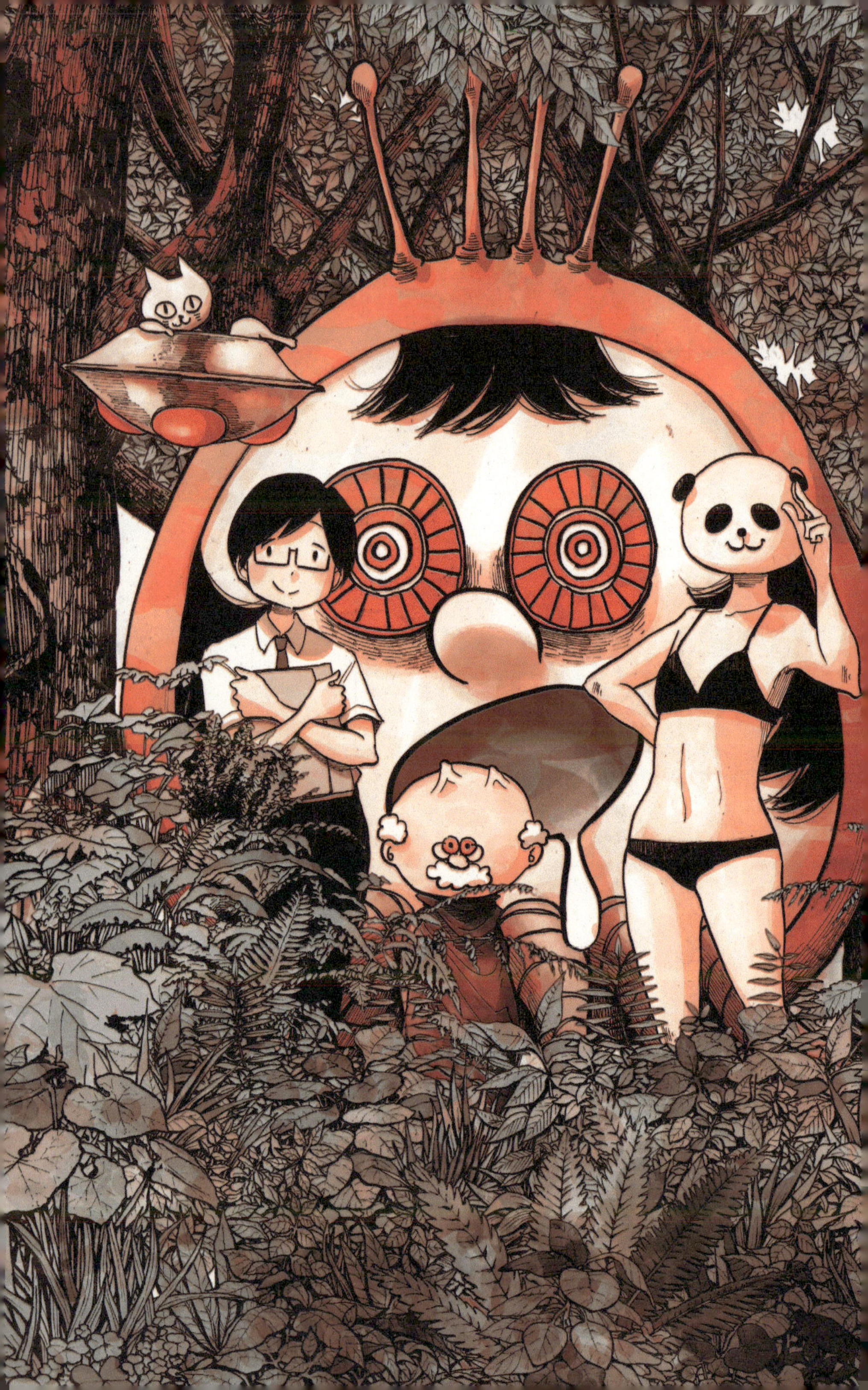

Kapitel 3

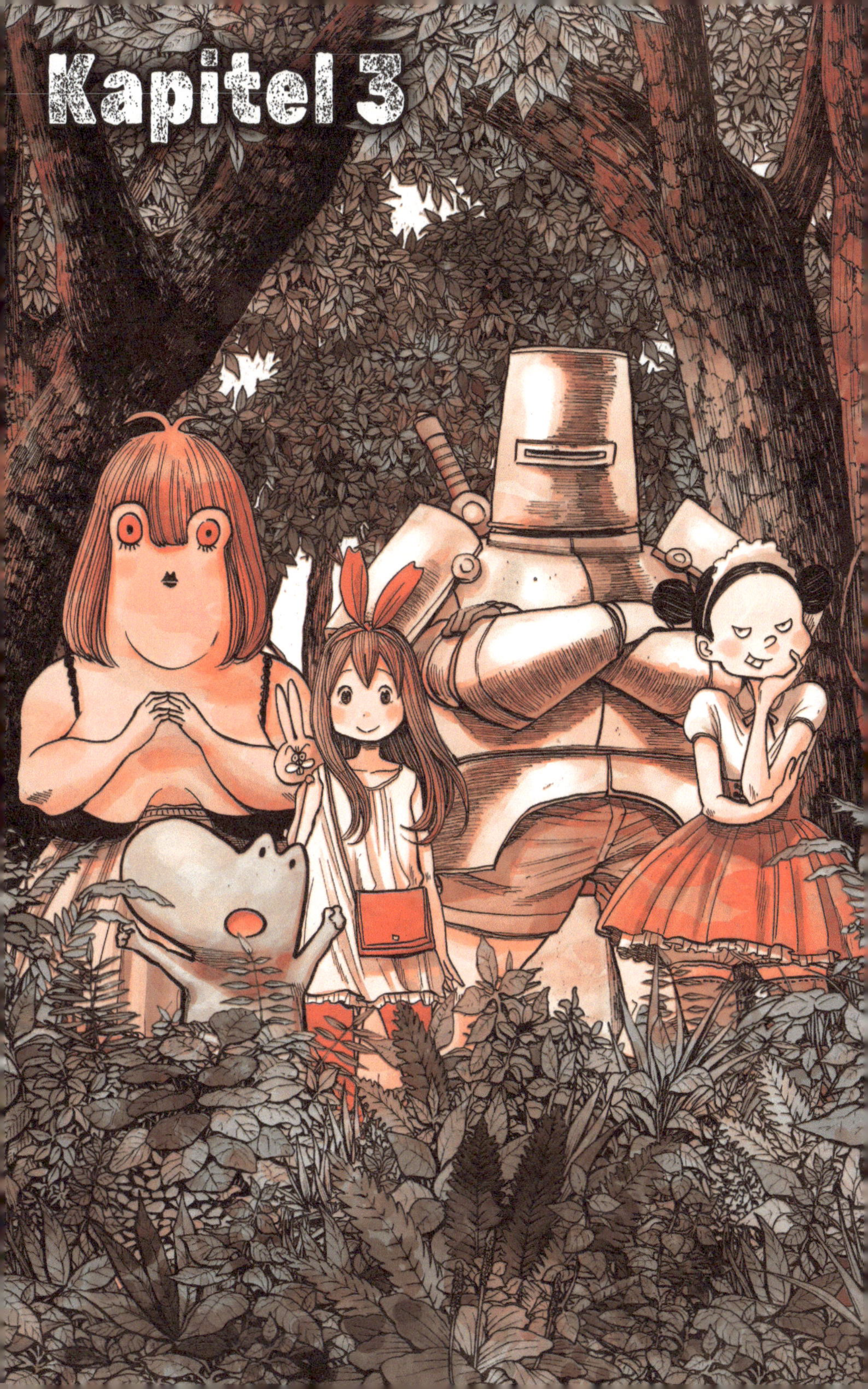

»Haben wir Freunde, weil wir Feinde
haben oder Feinde, weil wir Freunde haben?
Da bin selbst ich überfragt.«

Kommandant der Königlichen Rittergarde,
Marco Rodriguez

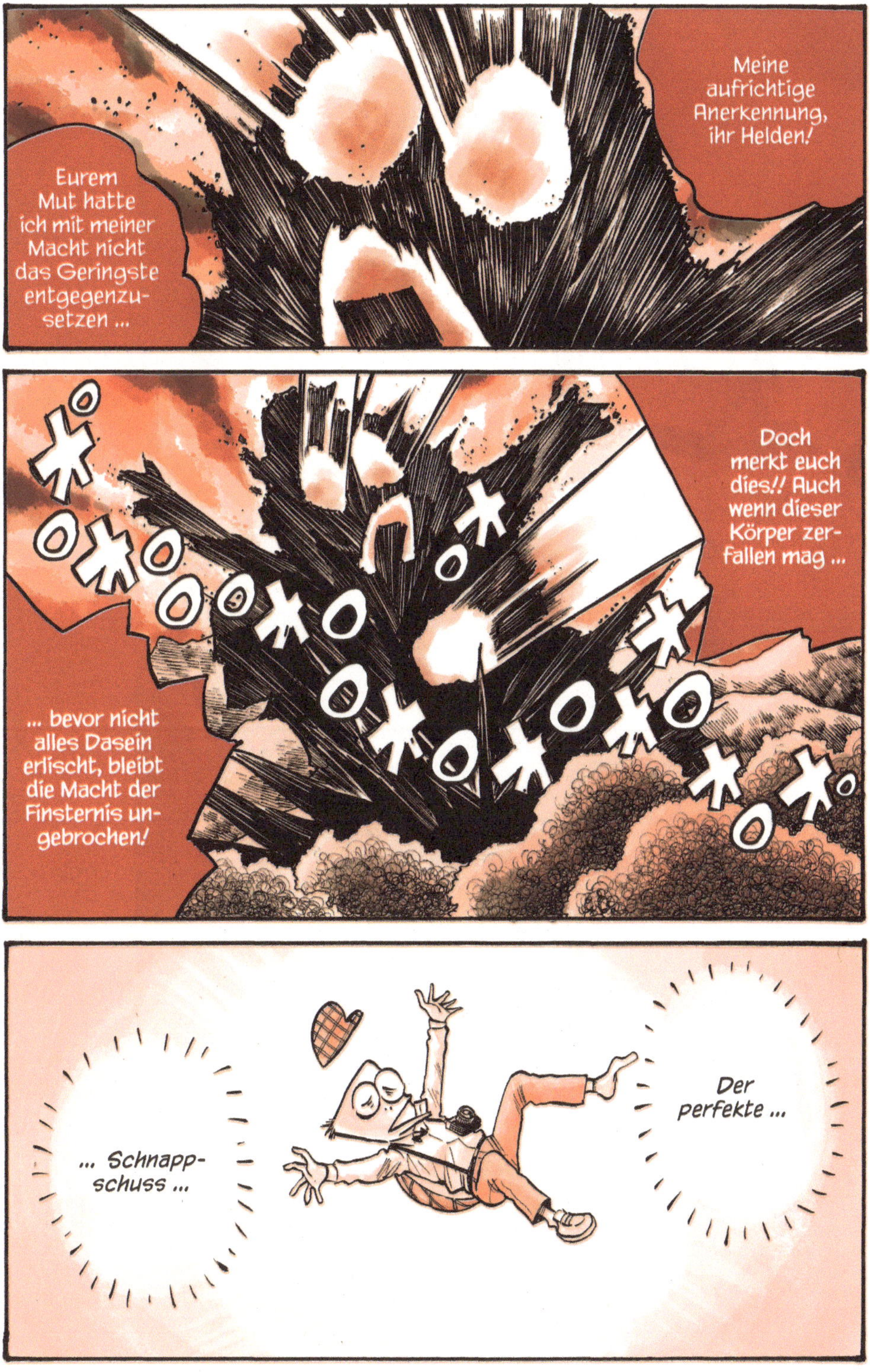
Meine aufrichtige Anerkennung, ihr Helden!
Eurem Mut hatte ich mit meiner Macht nicht das Geringste entgegenzusetzen ...
Doch merkt euch dies!! Auch wenn dieser Körper zerfallen mag ...
... bevor nicht alles Dasein erlischt, bleibt die Macht der Finsternis ungebrochen!
Der perfekte ...
... Schnappschuss ...

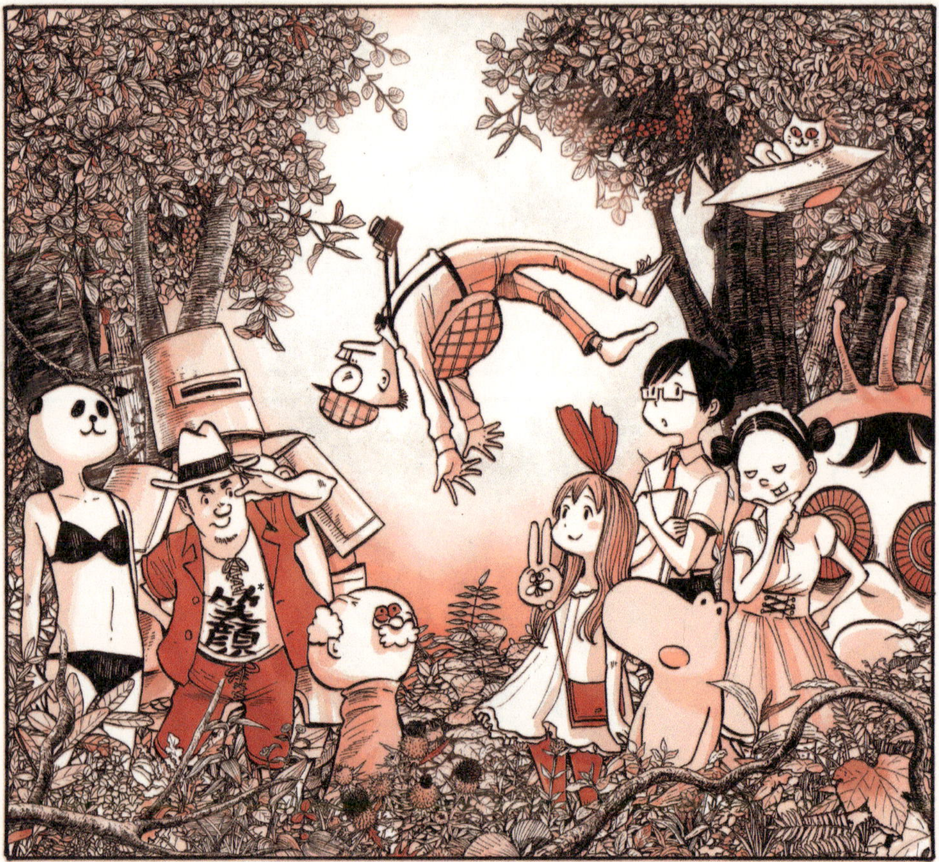
笑顔*

*Lächeln

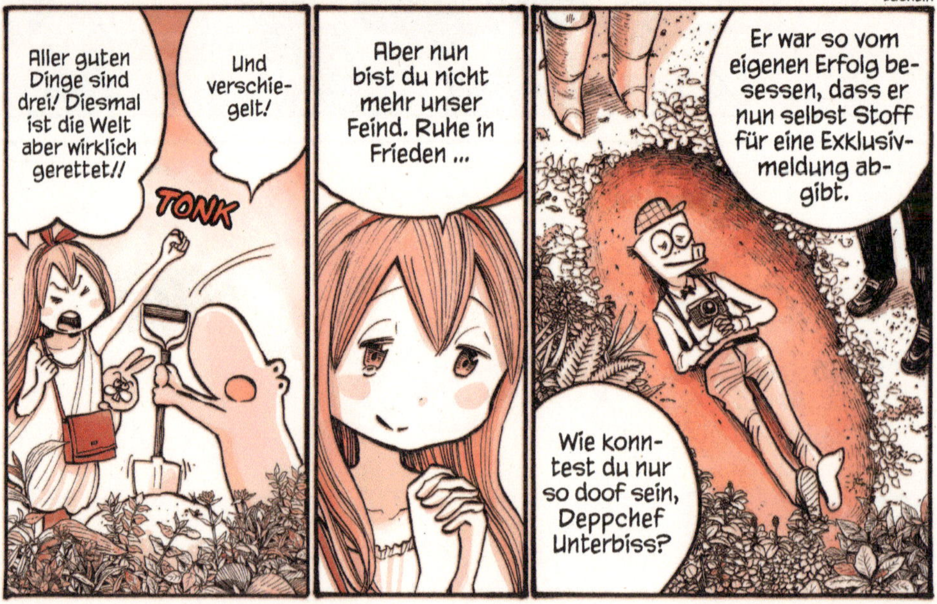
Er war so vom eigenen Erfolg besessen, dass er nun selbst Stoff für eine Exklusivmeldung abgibt.
Wie konntest du nur so doof sein, Deppchef Unterbiss?
Aber nun bist du nicht mehr unser Feind. Ruhe in Frieden ...
Aller guten Dinge sind drei! Diesmal ist die Welt aber wirklich gerettet!!
Und verschiegelt!
TONK

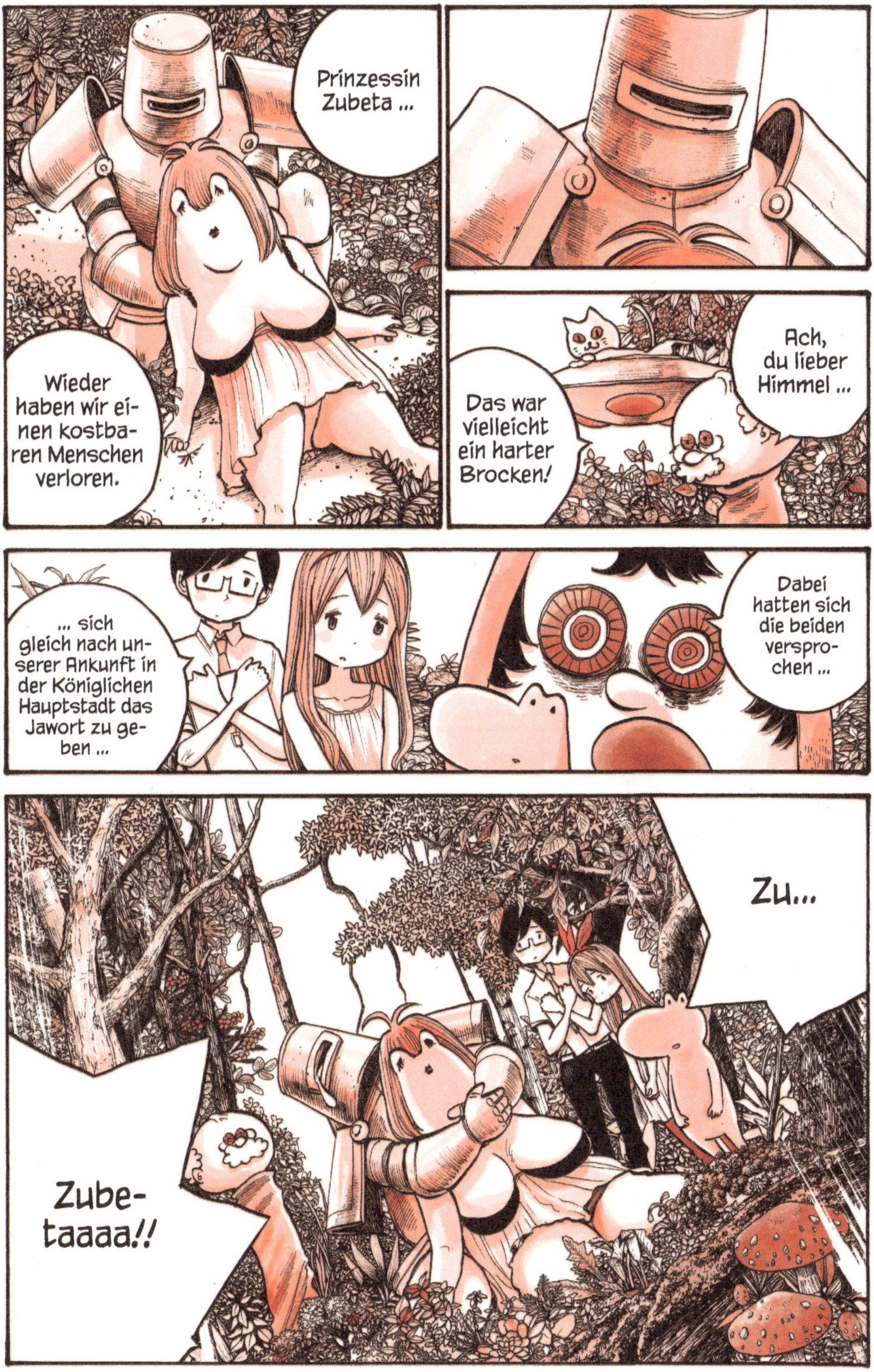
Prinzessin Zubeta ...
Wieder haben wir einen kostbaren Menschen verloren.
Ach, du lieber Himmel ...
Das war vielleicht ein harter Brocken!
Dabei hatten sich die beiden versprochen ...
... sich gleich nach unserer Ankunft in der Königlichen Hauptstadt das Jawort zu geben ...
Zu...
Zubetaaaa!!

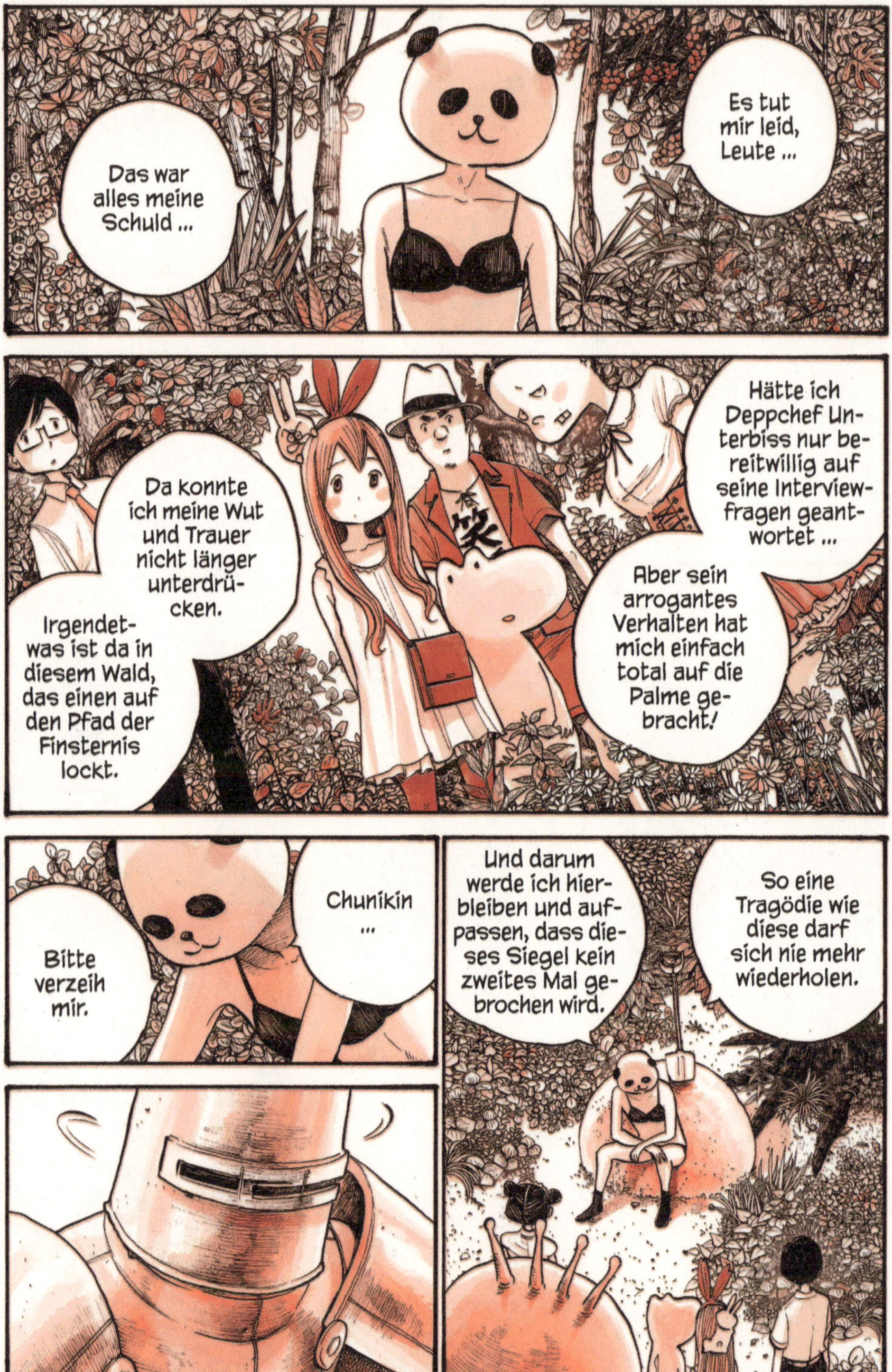

Es tut mir leid, Leute ...
Das war alles meine Schuld ...
Hätte ich Deppchef Unterbiss nur bereitwillig auf seine Interviewfragen geantwortet ...
Aber sein arrogantes Verhalten hat mich einfach total auf die Palme gebracht!
Da konnte ich meine Wut und Trauer nicht länger unterdrücken.
Irgendetwas ist da in diesem Wald, das einen auf den Pfad der Finsternis lockt.
So eine Tragödie wie diese darf sich nie mehr wiederholen.
Und darum werde ich hierbleiben und aufpassen, dass dieses Siegel kein zweites Mal gebrochen wird.
Chunikin ...
Bitte verzeih mir.

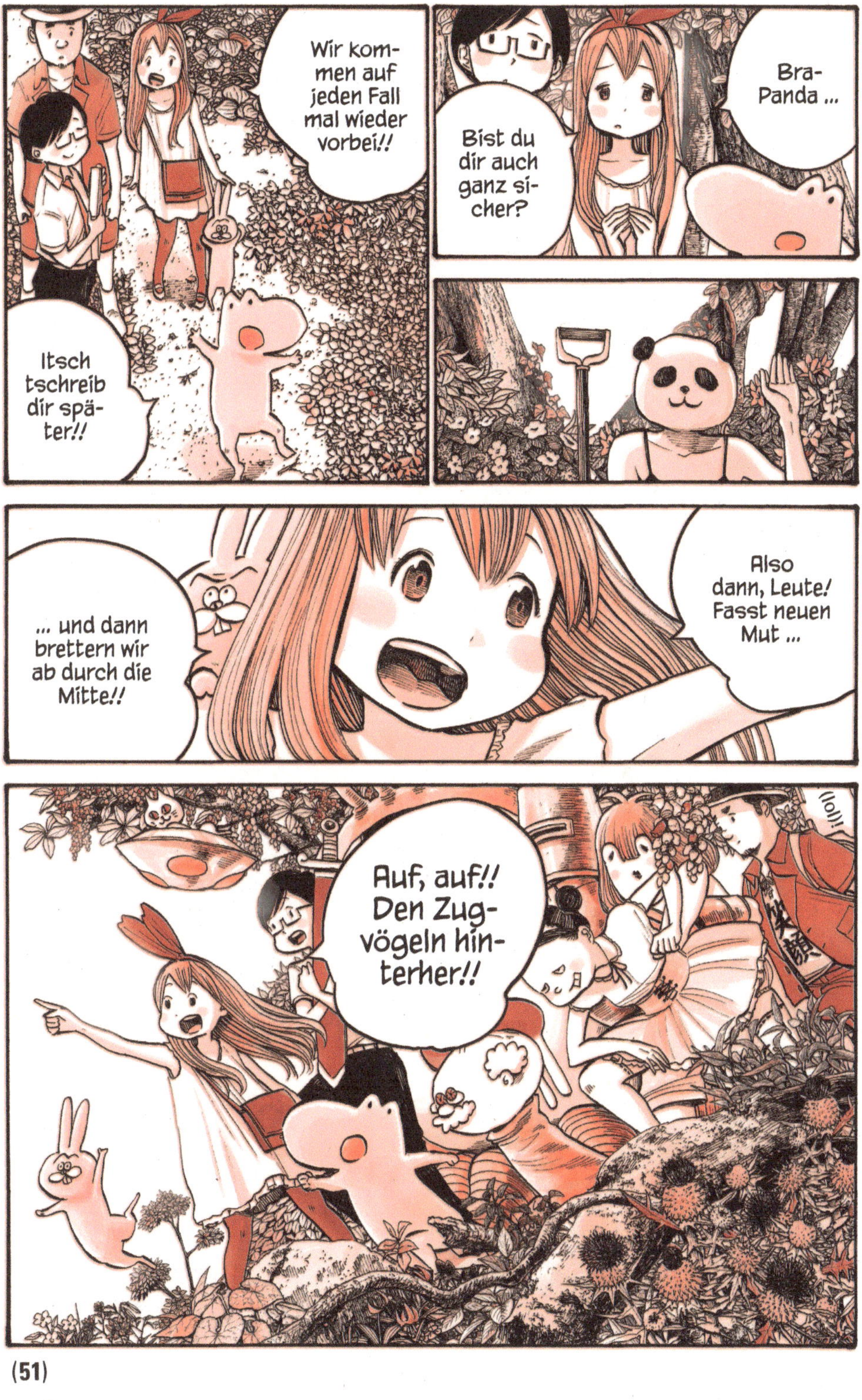
Bra-Panda ...
Bist du dir auch ganz sicher?
Wir kommen auf jeden Fall mal wieder vorbei!!
Itsch tschreib dir später!!
Also dann, Leute! Fasst neuen Mut ...
... und dann brettern wir ab durch die Mitte!!
(lol)!
Auf, auf!! Den Zugvögeln hinterher!!

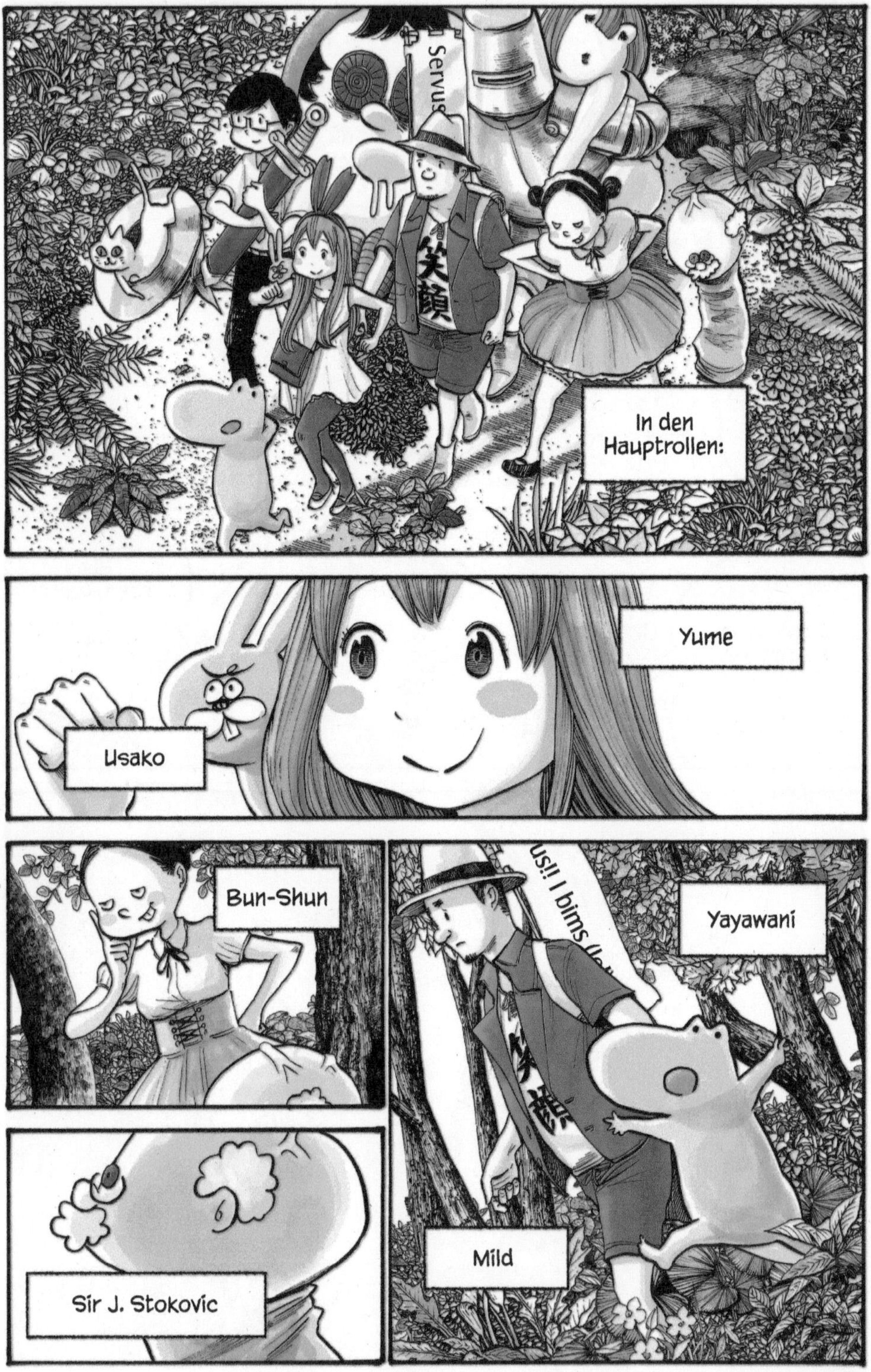
Servus
In den Hauptrollen:
Yume
Usako
us!! I bims
Yayawani
Mild
Bun-Shun
Sir J. Stokovic

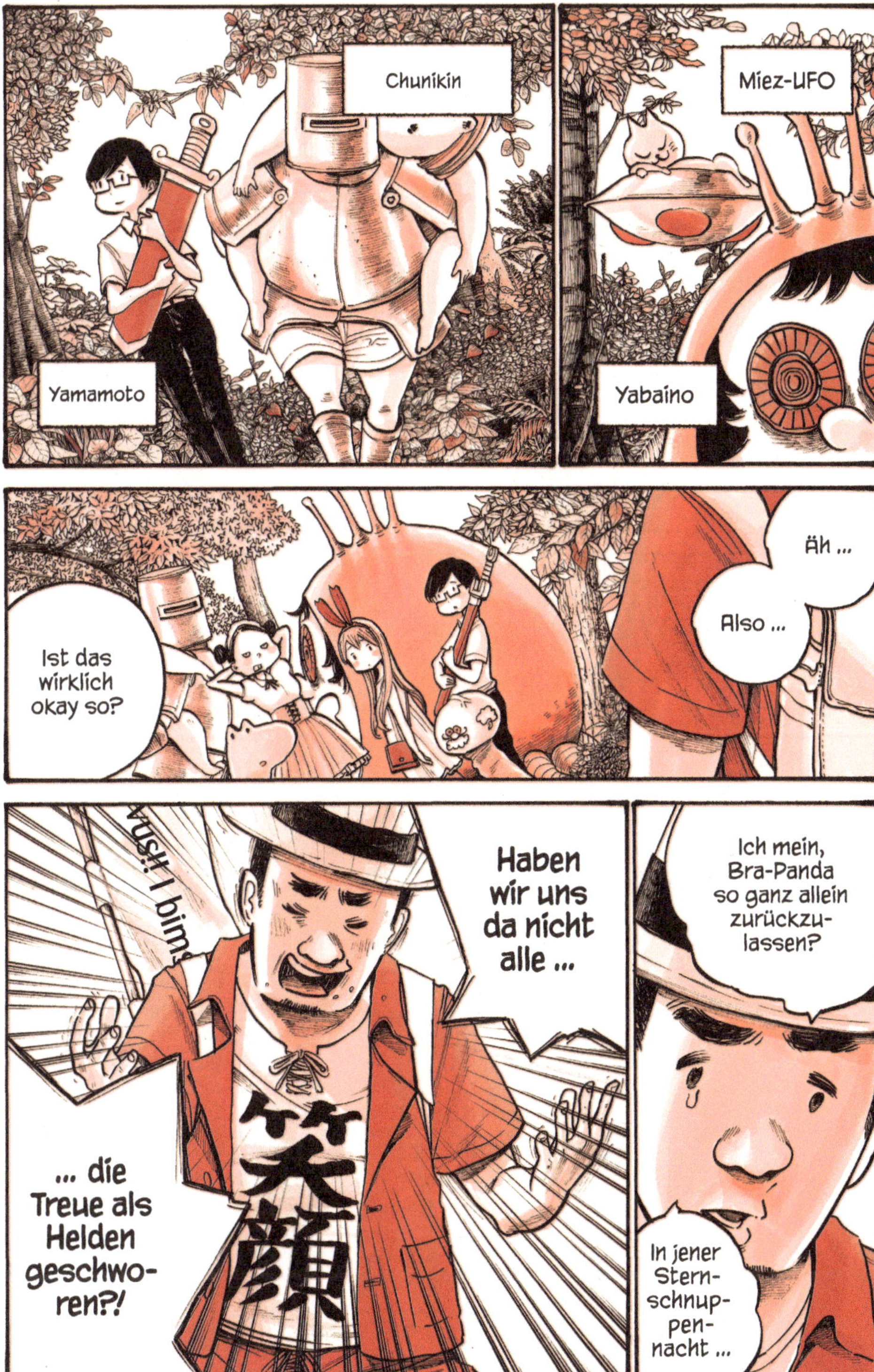
Miez-UFO
Yabaino
Chunikin
Yamamoto
Äh ...
Also ...
Ist das wirklich okay so?
Ich mein, Bra-Panda so ganz allein zurückzulassen?
In jener Sternschnuppennacht ...
Haben wir uns da nicht alle ...
... die Treue als Helden geschworen?!
笑顔

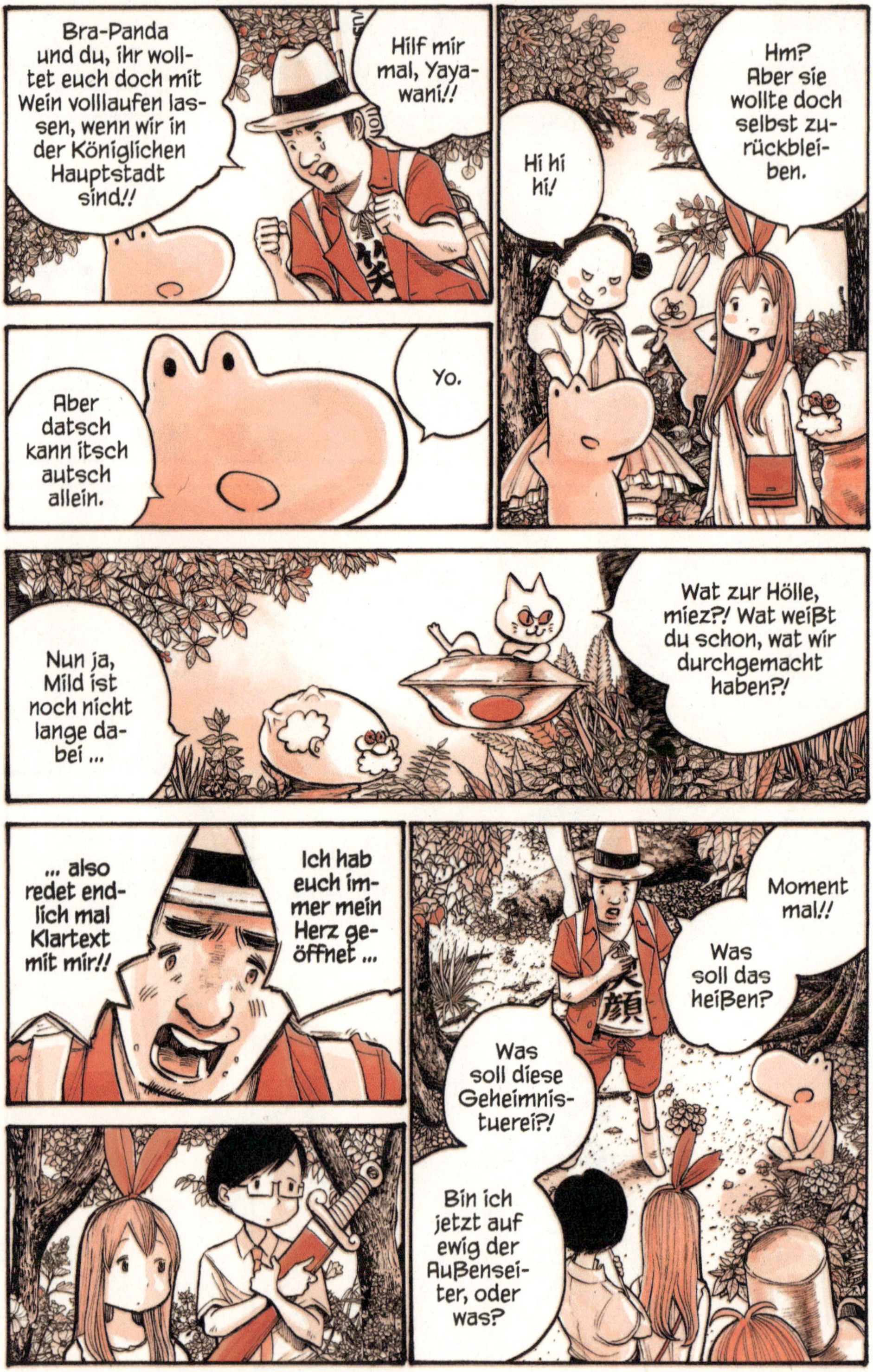
Hm? Aber sie wollte doch selbst zurückbleiben.
Hi hi hi!
Hilf mir mal, Yayawani!!
Bra-Panda und du, ihr wolltet euch doch mit Wein volllaufen lassen, wenn wir in der Königlichen Hauptstadt sind!!
Yo.
Aber datsch kann itsch autsch allein.
Wat zur Hölle, miez?! Wat weißt du schon, wat wir durchgemacht haben?!
Nun ja, Mild ist noch nicht lange dabei ...
Moment mal!!
Was soll das heißen?
Was soll diese Geheimnistuerei?!
Bin ich jetzt auf ewig der Außenseiter, oder was?
Ich hab euch immer mein Herz geöffnet ...
... also redet endlich mal Klartext mit mir!!

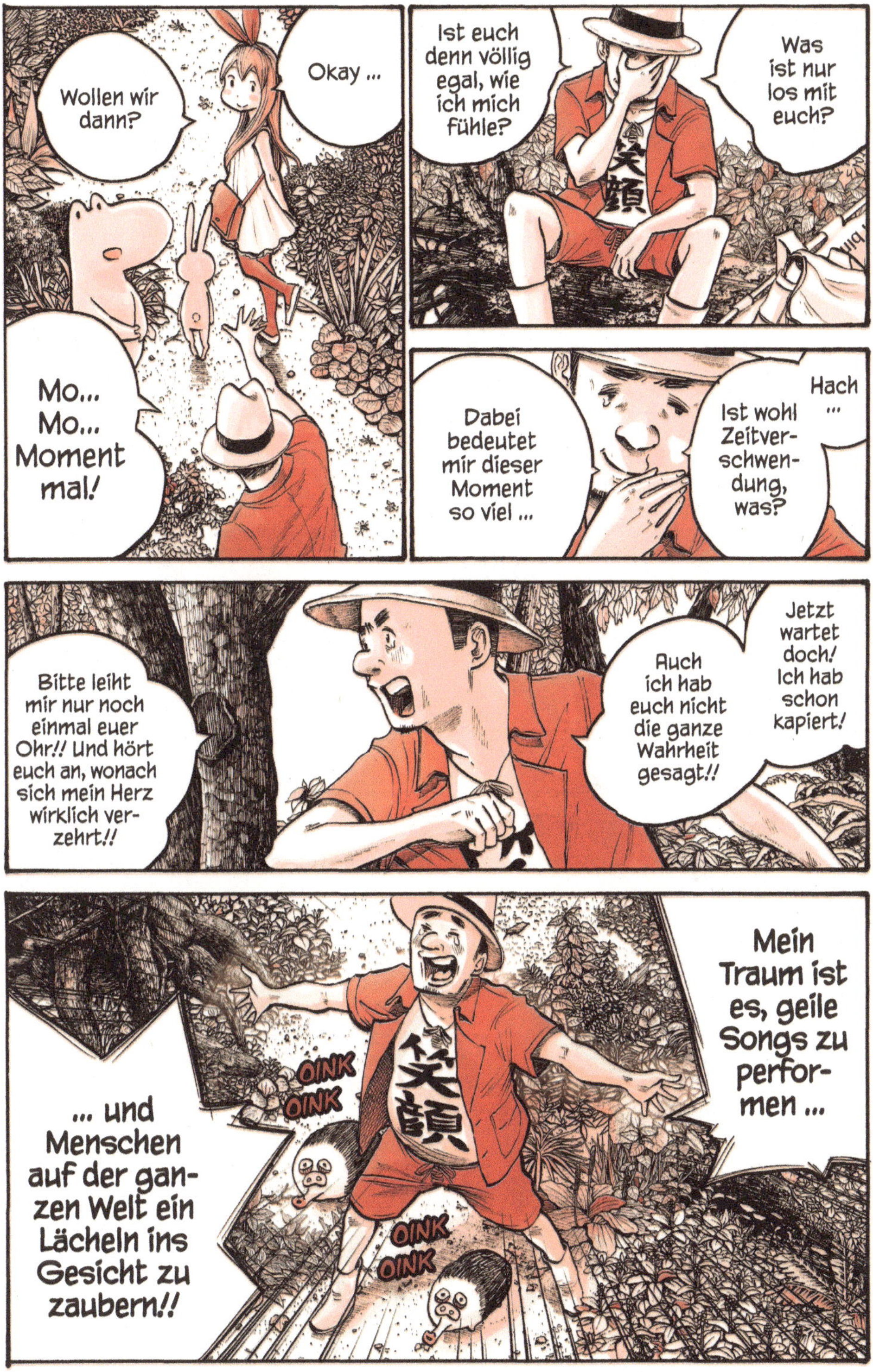
Was ist nur los mit euch?
Ist euch denn völlig egal, wie ich mich fühle?
笑顔
Hach ...
Ist wohl Zeitverschwendung, was?
Dabei bedeutet mir dieser Moment so viel ...
Wollen wir dann?
Okay ...
Mo... Mo... Moment mal!
Jetzt wartet doch! Ich hab schon kapiert!
Auch ich hab euch nicht die ganze Wahrheit gesagt!!
Bitte leiht mir nur noch einmal euer Ohr!! Und hört euch an, wonach sich mein Herz wirklich verzehrt!!
Mein Traum ist es, geile Songs zu performen ...
OINK OINK
笑顔
OINK OINK
... und Menschen auf der ganzen Welt ein Lächeln ins Gesicht zu zaubern!!

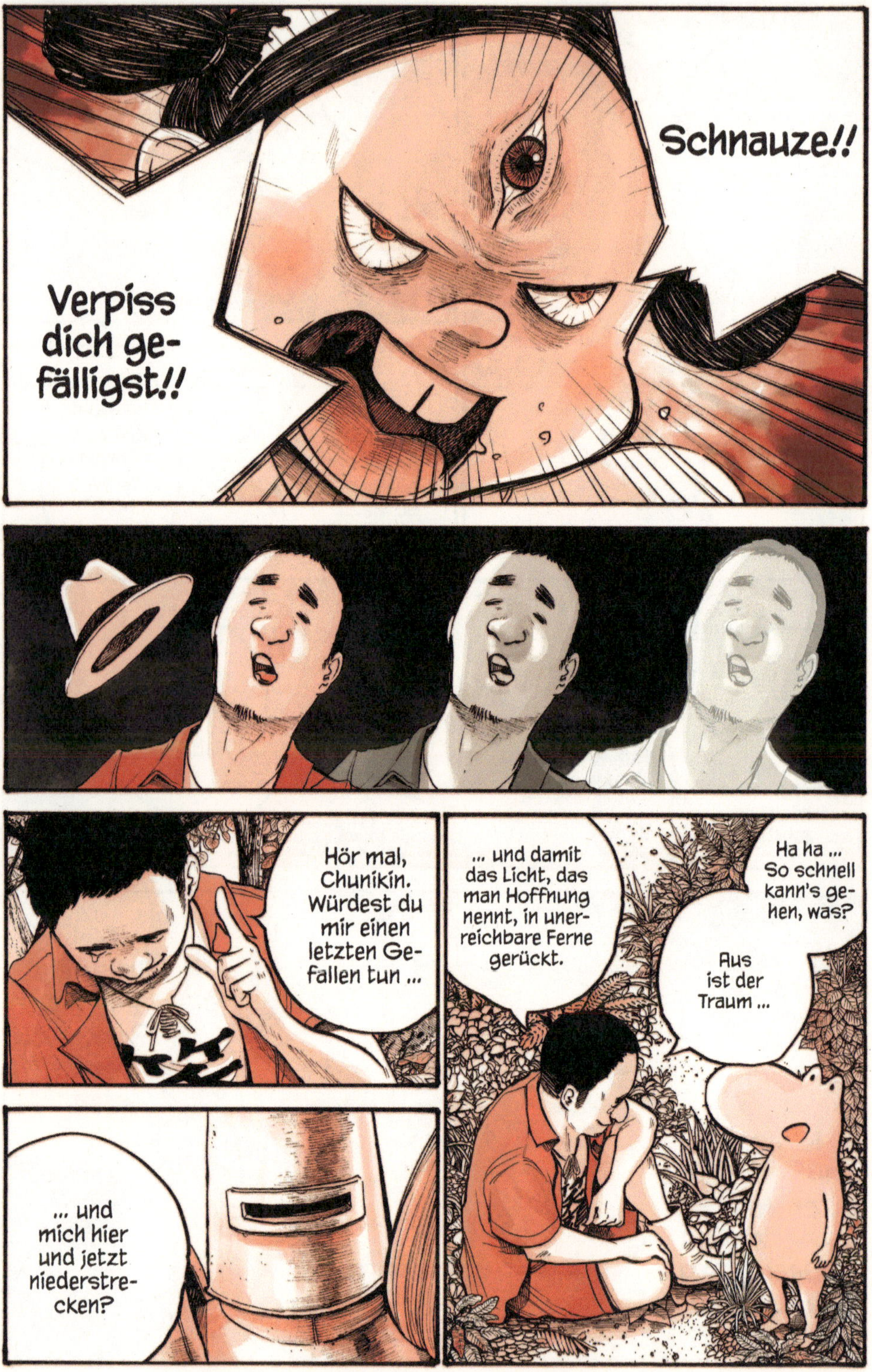
Schnauze!!
Verpiss dich gefälligst!!
Hör mal, Chunikin. Würdest du mir einen letzten Gefallen tun ...
... und mich hier und jetzt niederstrecken?
... und damit das Licht, das man Hoffnung nennt, in unerreichbare Ferne gerückt.
Ha ha ... So schnell kann's gehen, was?
Aus ist der Traum ...

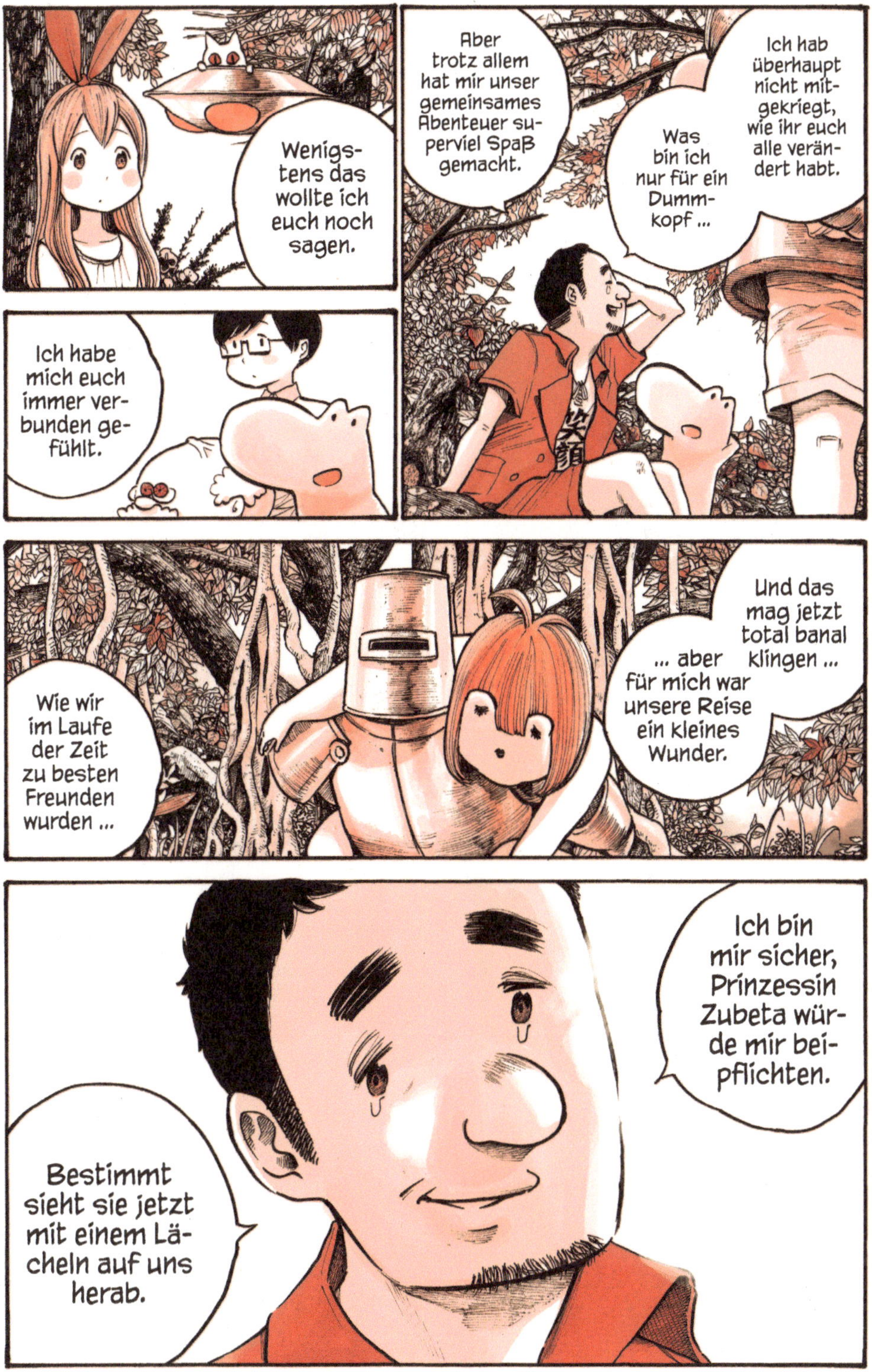
Ich hab überhaupt nicht mitgekriegt, wie ihr euch alle verändert habt.
Was bin ich nur für ein Dummkopf ...
Aber trotz allem hat mir unser gemeinsames Abenteuer superviel Spaß gemacht.
Wenigstens das wollte ich euch noch sagen.
Ich habe mich euch immer verbunden gefühlt.
Und das mag jetzt total banal klingen ...
... aber für mich war unsere Reise ein kleines Wunder.
Wie wir im Laufe der Zeit zu besten Freunden wurden ...
Ich bin mir sicher, Prinzessin Zubeta würde mir beipflichten.
Bestimmt sieht sie jetzt mit einem Lächeln auf uns herab.

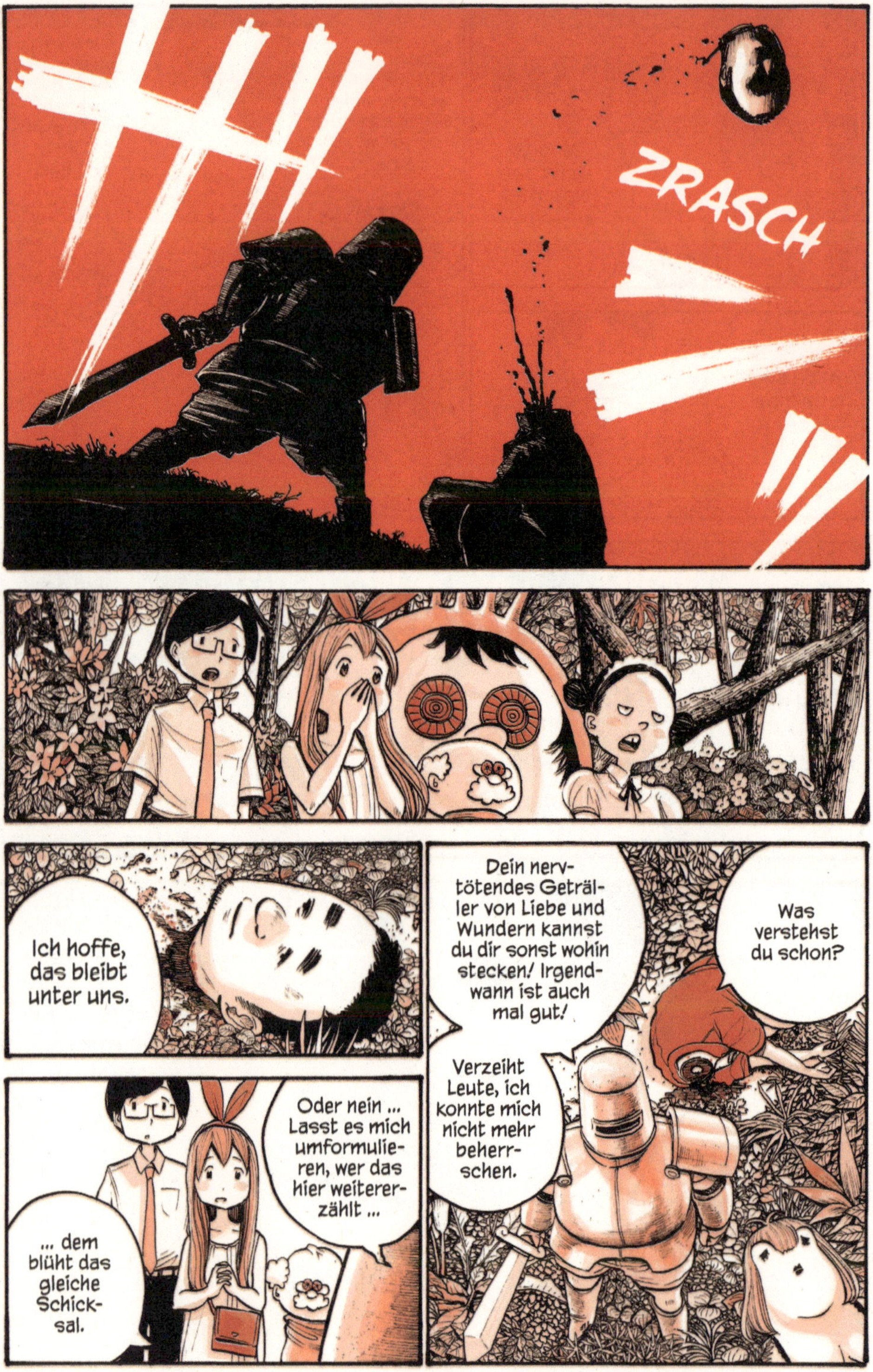
ZRASCH
Ich hoffe, das bleibt unter uns.
Dein nervtötendes Geträller von Liebe und Wundern kannst du dir sonst wohin stecken! Irgendwann ist auch mal gut!
Was verstehst du schon?
Verzeiht Leute, ich konnte mich nicht mehr beherrschen.
Oder nein ... Lasst es mich umformulieren, wer das hier weitererzählt ...
... dem blüht das gleiche Schicksal.

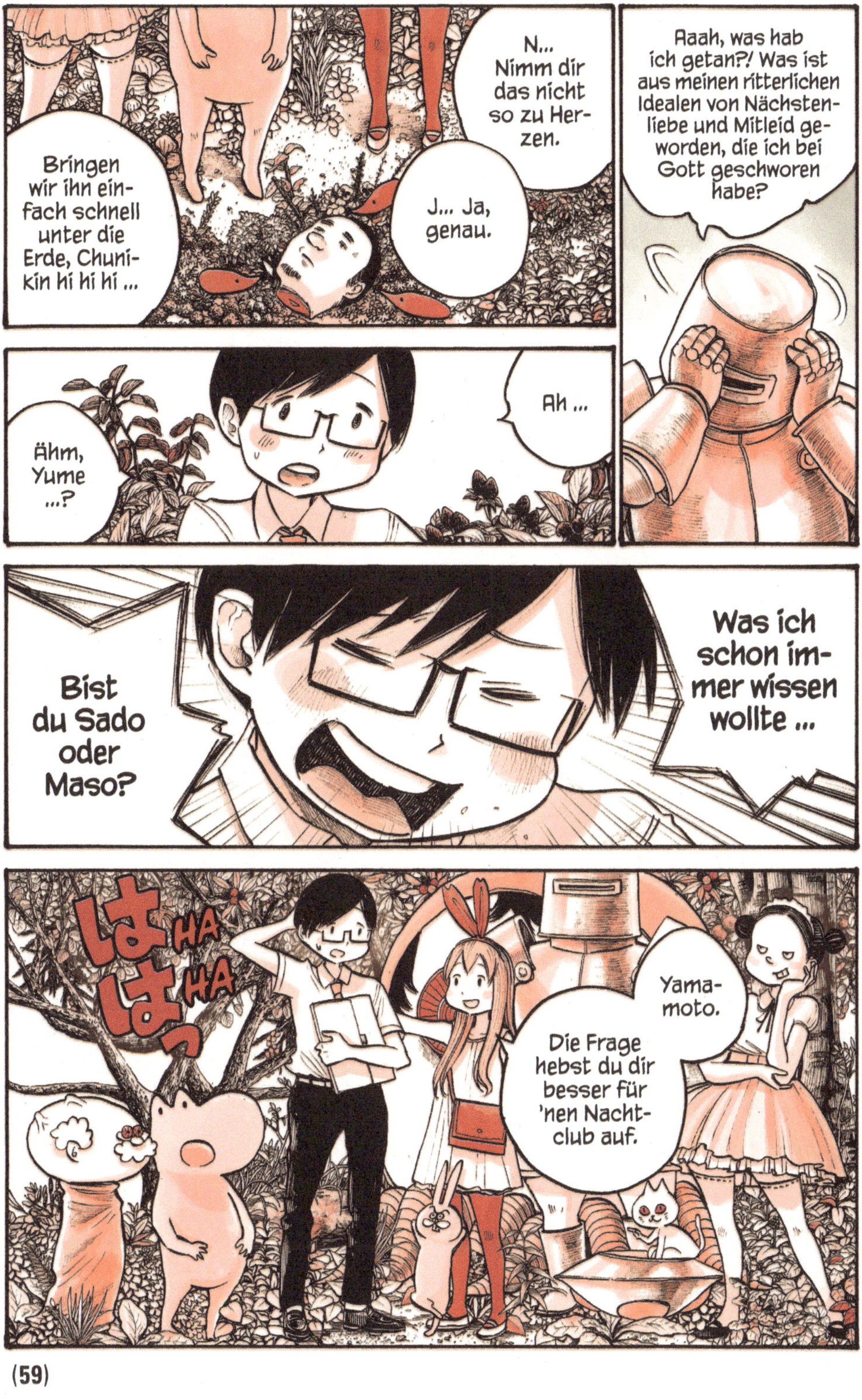
Aaah, was hab ich getan?! Was ist aus meinen ritterlichen Idealen von Nächstenliebe und Mitleid geworden, die ich bei Gott geschworen habe?
N... Nimm dir das nicht so zu Herzen.
J... Ja, genau.
Bringen wir ihn einfach schnell unter die Erde, Chunikin hi hi hi ...
Ah ...
Ähm, Yume ...?
Was ich schon immer wissen wollte ...
Bist du Sado oder Maso?
Yamamoto.
Die Frage hebst du dir besser für 'nen Nachtclub auf.
はは HA
はっ HA

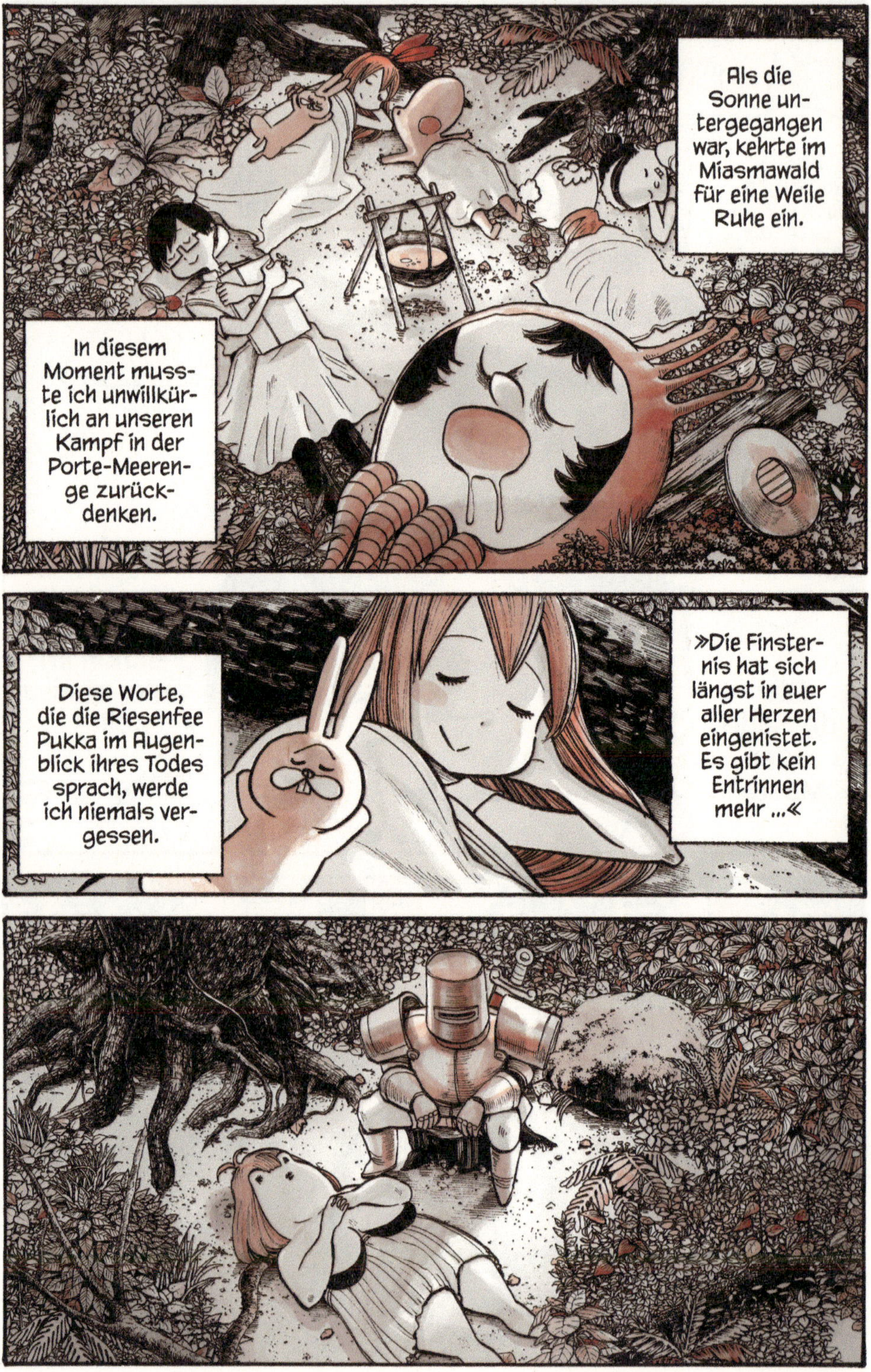
Als die Sonne untergegangen war, kehrte im Miasmawald für eine Weile Ruhe ein.
In diesem Moment musste ich unwillkürlich an unseren Kampf in der Porte-Meerenge zurückdenken.
»Die Finsternis hat sich längst in euer aller Herzen eingenistet. Es gibt kein Entrinnen mehr …«
Diese Worte, die die Riesenfee Pukka im Augenblick ihres Todes sprach, werde ich niemals vergessen.

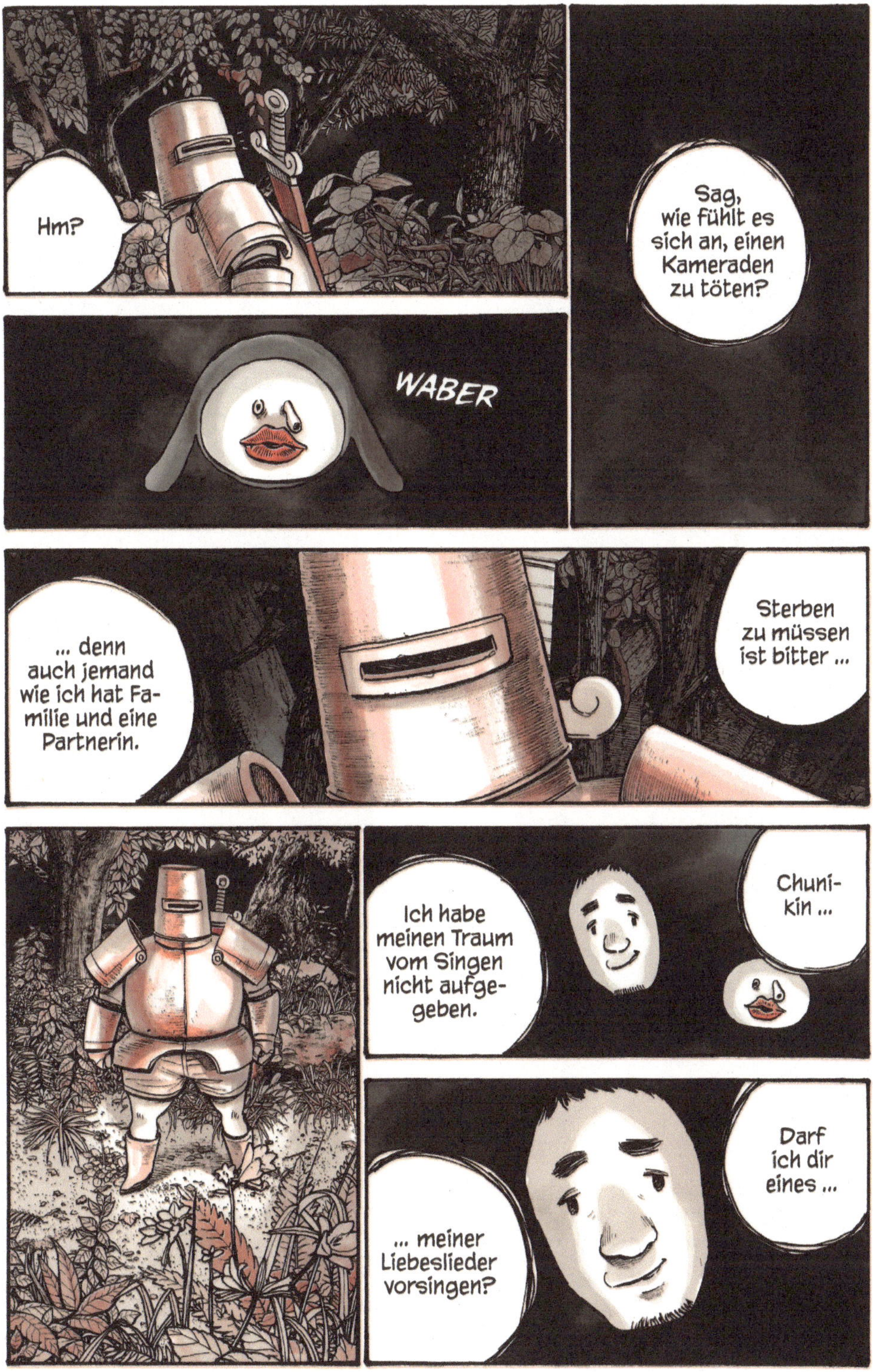
Hm?
Sag, wie fühlt es sich an, einen Kameraden zu töten?
WABER
Sterben zu müssen ist bitter ...
... denn auch jemand wie ich hat Familie und eine Partnerin.
Chuni-kin ...
Ich habe meinen Traum vom Singen nicht aufgegeben.
Darf ich dir eines ...
... meiner Liebeslieder vorsingen?

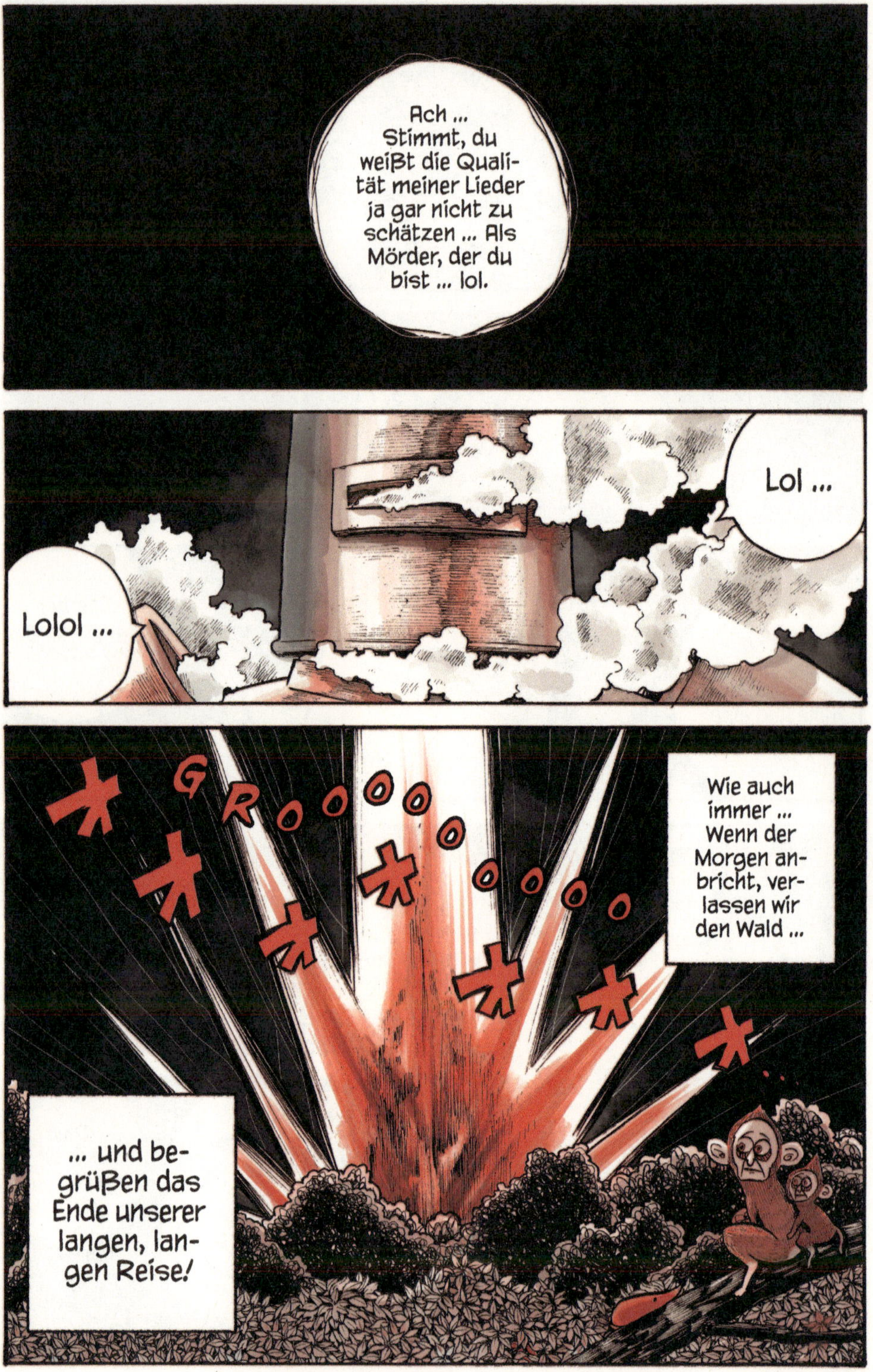
Ach ... Stimmt, du weißt die Quali- tät meiner Lieder ja gar nicht zu schätzen ... Als Mörder, der du bist ... lol.
Lol ...
Lolol ...
GROOOOOOOOO
Wie auch immer ... Wenn der Morgen an- bricht, ver- lassen wir den Wald ...
... und be- grüßen das Ende unserer langen, lan- gen Reise!

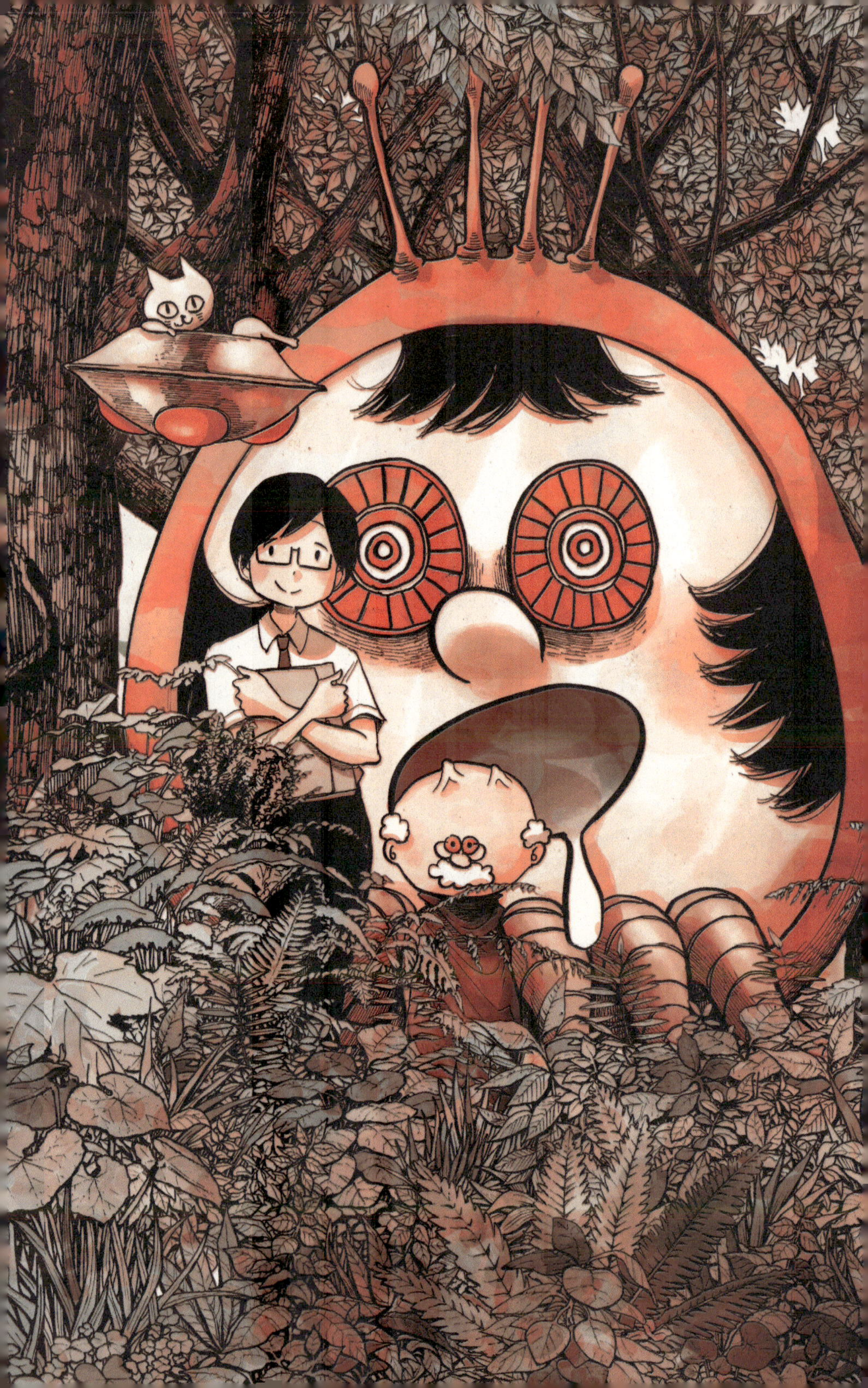

Kapitel 4

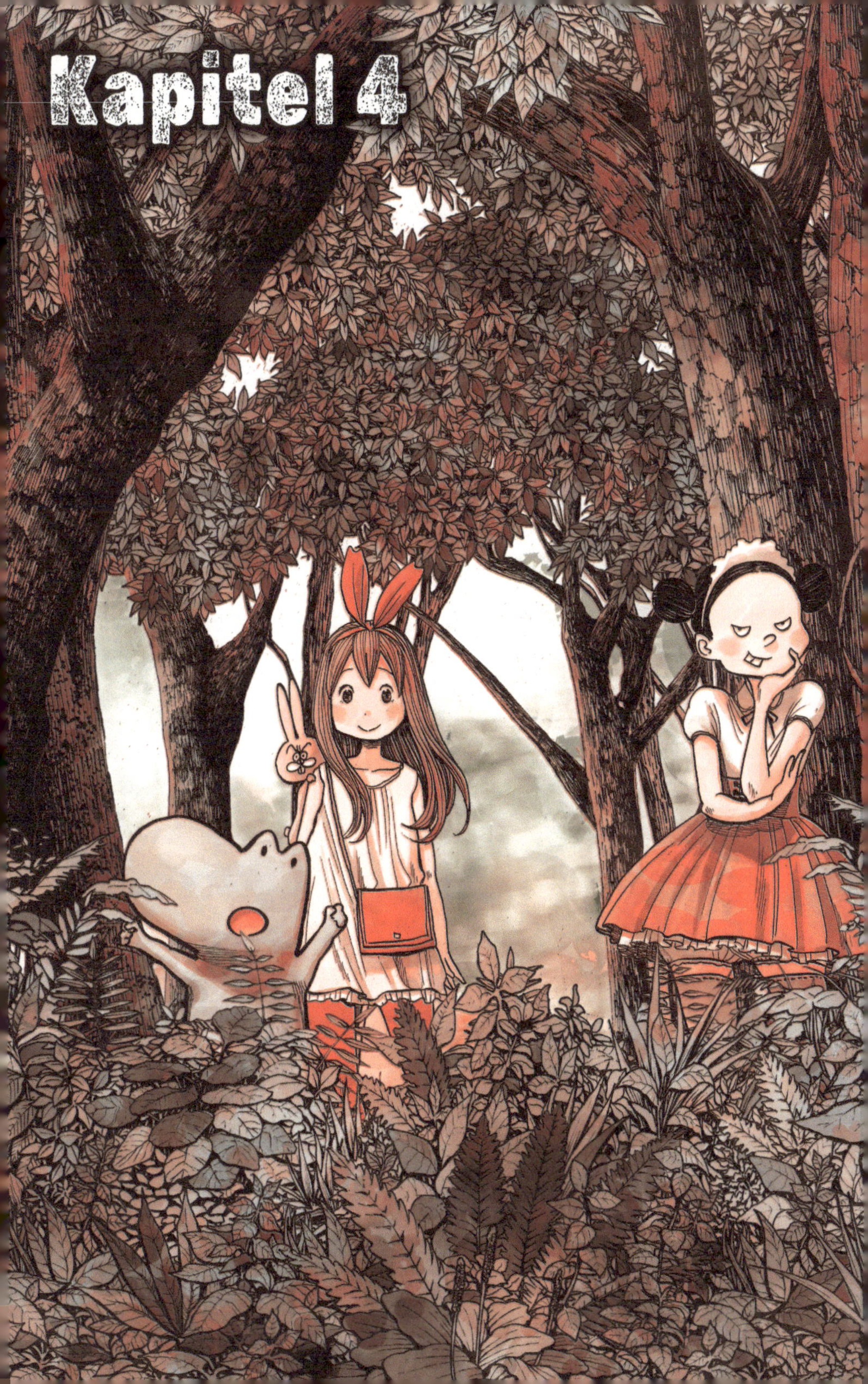

»Wie man vollkommen erschöpfte Soldaten zum Weitermachen bewegt? Ganz einfach. Man erzählt ihnen, das Dorf, das vor ihnen liegt, sei voller unvergleichlich schöner Frauen.«

Aus den Sitzungsprotokollen des Ältestenrats

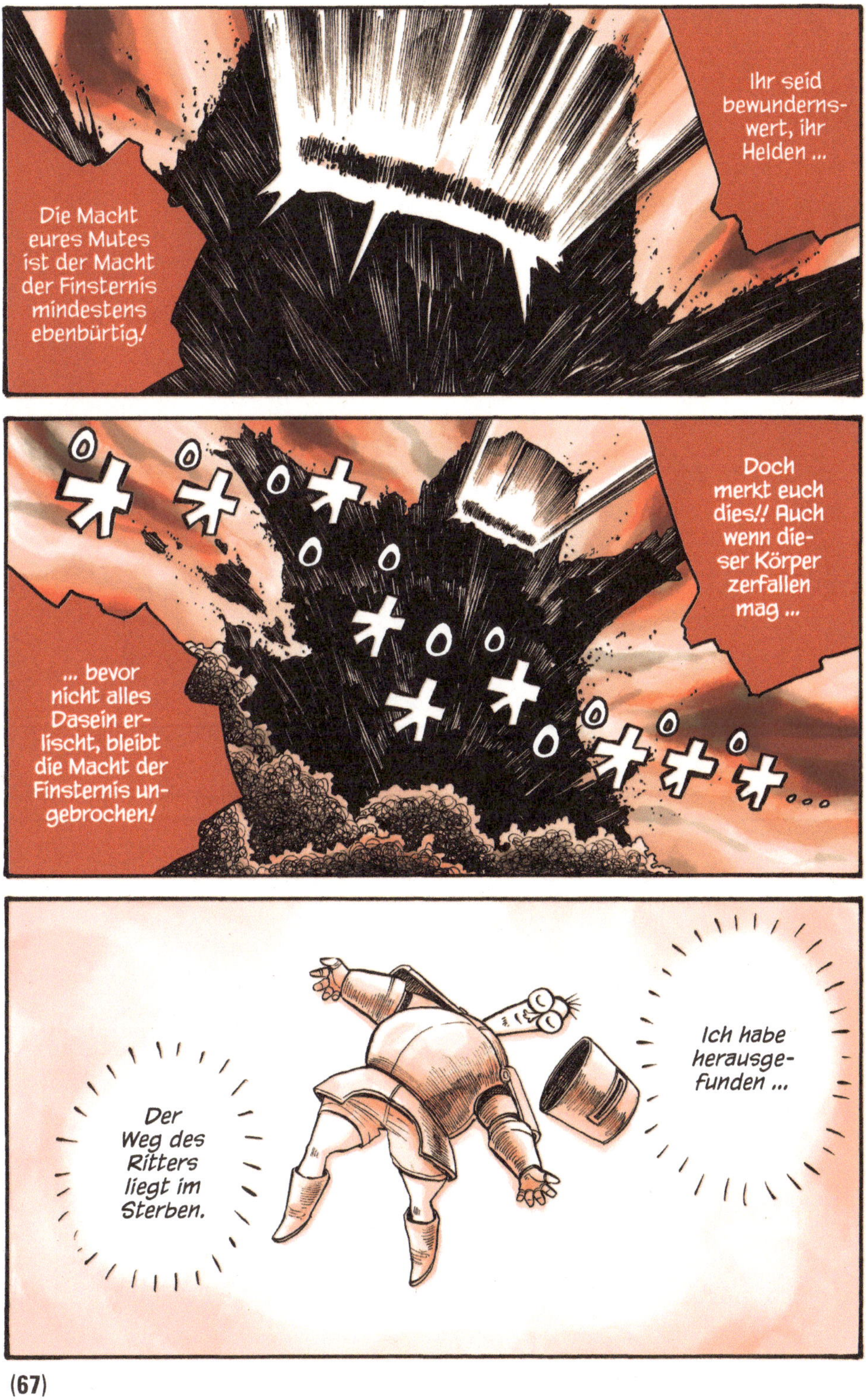
Ihr seid bewundernswert, ihr Helden ...
Die Macht eures Mutes ist der Macht der Finsternis mindestens ebenbürtig!
Doch merkt euch dies!! Auch wenn dieser Körper zerfallen mag ...
... bevor nicht alles Dasein erlischt, bleibt die Macht der Finsternis ungebrochen!
Ich habe herausgefunden ...
Der Weg des Ritters liegt im Sterben.

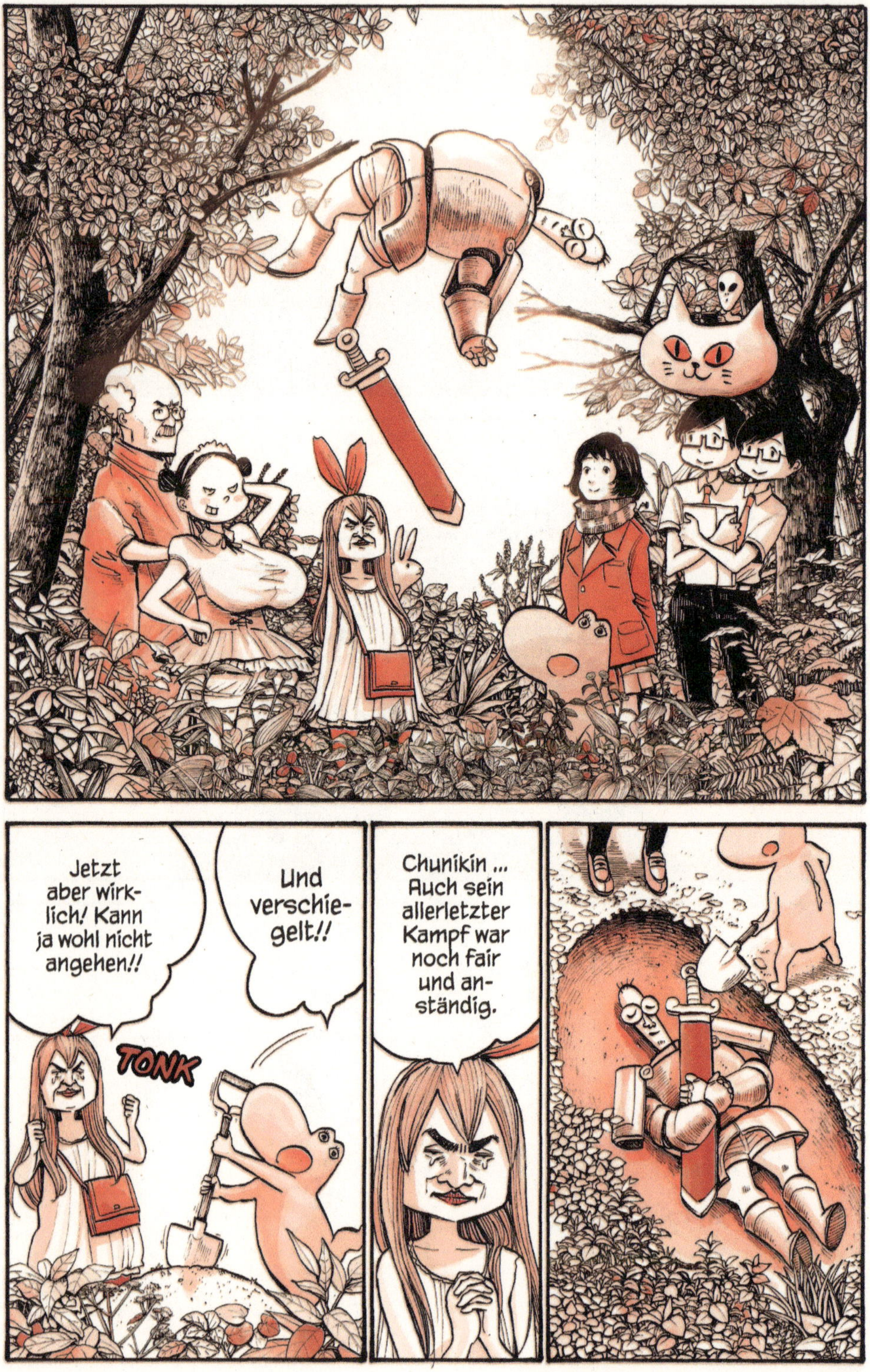

Jetzt aber wirklich! Kann ja wohl nicht angehen!!
Und verschiegelt!!
TONK
Chunikin ... Auch sein allerletzter Kampf war noch fair und anständig.

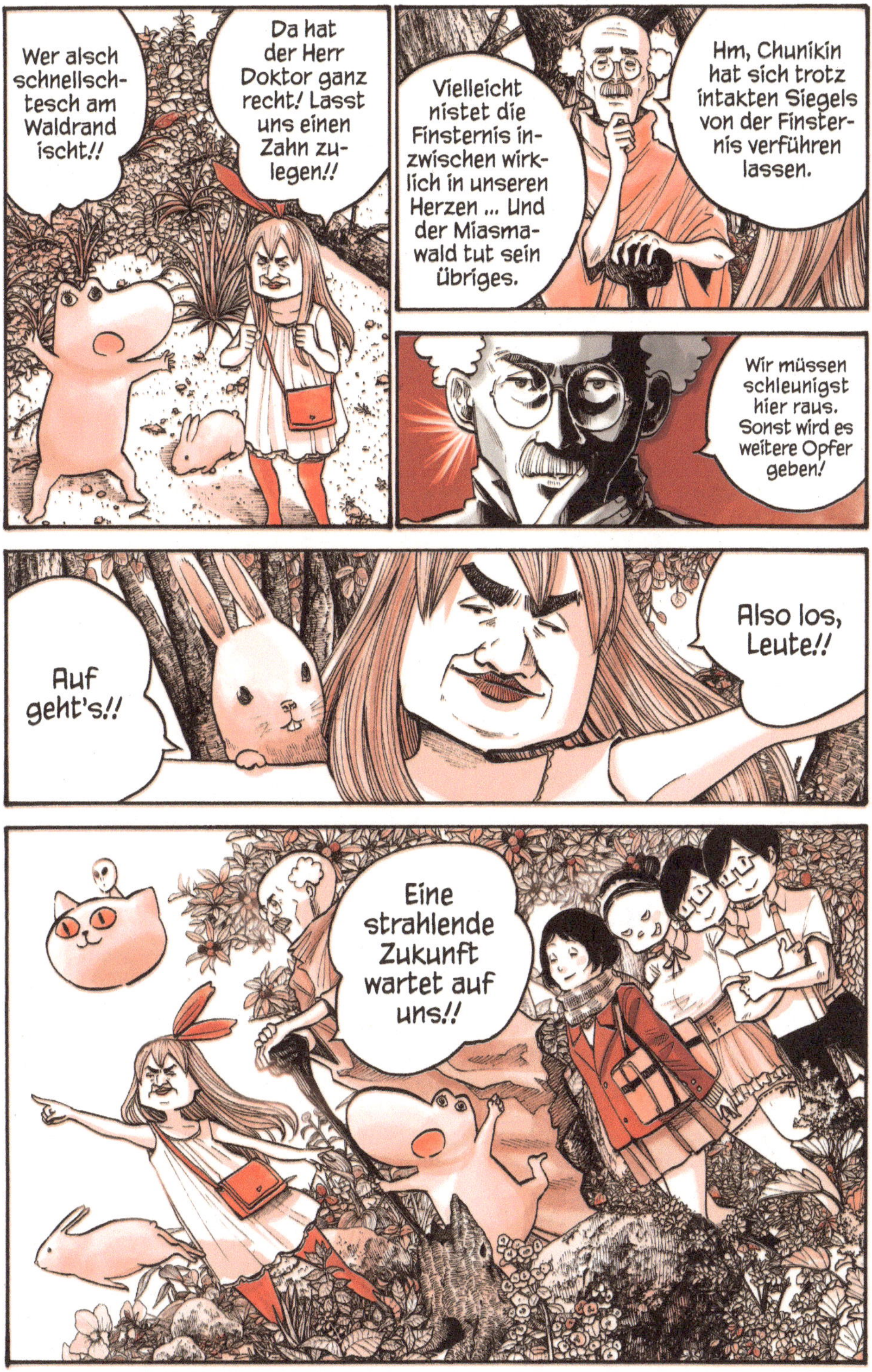
Hm, Chunikin hat sich trotz intakten Siegels von der Finsternis verführen lassen.
Vielleicht nistet die Finsternis inzwischen wirklich in unseren Herzen ... Und der Miasmawald tut sein übriges.
Wir müssen schleunigst hier raus. Sonst wird es weitere Opfer geben!
Da hat der Herr Doktor ganz recht! Lasst uns einen Zahn zulegen!!
Wer alsch schnellschtesch am Waldrand ischt!!
Also los, Leute!!
Auf geht's!!
Eine strahlende Zukunft wartet auf uns!!

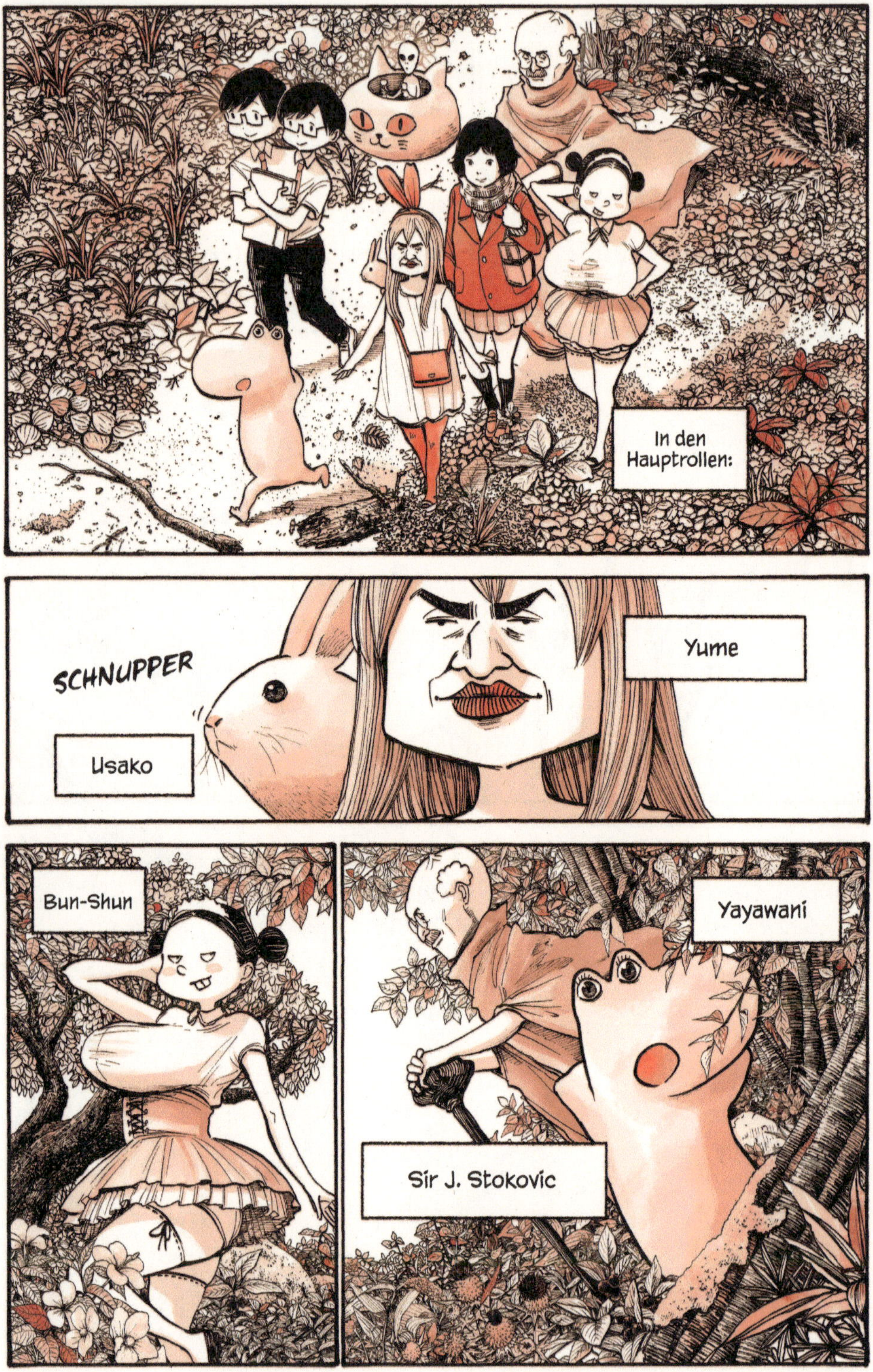
In den Hauptrollen:
SCHNUPPER
Yume
Usako
Bun-Shun
Yayawani
Sir J. Stokovic

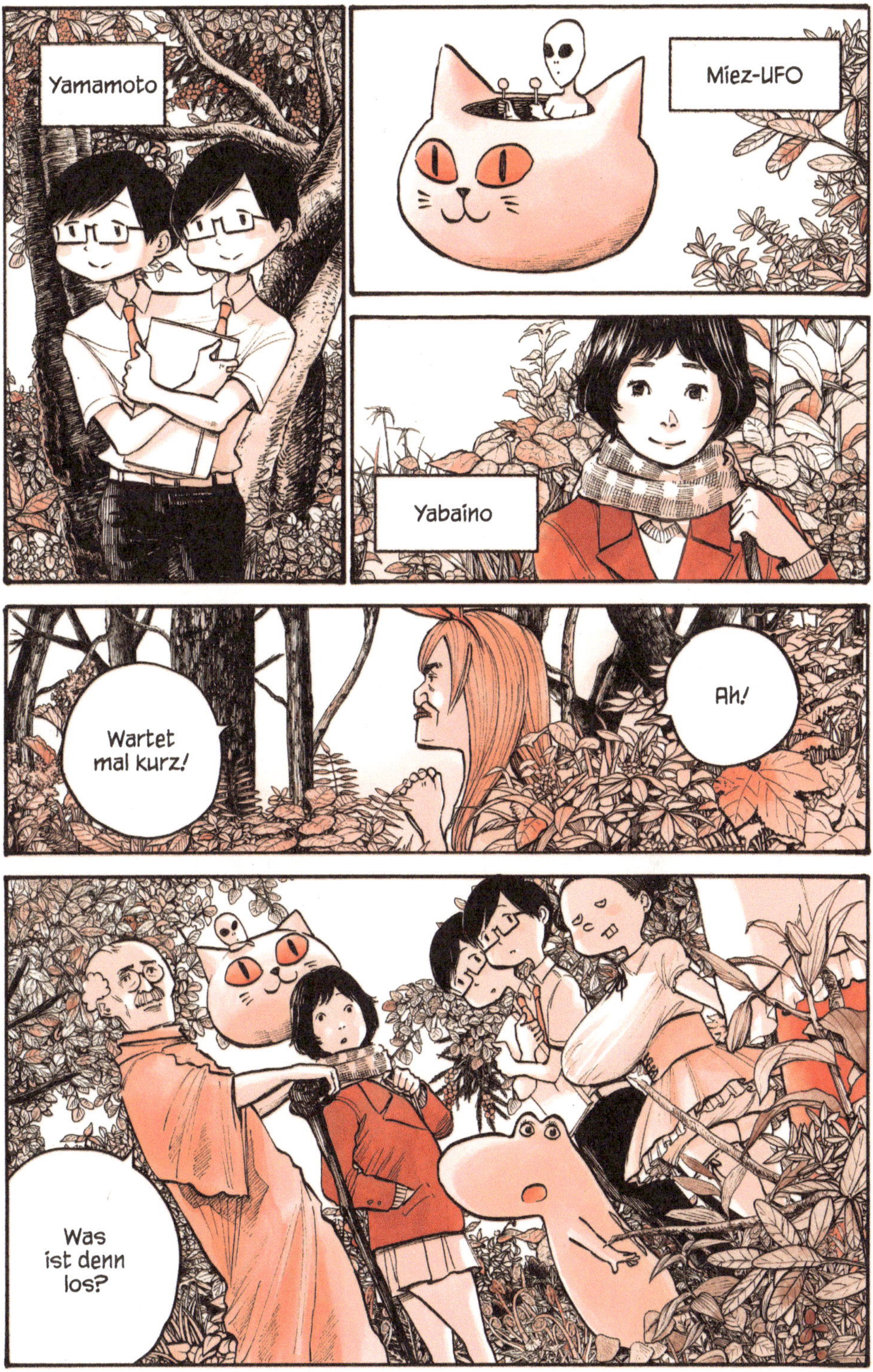
Miez-UFO
Yamamoto
Yabaino
Ah!
Wartet mal kurz!
Was ist denn los?

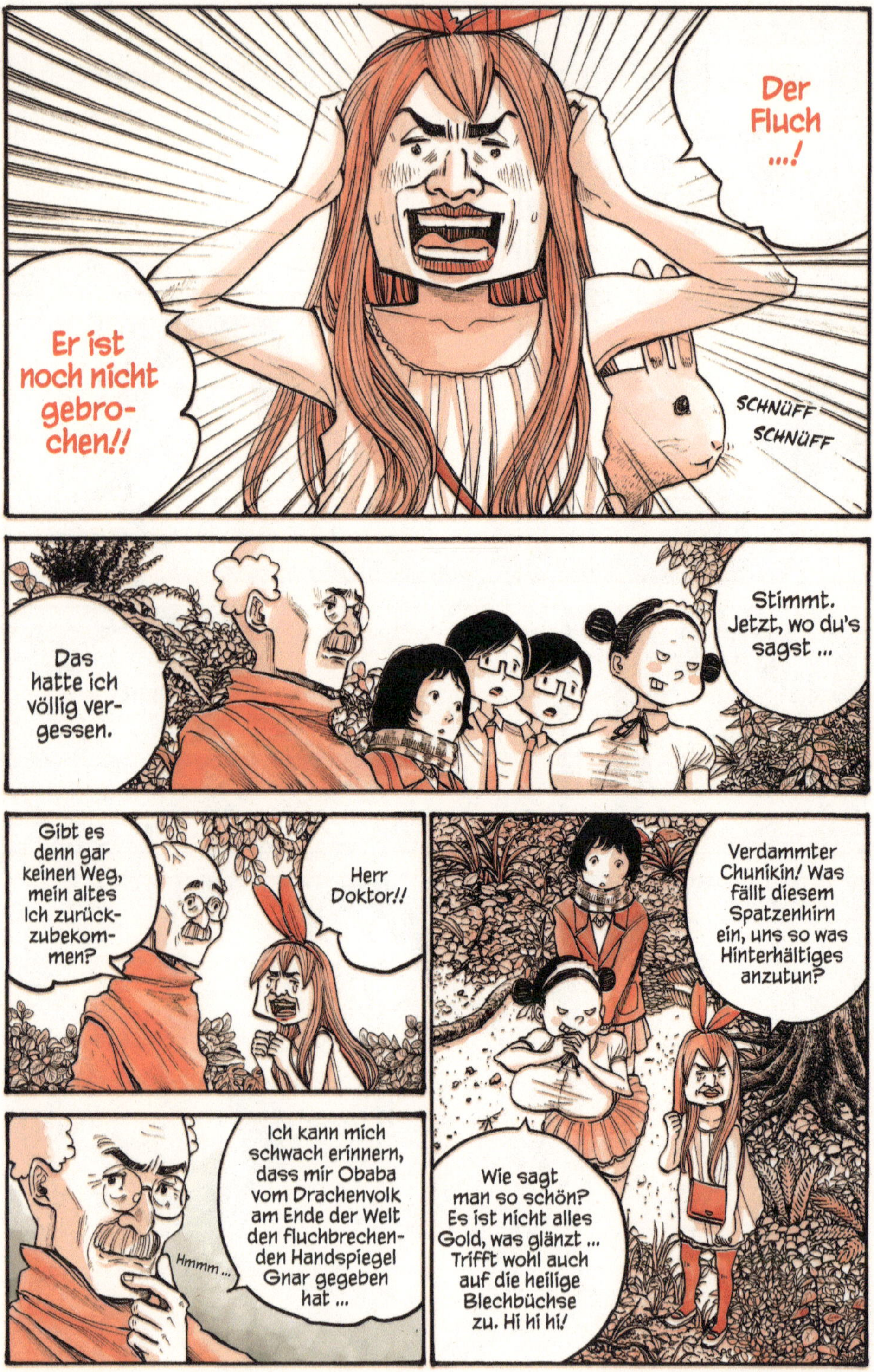

Der Fluch ...!
Er ist noch nicht gebro-chen!!
SCHNÜFF SCHNÜFF
Stimmt. Jetzt, wo du's sagst ...
Das hatte ich völlig ver-gessen.
Herr Doktor!!
Gibt es denn gar keinen Weg, mein altes Ich zurück-zubekom-men?
Verdammter Chunikin! Was fällt diesem Spatzenhirn ein, uns so was Hinterhältiges anzutun?
Ich kann mich schwach erinnern, dass mir Obaba vom Drachenvolk am Ende der Welt den fluchbrechen-den Handspiegel Gnar gegeben hat ...
Hmmm ...
Wie sagt man so schön? Es ist nicht alles Gold, was glänzt ... Trifft wohl auch auf die heilige Blechbüchse zu. Hi hi hi!

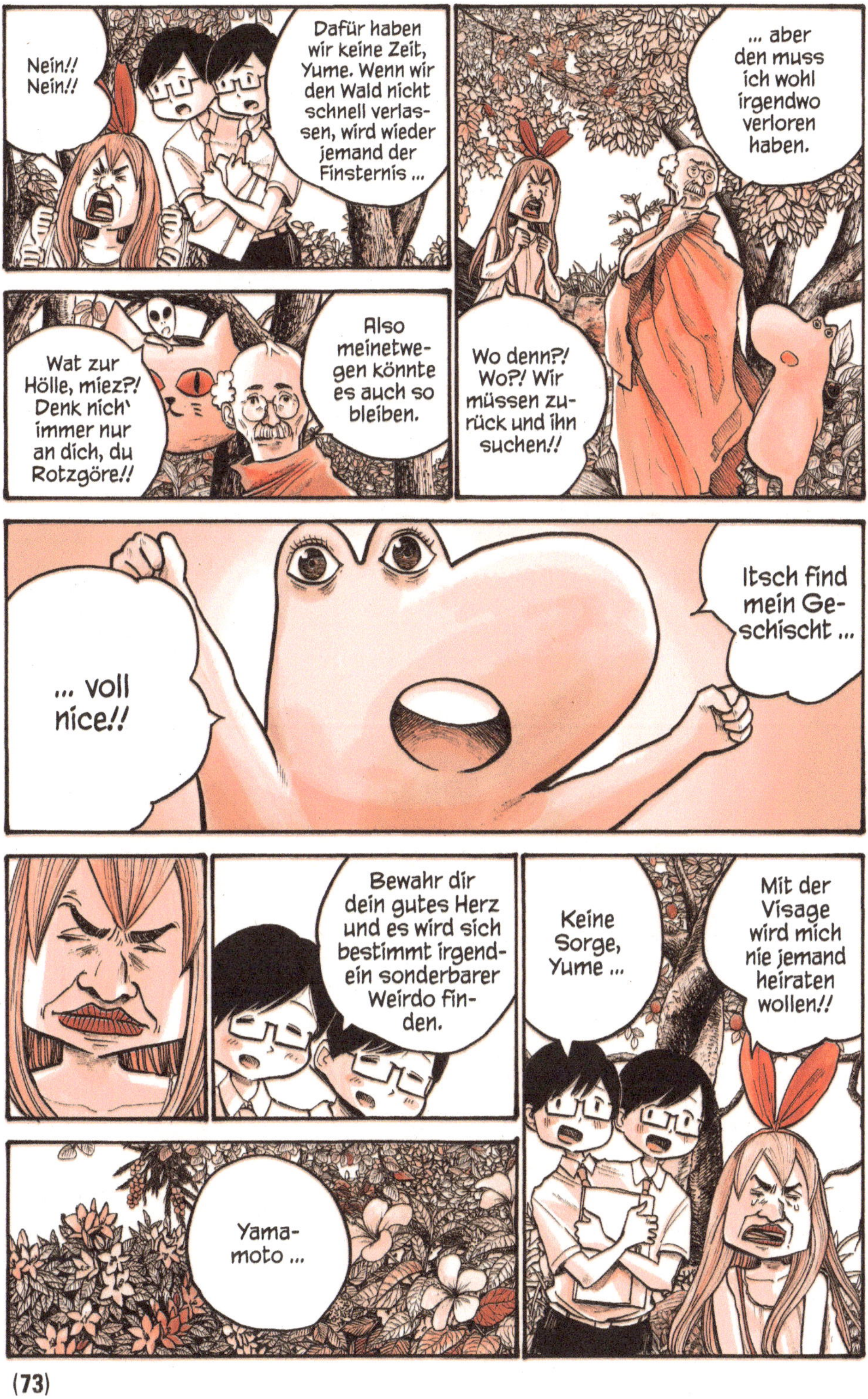

Nein!! Nein!!
Dafür haben wir keine Zeit, Yume. Wenn wir den Wald nicht schnell verlassen, wird wieder jemand der Finsternis ...
... aber den muss ich wohl irgendwo verloren haben.
Wat zur Hölle, miez?! Denk nich' immer nur an dich, du Rotzgöre!!
Also meinetwegen könnte es auch so bleiben.
Wo denn?! Wo?! Wir müssen zurück und ihn suchen!!
Itsch find mein Geschischt ...
... voll nice!!
Bewahr dir dein gutes Herz und es wird sich bestimmt irgendein sonderbarer Weirdo finden.
Keine Sorge, Yume ...
Mit der Visage wird mich nie jemand heiraten wollen!!
Yamamoto ...

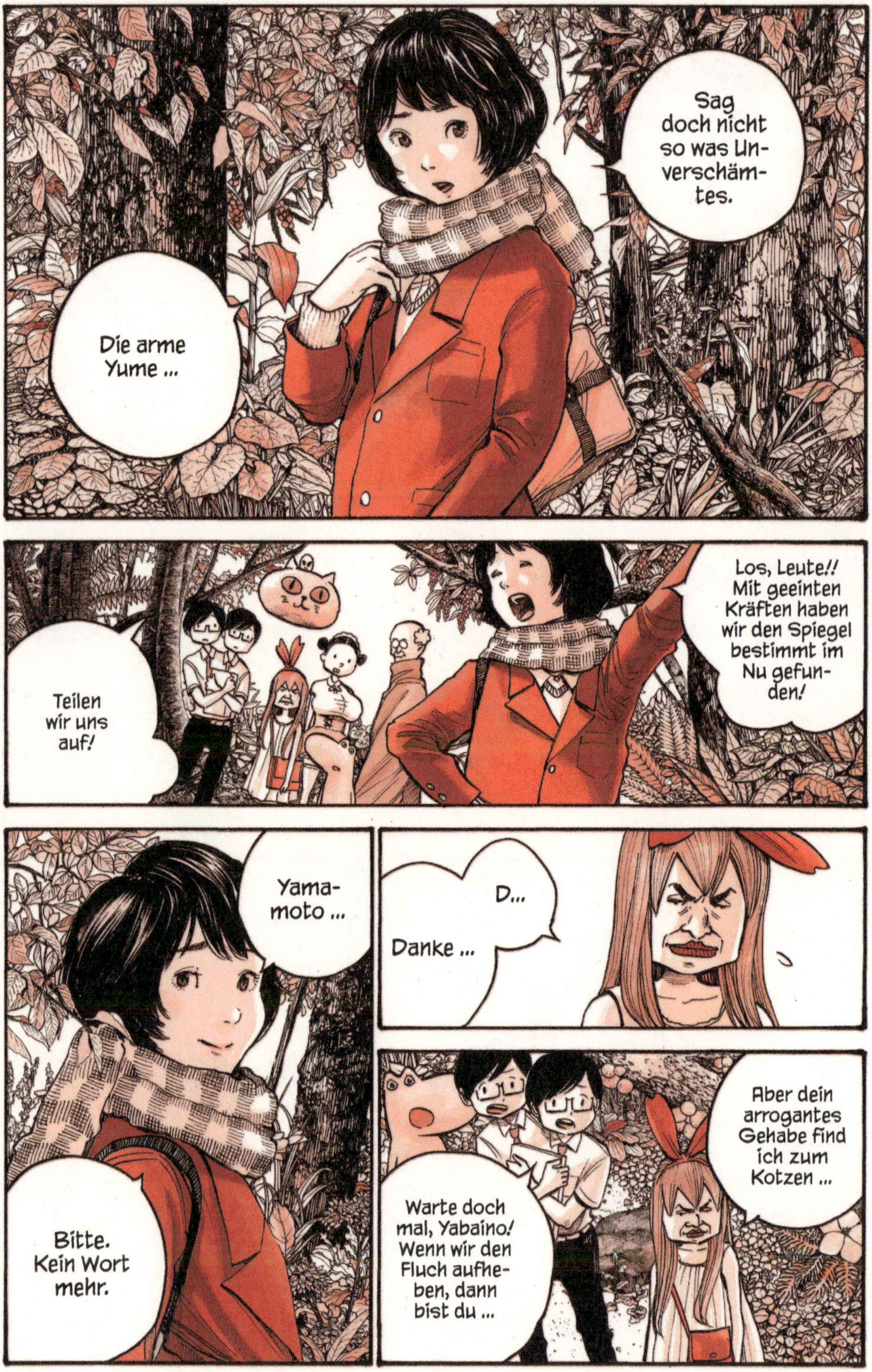

Sag doch nicht so was Unverschämtes.
Die arme Yume ...
Los, Leute!! Mit geeinten Kräften haben wir den Spiegel bestimmt im Nu gefunden!
Teilen wir uns auf!
D... Danke ...
Aber dein arrogantes Gehabe find ich zum Kotzen ...
Warte doch mal, Yabaino! Wenn wir den Fluch aufheben, dann bist du ...
Yamamoto ...
Bitte. Kein Wort mehr.

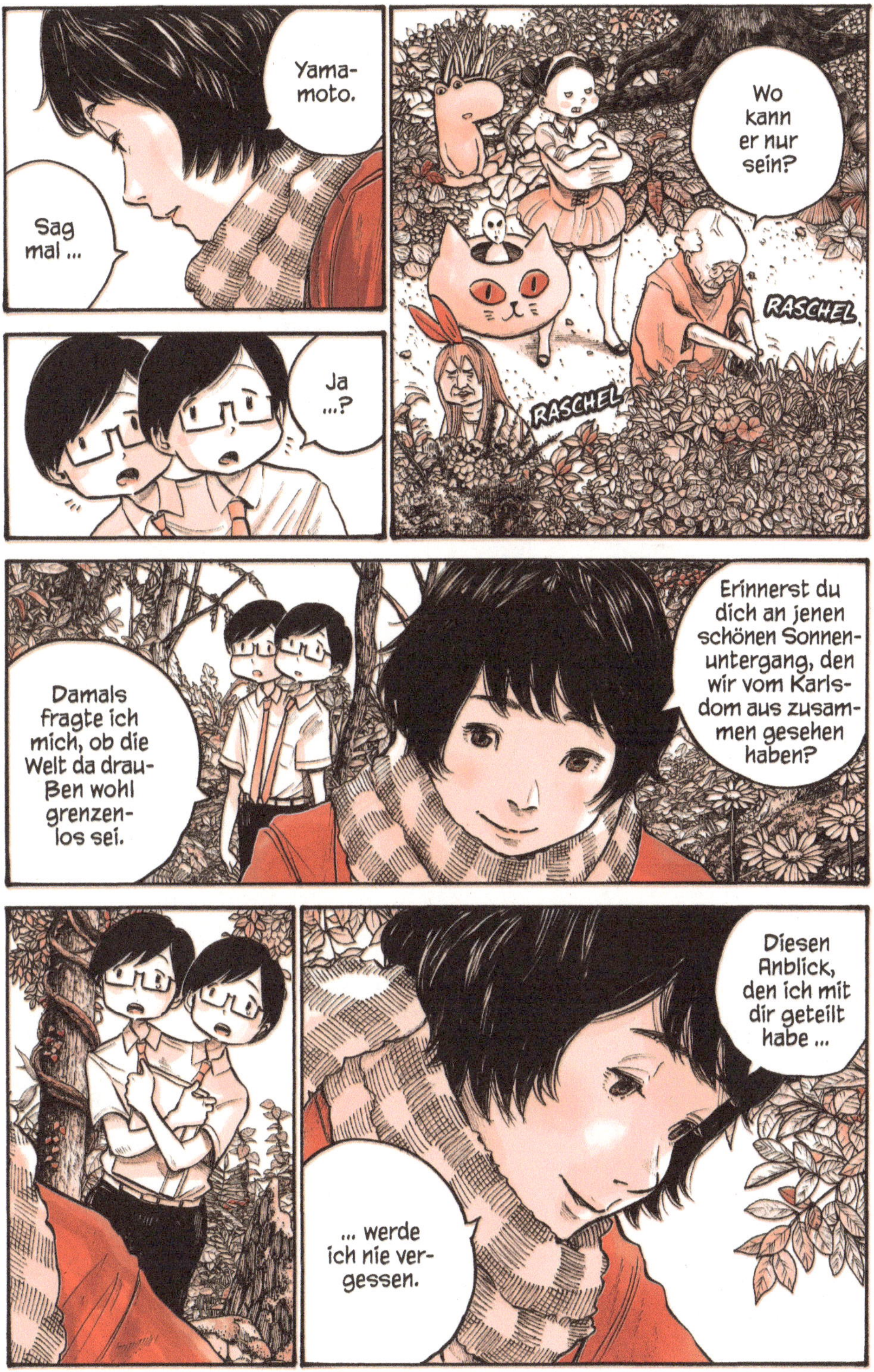
Wo kann er nur sein?
RASCHEL
RASCHEL
Yamamoto.
Sag mal ...
Ja ...?
Erinnerst du dich an jenen schönen Sonnenuntergang, den wir vom Karlsdom aus zusammen gesehen haben?
Damals fragte ich mich, ob die Welt da draußen wohl grenzenlos sei.
Diesen Anblick, den ich mit dir geteilt habe ...
... werde ich nie vergessen.

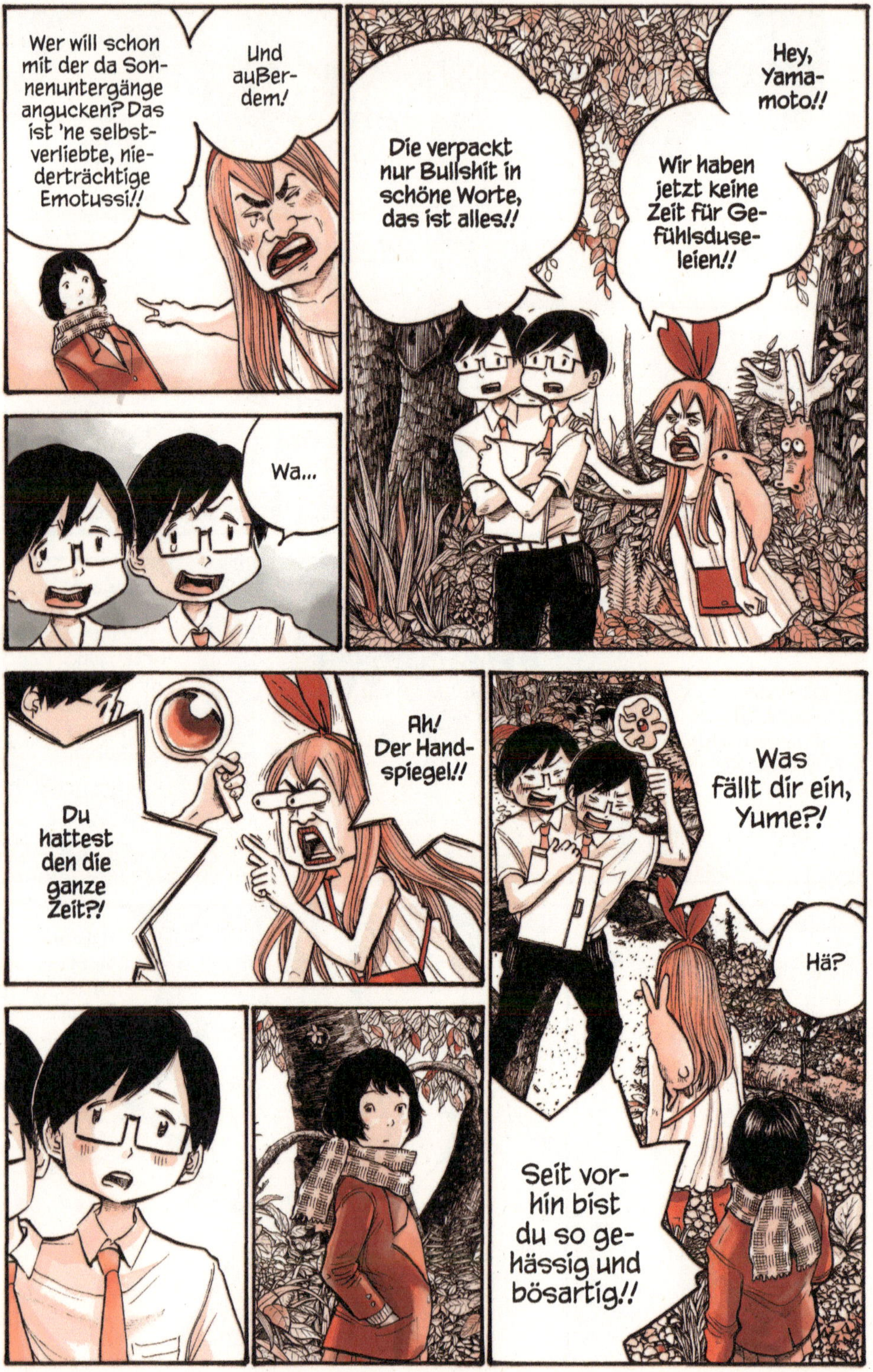
Wer will schon mit der da Sonnenuntergänge angucken? Das ist 'ne selbstverliebte, niederträchtige Emotussi!!
Und außerdem!
Die verpackt nur Bullshit in schöne Worte, das ist alles!!
Hey, Yamamoto!!
Wir haben jetzt keine Zeit für Gefühlsduseleien!!
Wa...
Du hattest den die ganze Zeit?!
Ah! Der Handspiegel!!
Was fällt dir ein, Yume?!
Hä?
Seit vorhin bist du so gehässig und bösartig!!

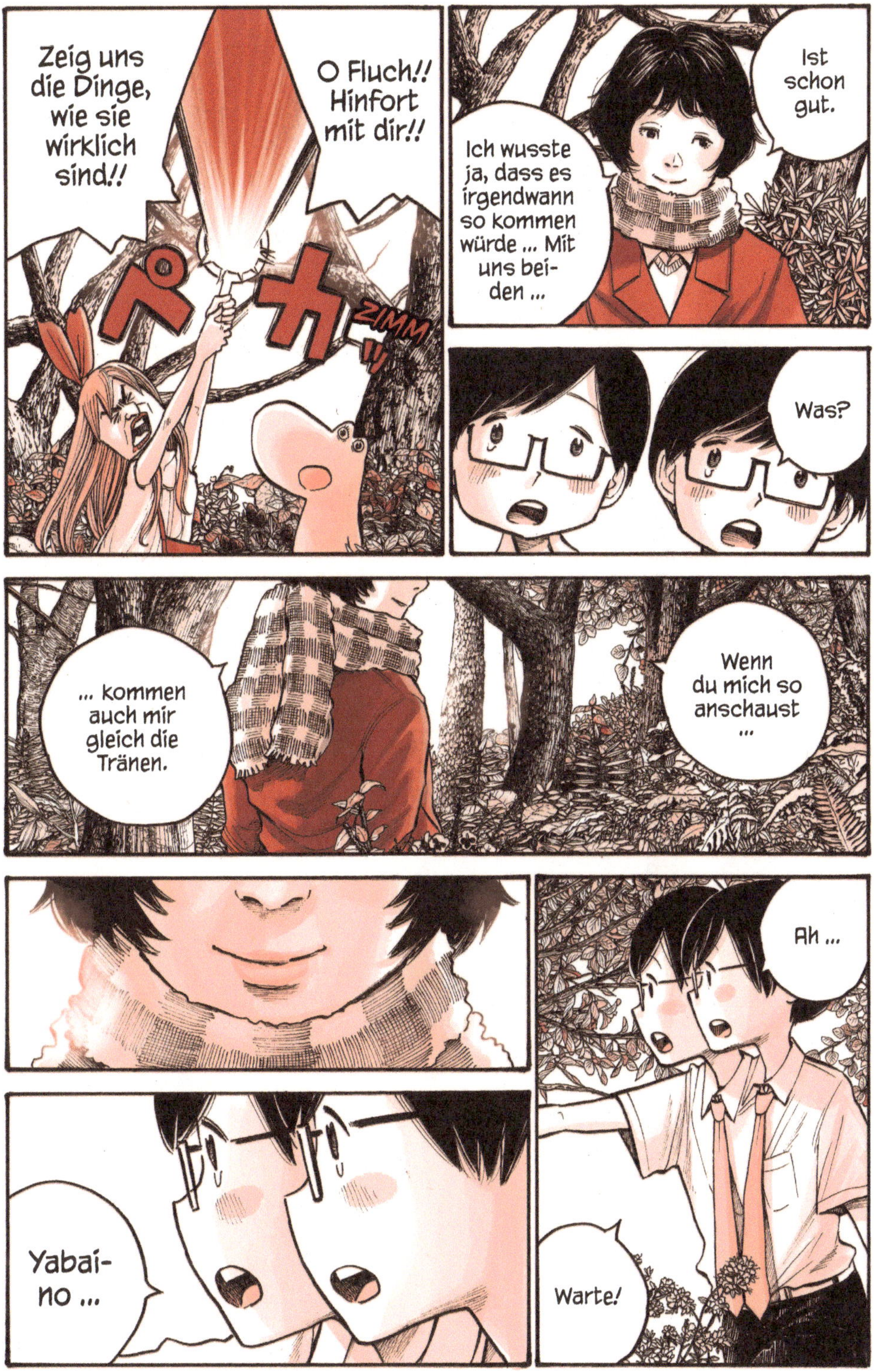
Ist schon gut.
Ich wusste ja, dass es irgendwann so kommen würde ... Mit uns beiden ...
Was?
O Fluch!! Hinfort mit dir!!
Zeig uns die Dinge, wie sie wirklich sind!!
ペカ
ZIMM
Wenn du mich so anschaust ...
... kommen auch mir gleich die Tränen.
Ah ...
Warte!
Yabai-no ...

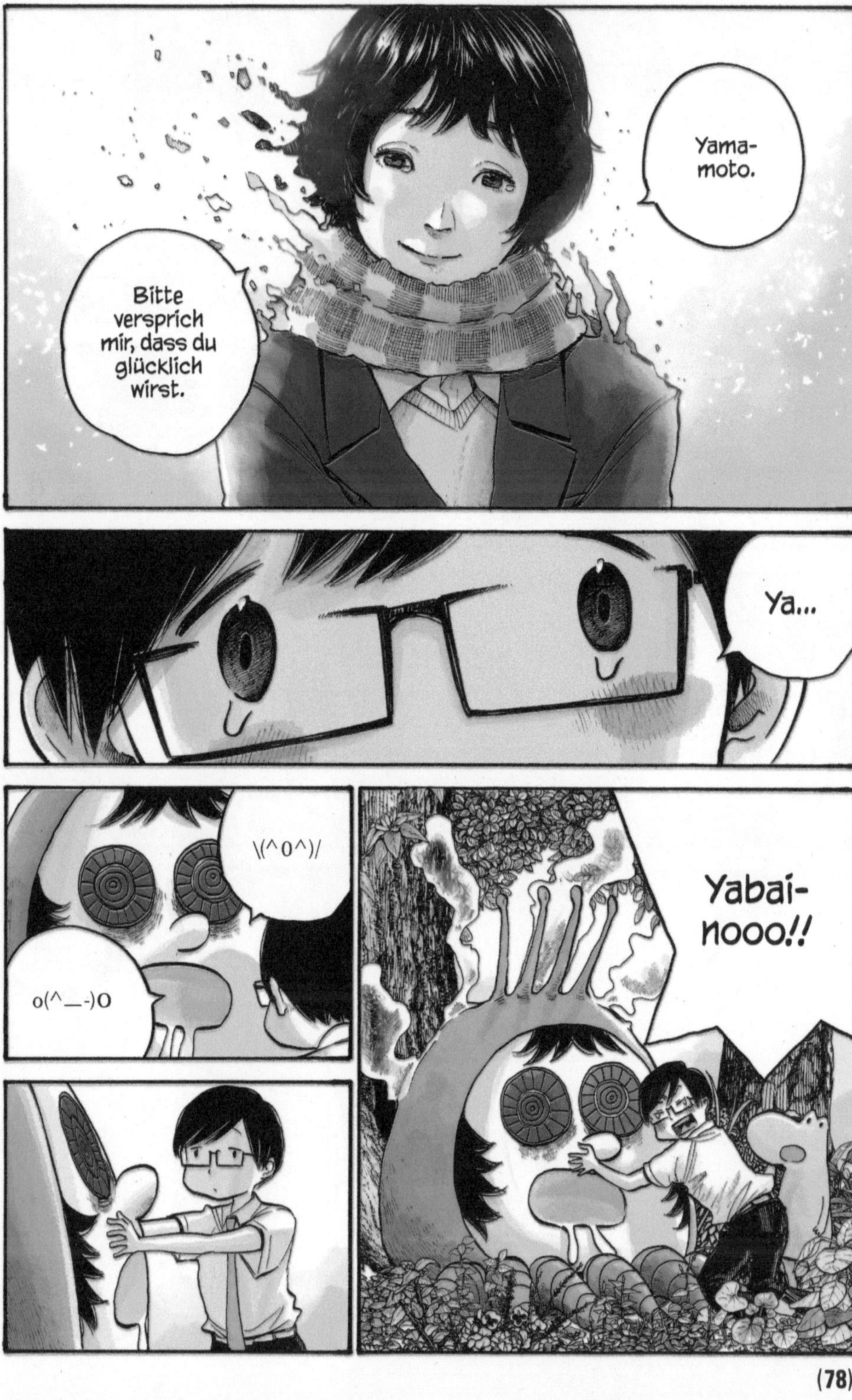
Yama-moto.
Bitte versprich mir, dass du glücklich wirst.
Ya...
Yabai-nooo!!
\(^0^)/
o(^__-)O

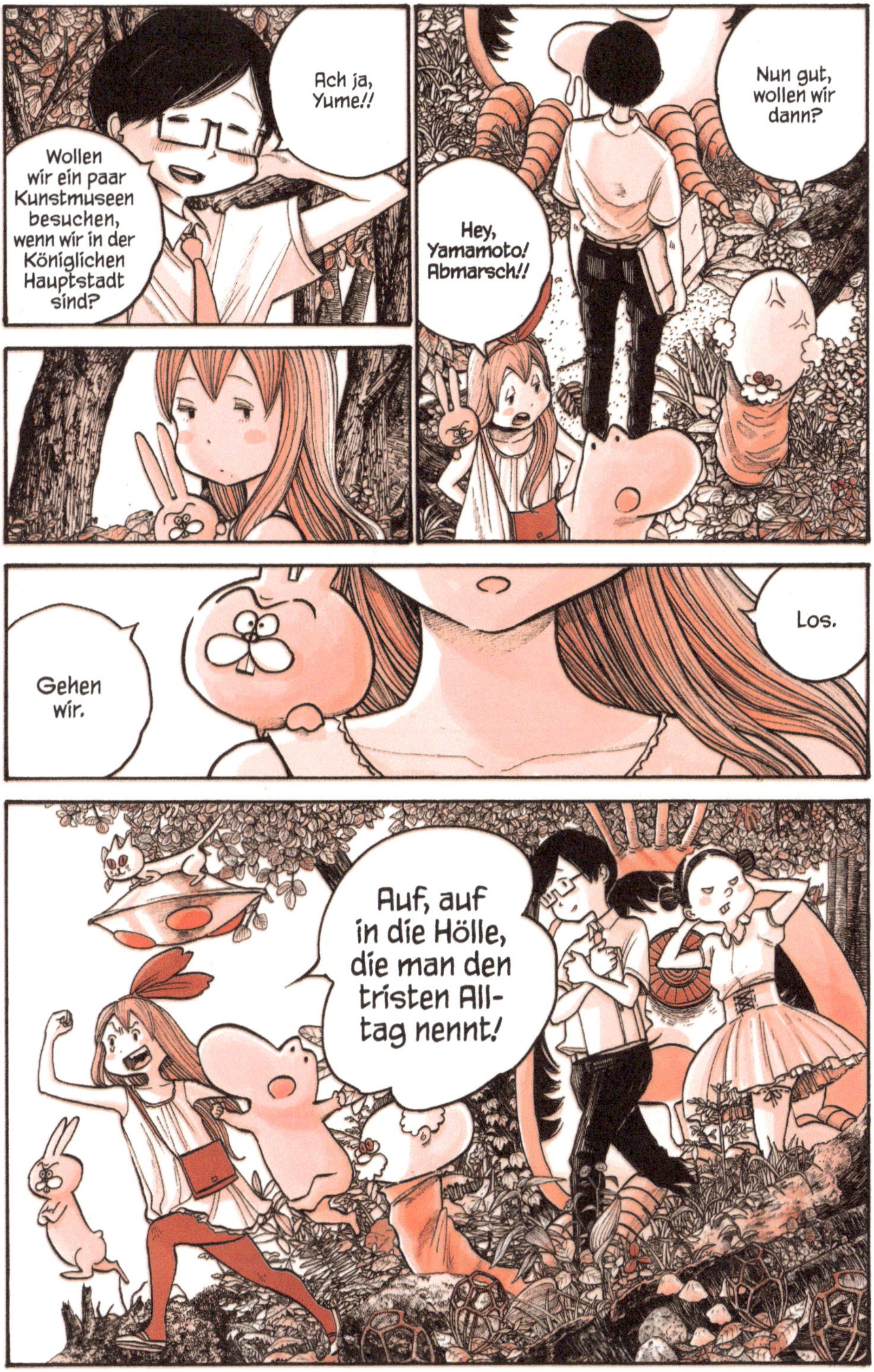
Nun gut, wollen wir dann?
Hey, Yamamoto! Abmarsch!!
Ach ja, Yume!!
Wollen wir ein paar Kunstmuseen besuchen, wenn wir in der Königlichen Hauptstadt sind?
Los.
Gehen wir.
Auf, auf in die Hölle, die man den tristen Alltag nennt!

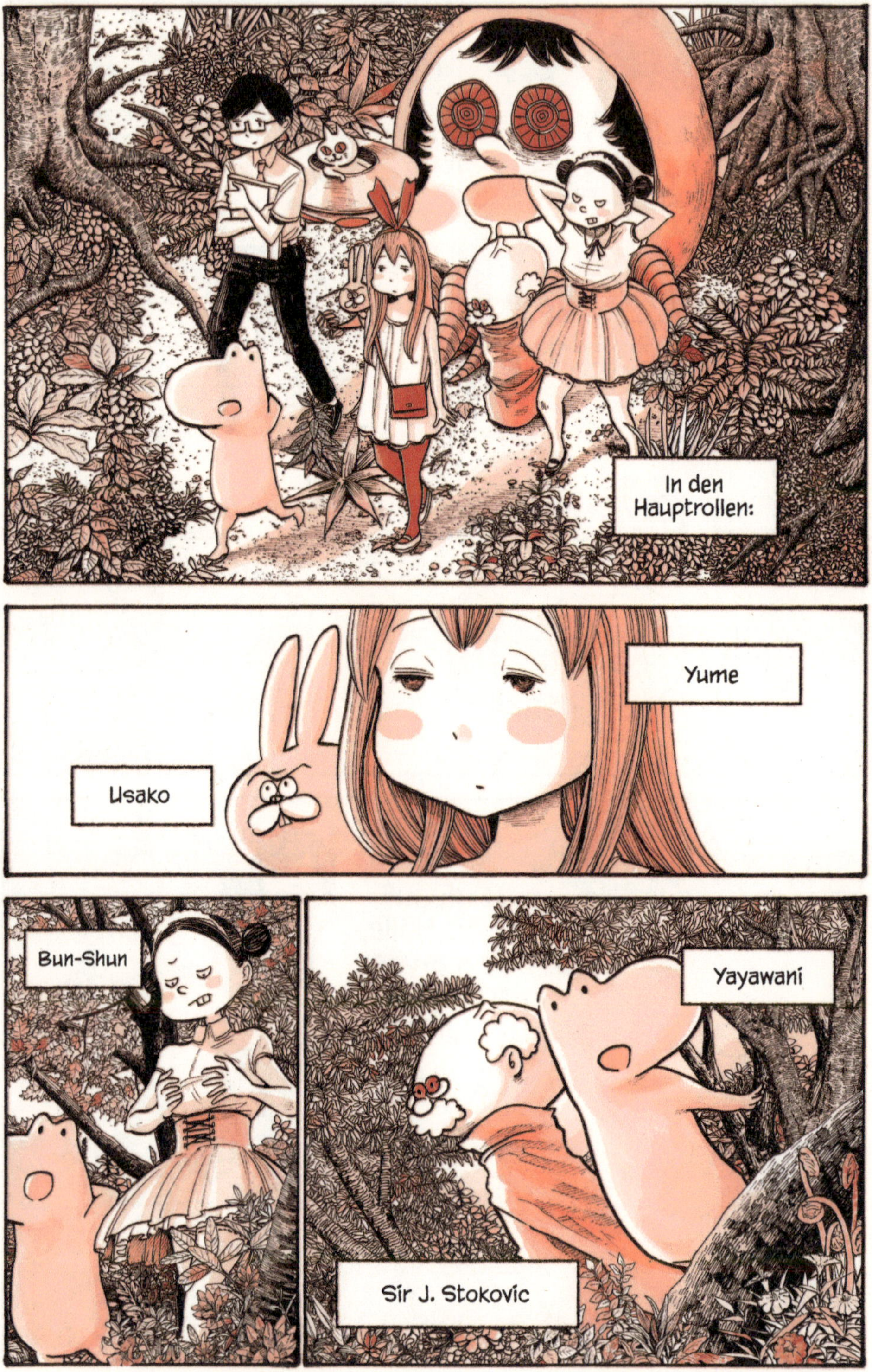
In den Hauptrollen:
Yume
Usako
Bun-Shun
Yayawani
Sir J. Stokovic

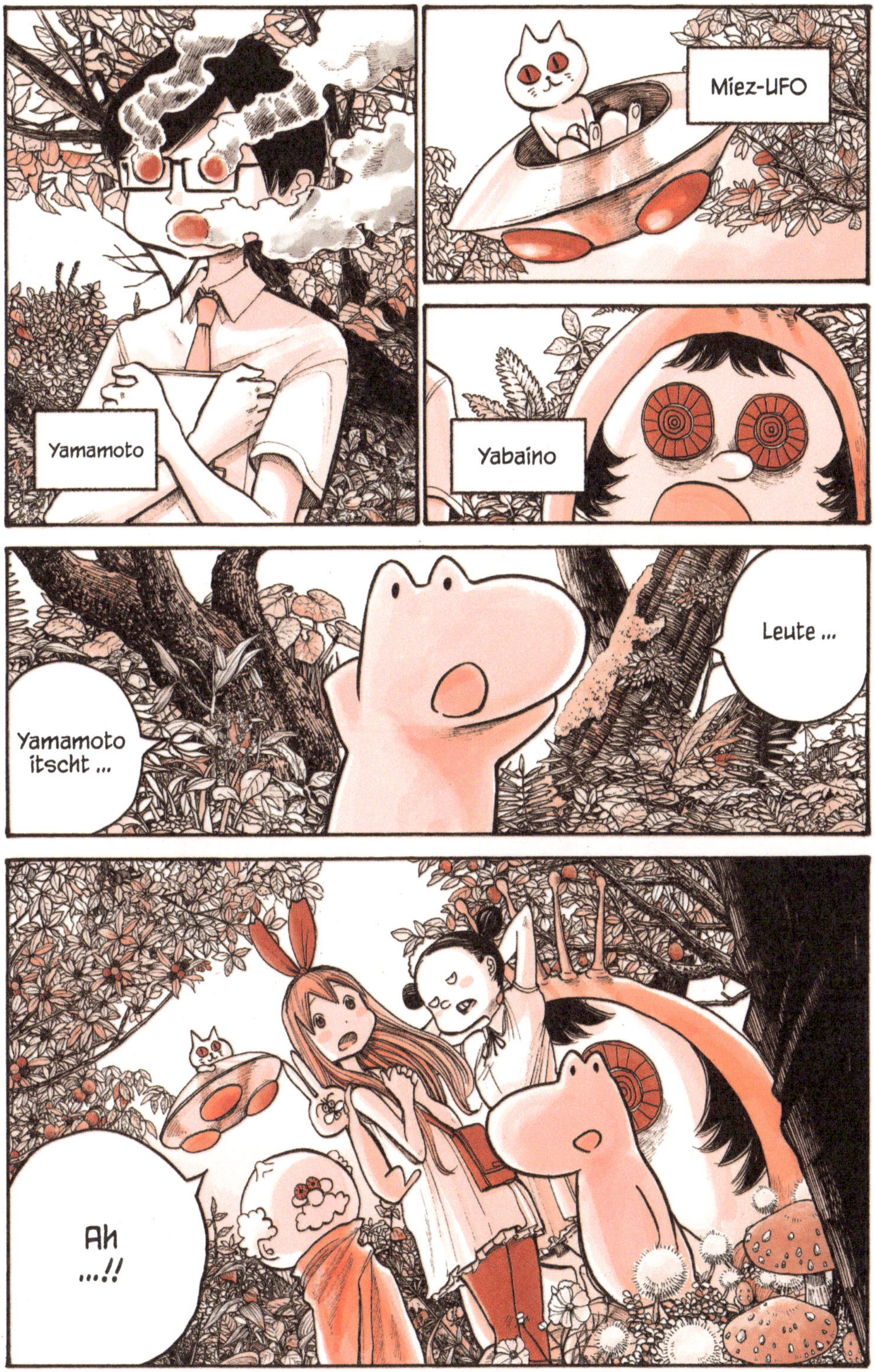
Miez-UFO
Yamamoto
Yabaino
Leute ...
Yamamoto itscht ...
Ah ...!!

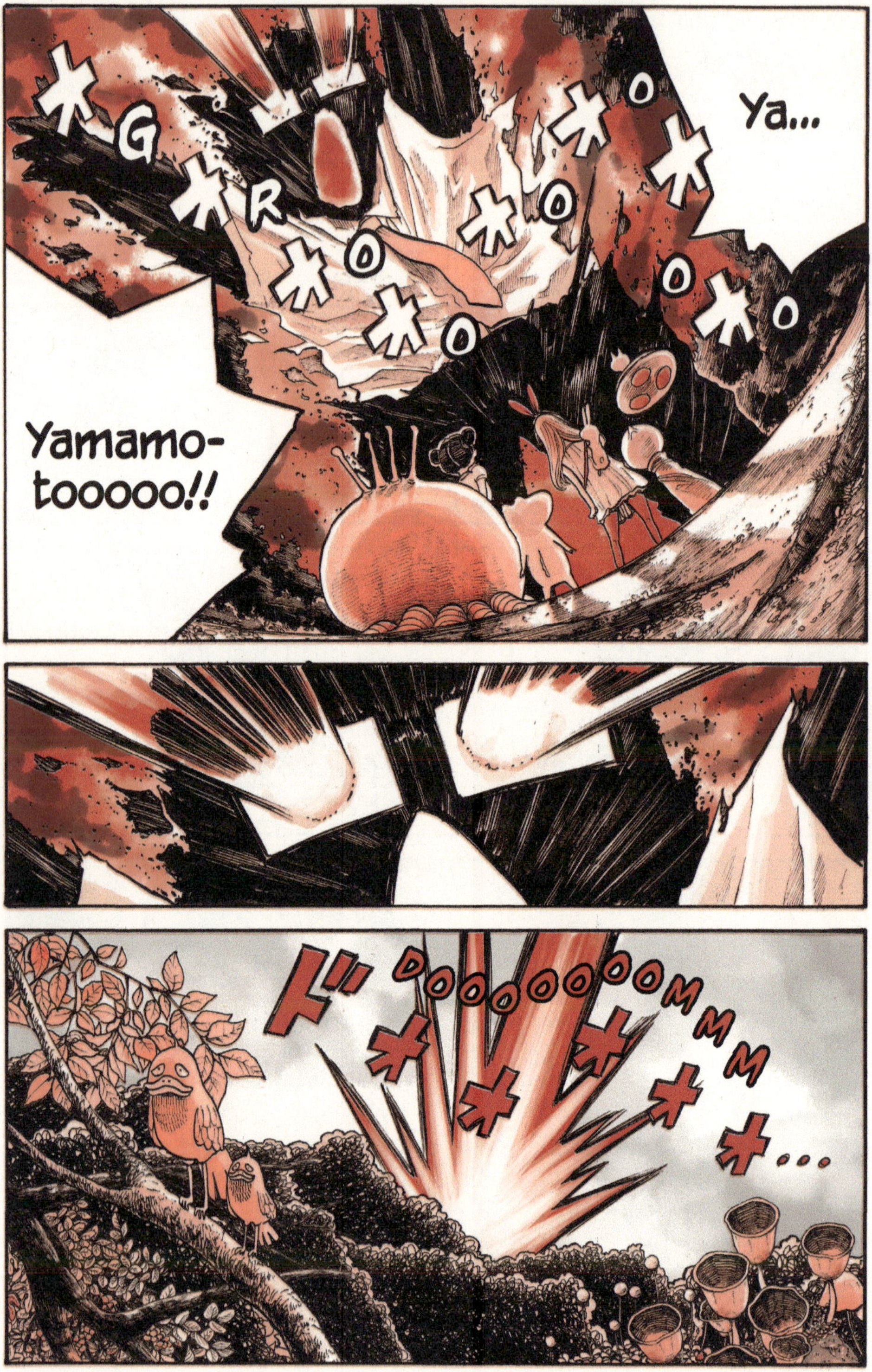
GROOOOOO
Ya...
Yamamo-tooooo!!
DOOOOOOOMMM...

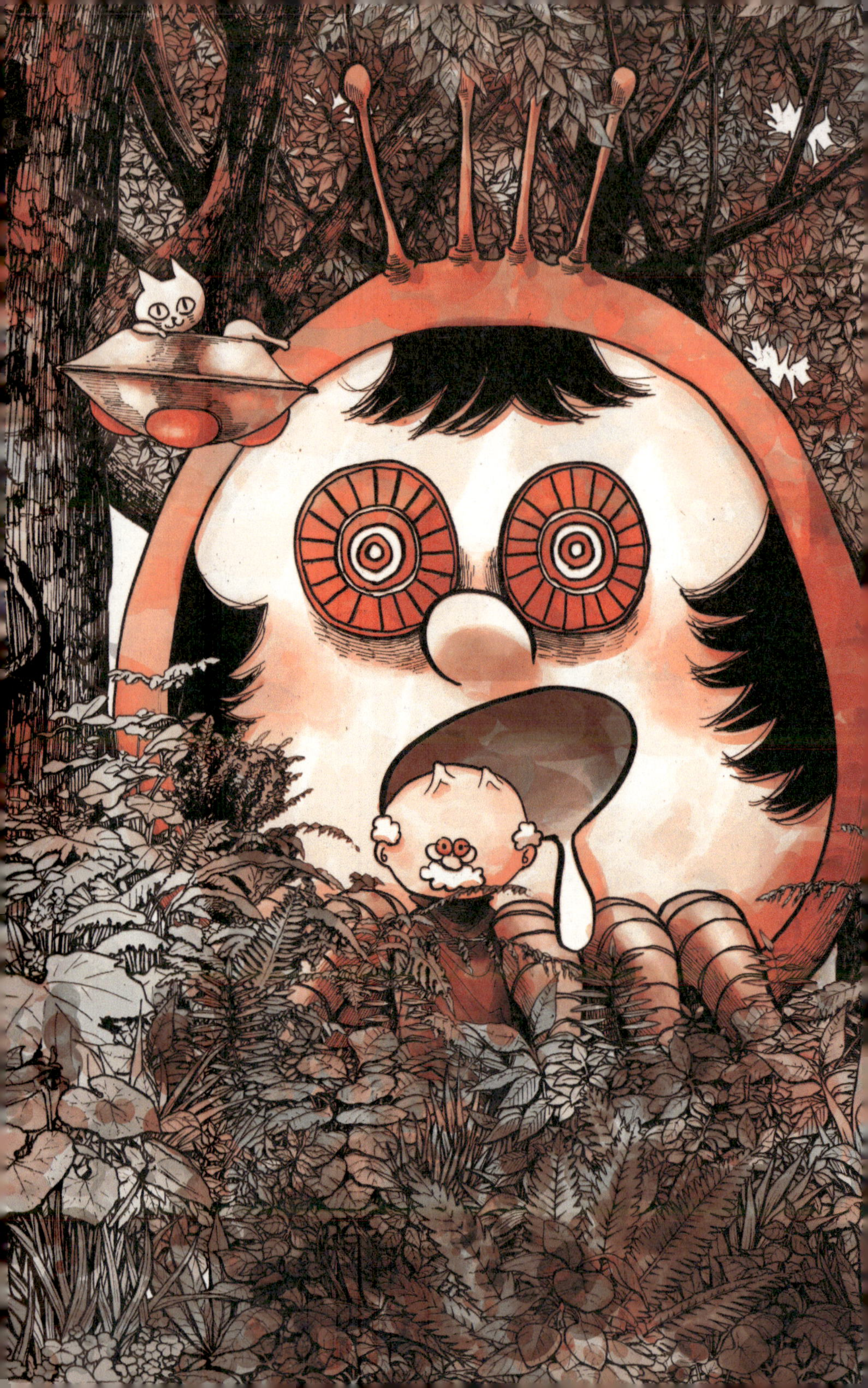

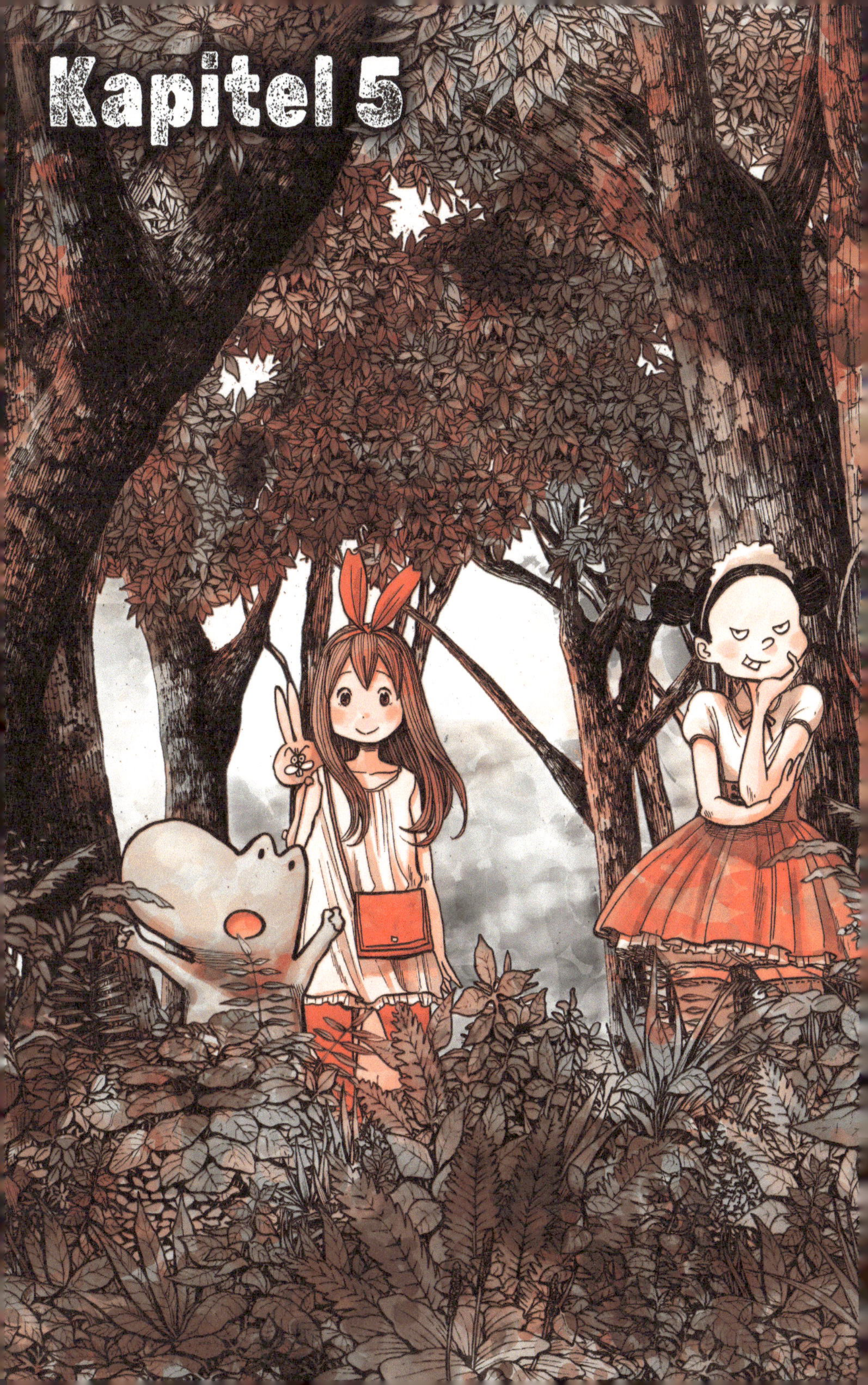
Kapitel 5

»Viele der heutigen Tragödien lassen sich
auf die Natur des Menschen zurückführen,
sich selbst für etwas Besseres zu halten.«

Leiter der Königlichen Bibliothek
Michael Galdende

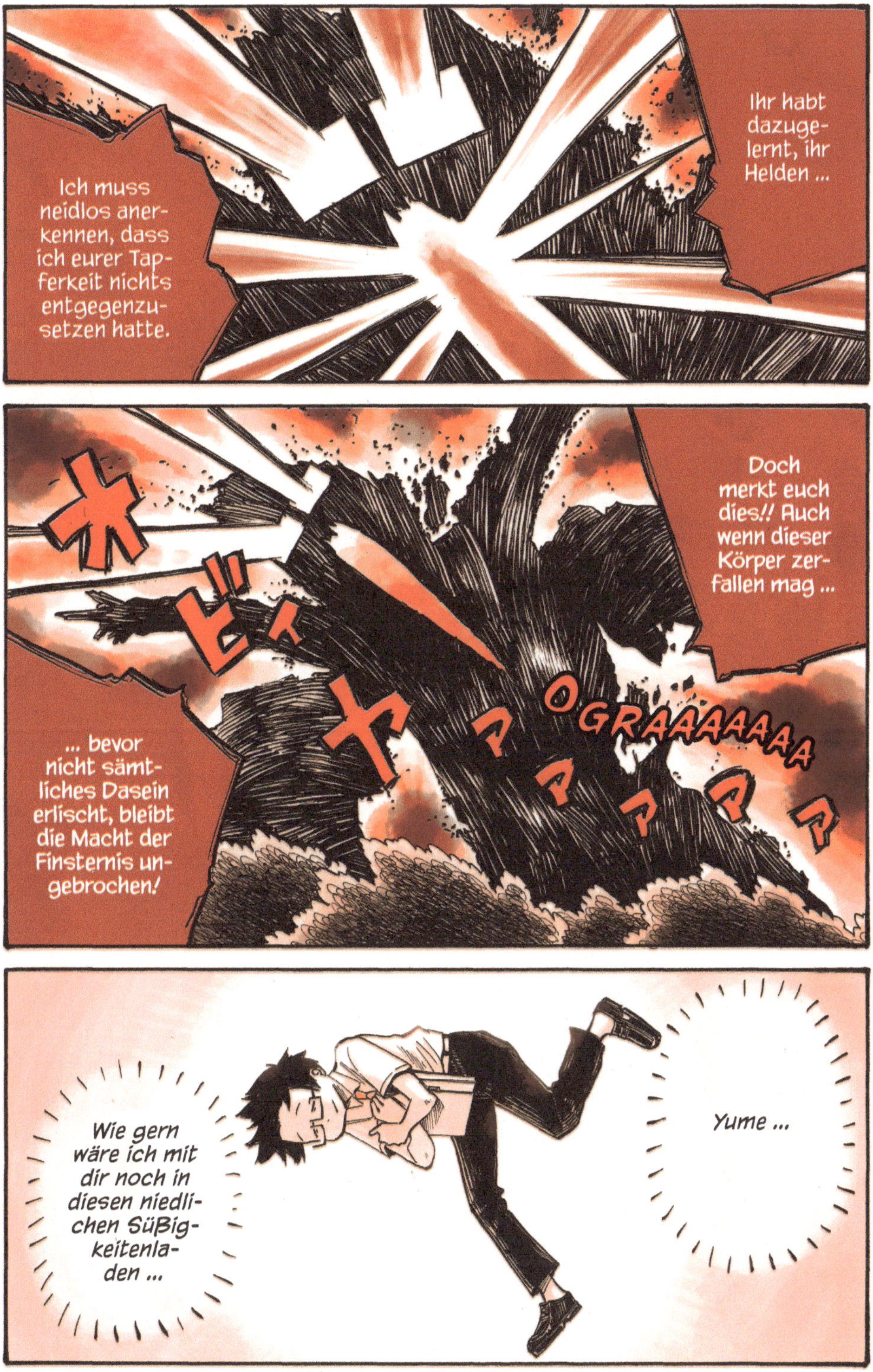
Ihr habt dazugelernt, ihr Helden ...
Ich muss neidlos anerkennen, dass ich eurer Tapferkeit nichts entgegenzusetzen hatte.
Doch merkt euch dies!! Auch wenn dieser Körper zerfallen mag ...
OGRAAAAAAA
... bevor nicht sämtliches Dasein erlischt, bleibt die Macht der Finsternis ungebrochen!
Yume ...
Wie gern wäre ich mit dir noch in diesen niedlichen Süßigkeitenladen ...

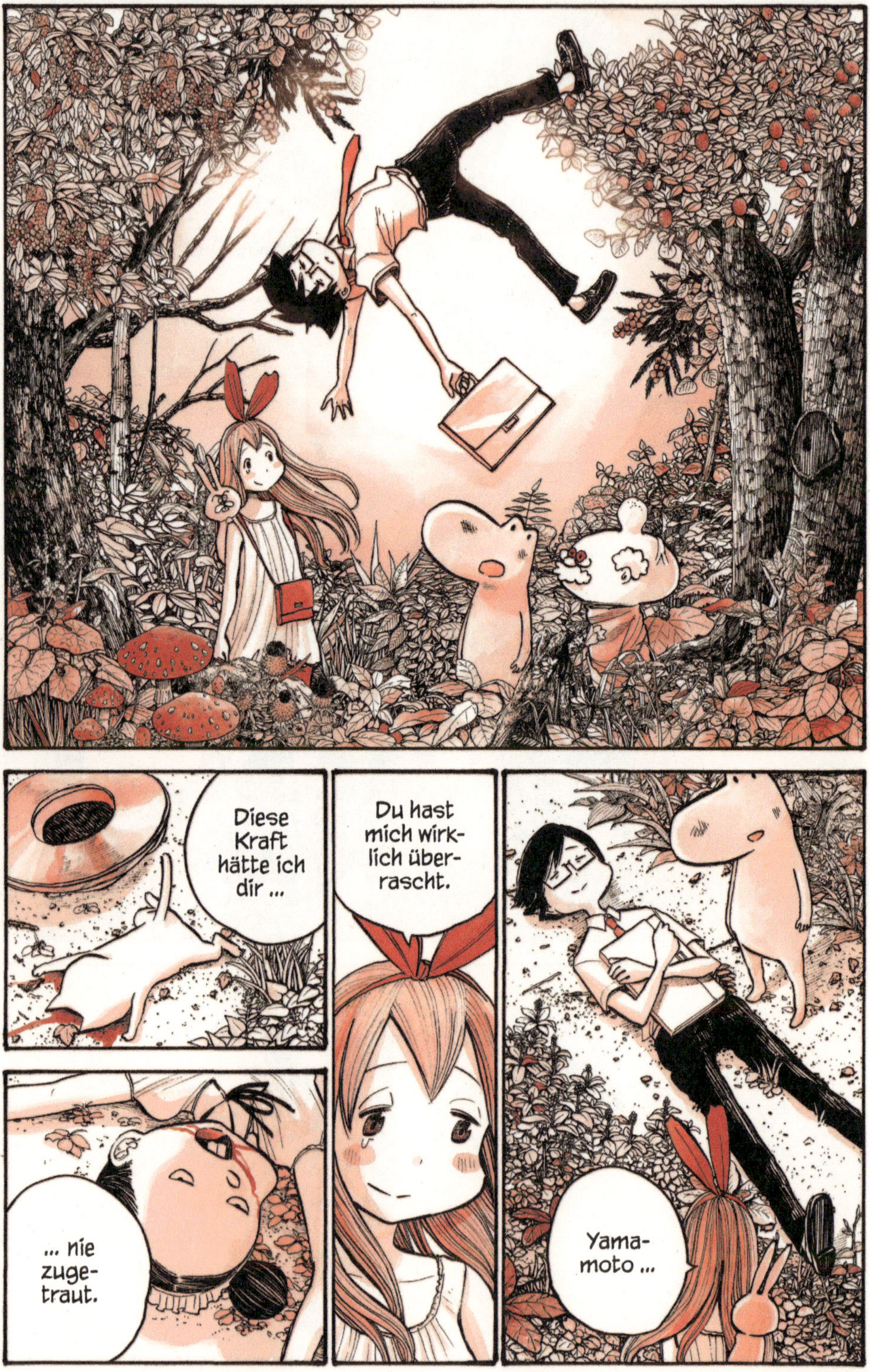
Yamamoto ...
Du hast mich wirklich überrascht.
Diese Kraft hätte ich dir ...
... nie zugetraut.

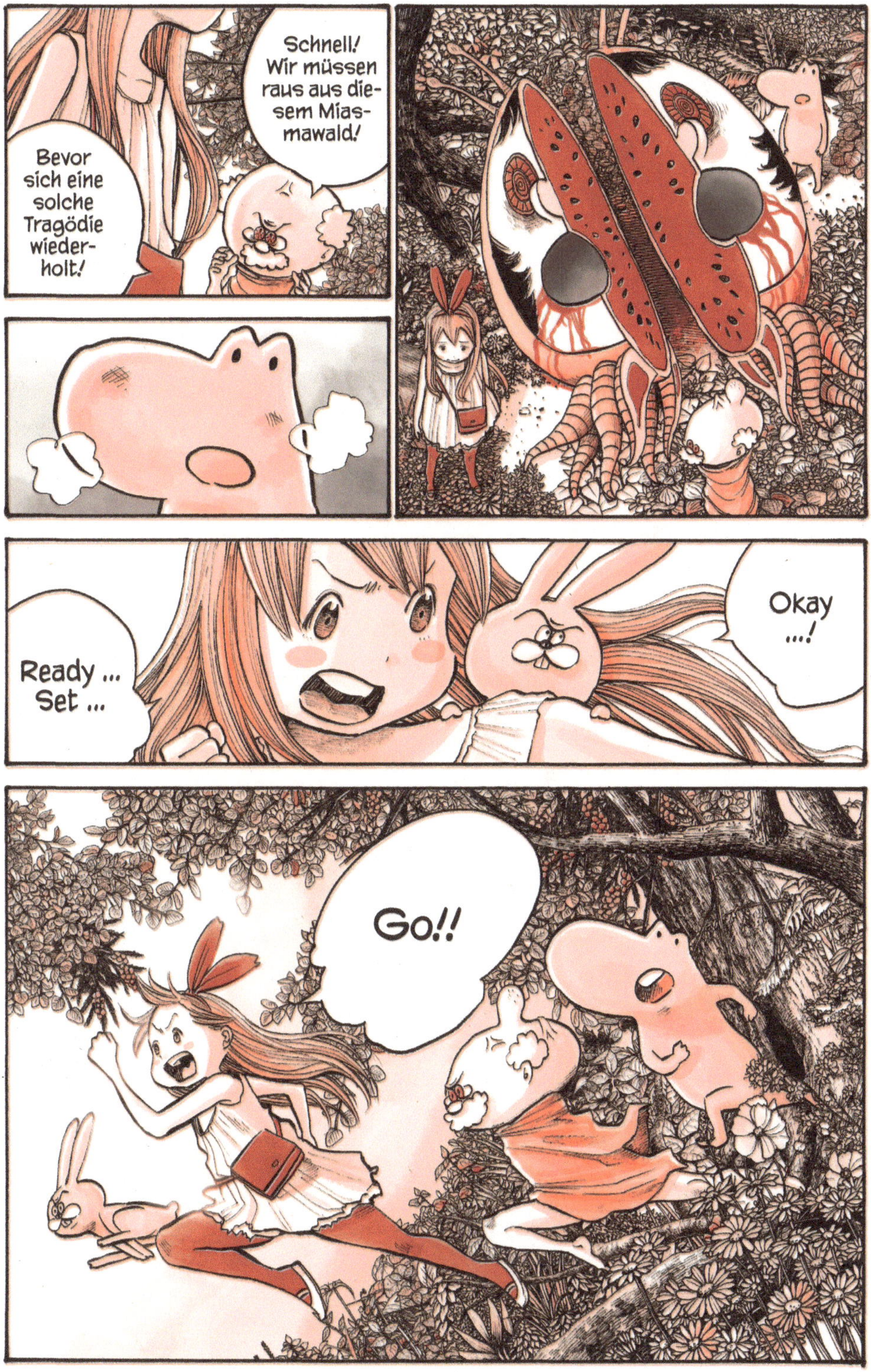
Schnell! Wir müssen raus aus diesem Miasmawald!
Bevor sich eine solche Tragödie wiederholt!
Ready ... Set ...
Okay ...!
Go!!

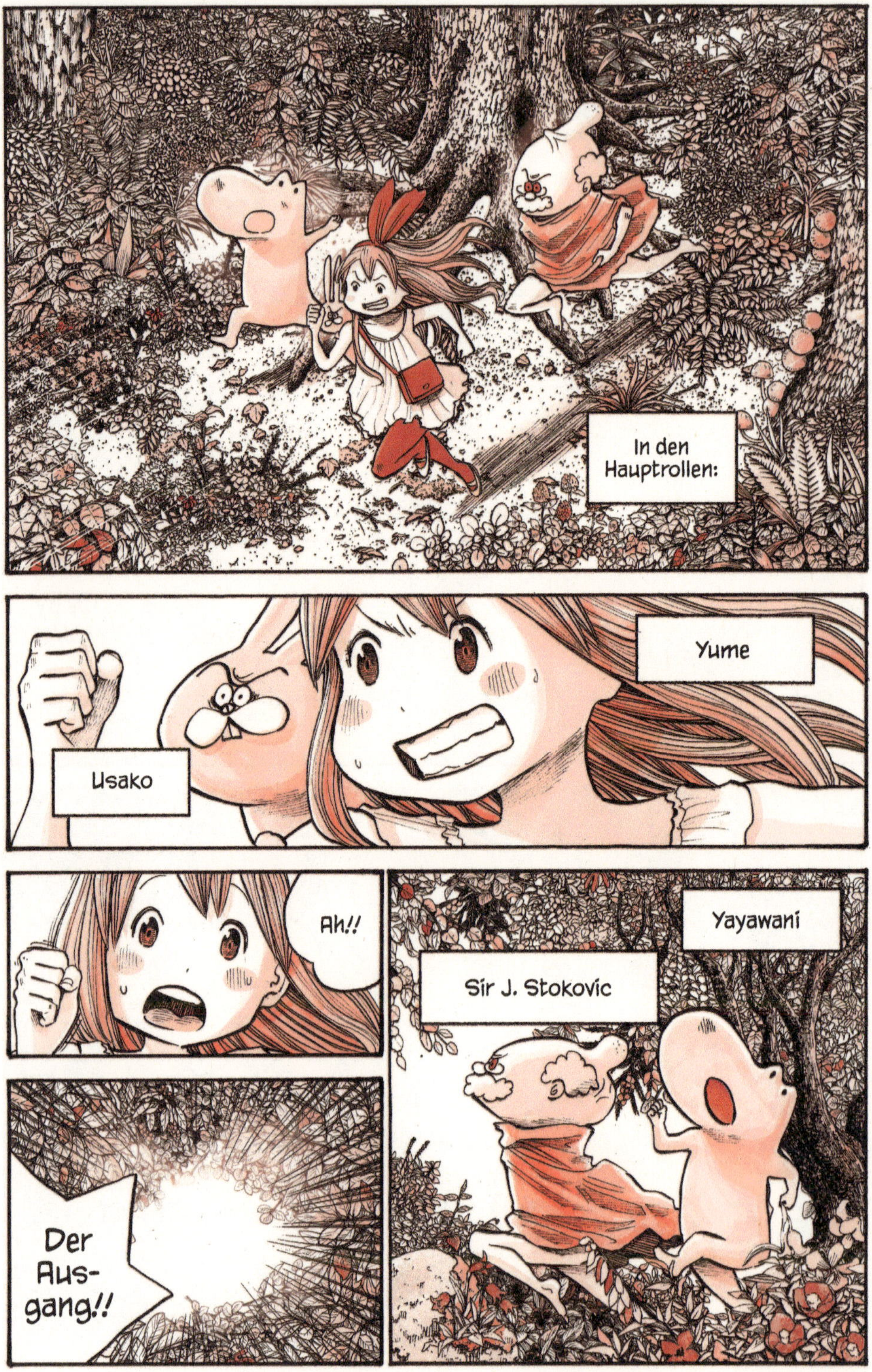
In den Hauptrollen:
Yume
Usako
Ah!!
Der Aus-gang!!
Yayawani
Sir J. Stokovic

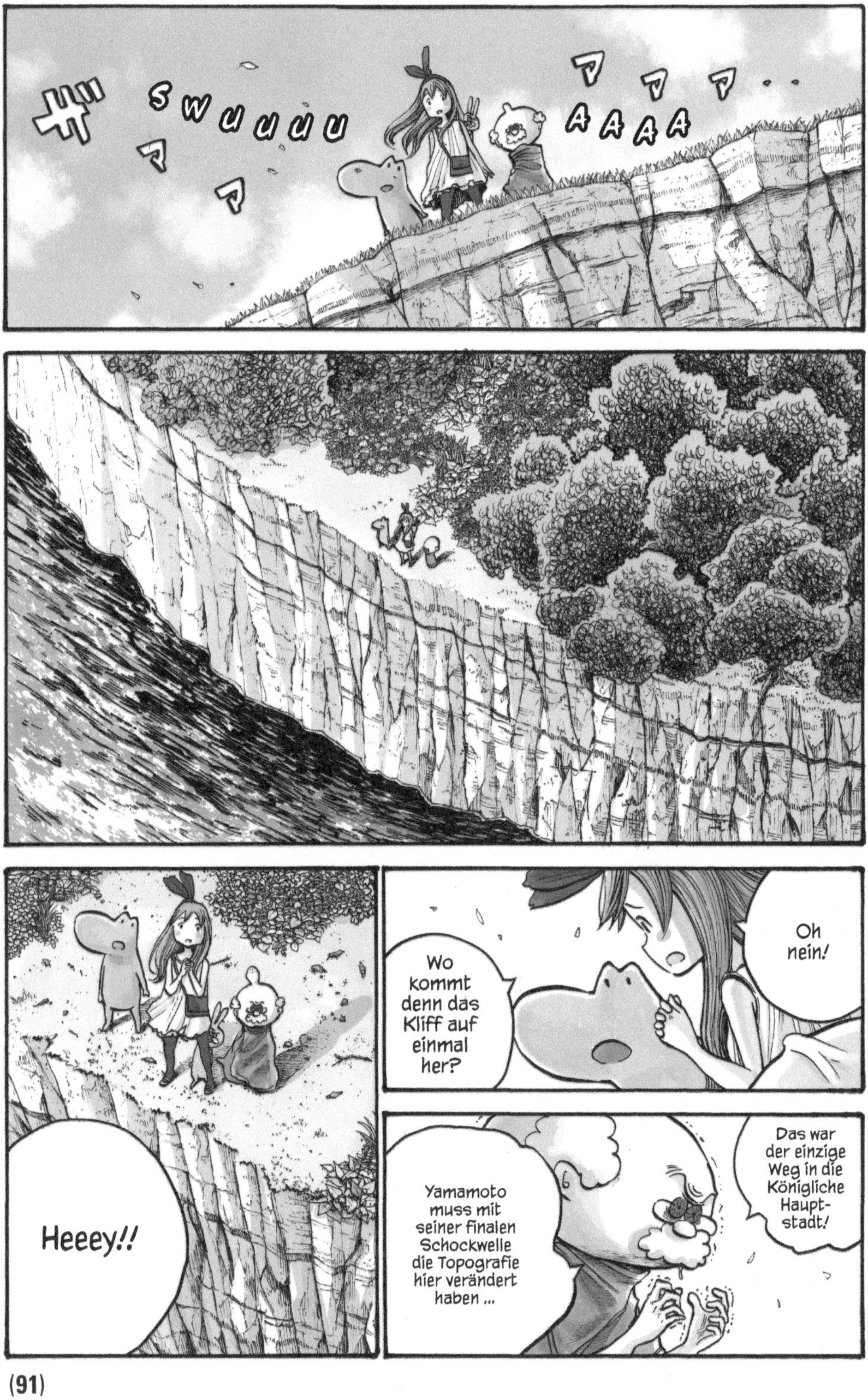
ギ
SWUUUU
マ
マ
アアア
AAAA
Oh nein!
Wo kommt denn das Kliff auf einmal her?
Das war der einzige Weg in die Königliche Haupt-stadt!
Yamamoto muss mit seiner finalen Schockwelle die Topografie hier verändert haben ...
Heeey!!

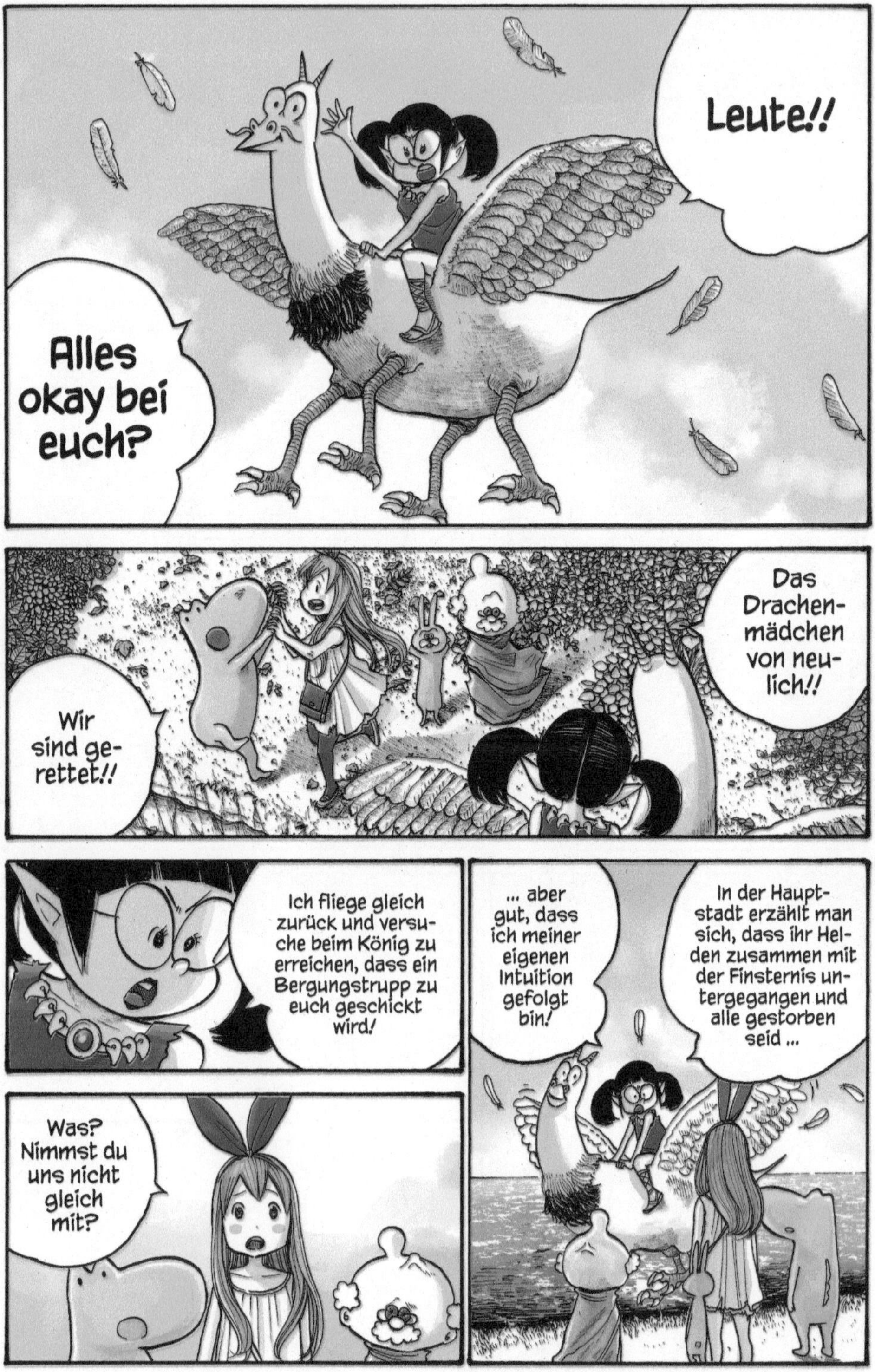
Leute!!
Alles okay bei euch?
Das Drachenmädchen von neulich!!
Wir sind gerettet!!
In der Hauptstadt erzählt man sich, dass ihr Helden zusammen mit der Finsternis untergegangen und alle gestorben seid ...
... aber gut, dass ich meiner eigenen Intuition gefolgt bin!
Ich fliege gleich zurück und versuche beim König zu erreichen, dass ein Bergungstrupp zu euch geschickt wird!
Was? Nimmst du uns nicht gleich mit?

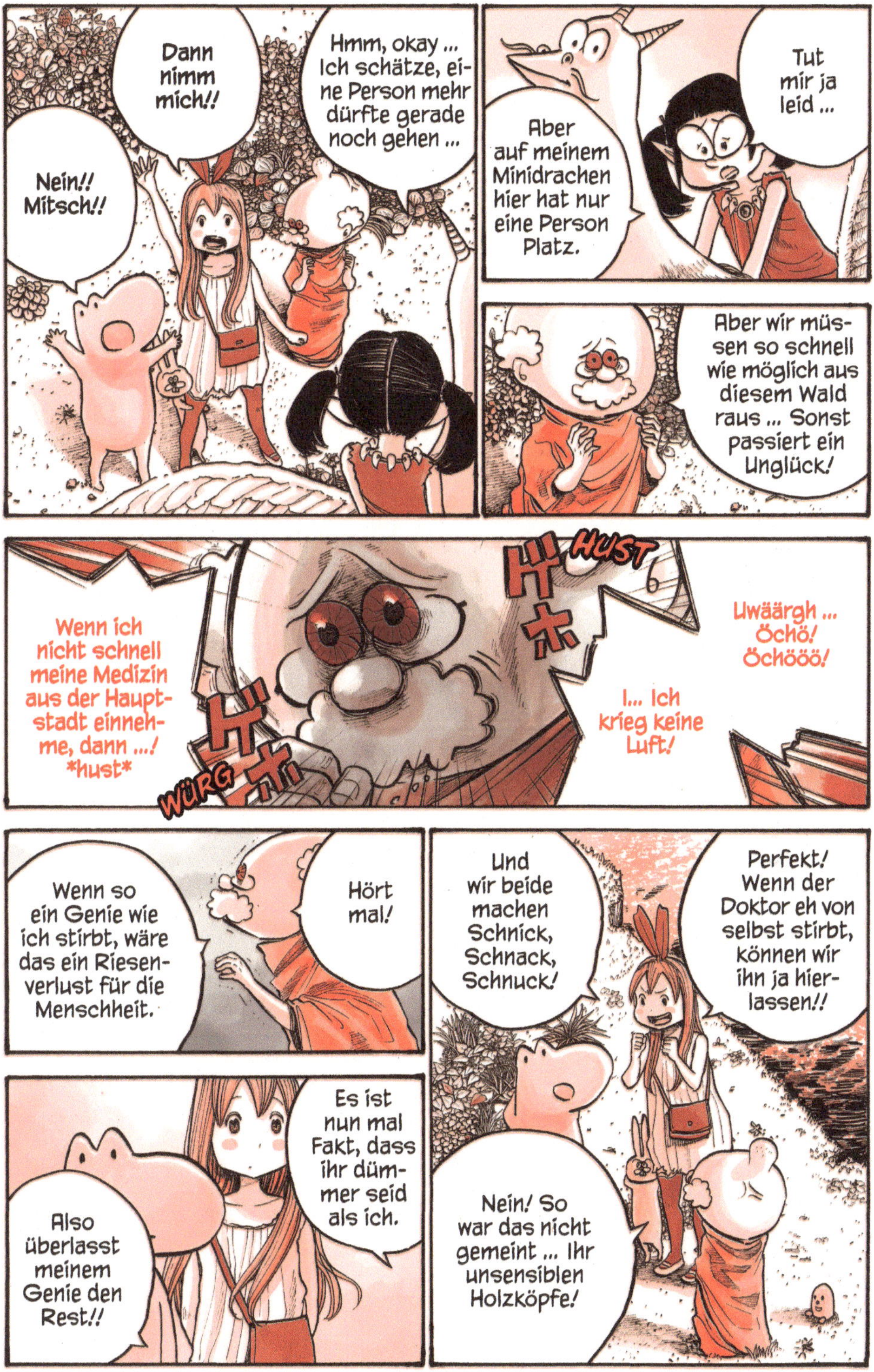
Nein!! Mitsch!!
Dann nimm mich!!
Hmm, okay ... Ich schätze, eine Person mehr dürfte gerade noch gehen ...
Tut mir ja leid ...
Aber auf meinem Minidrachen hier hat nur eine Person Platz.
Aber wir müssen so schnell wie möglich aus diesem Wald raus ... Sonst passiert ein Unglück!
Wenn ich nicht schnell meine Medizin aus der Hauptstadt einnehme, dann ...! *hust*
WÜRG
HUST
I... Ich krieg keine Luft!
Uwäärgh ... Öchö! Öchööö!
Wenn so ein Genie wie ich stirbt, wäre das ein Riesenverlust für die Menschheit.
Hört mal!
Und wir beide machen Schnick, Schnack, Schnuck!
Perfekt! Wenn der Doktor eh von selbst stirbt, können wir ihn ja hierlassen!!
Also überlasst meinem Genie den Rest!!
Es ist nun mal Fakt, dass ihr dümmer seid als ich.
Nein! So war das nicht gemeint ... Ihr unsensiblen Holzköpfe!

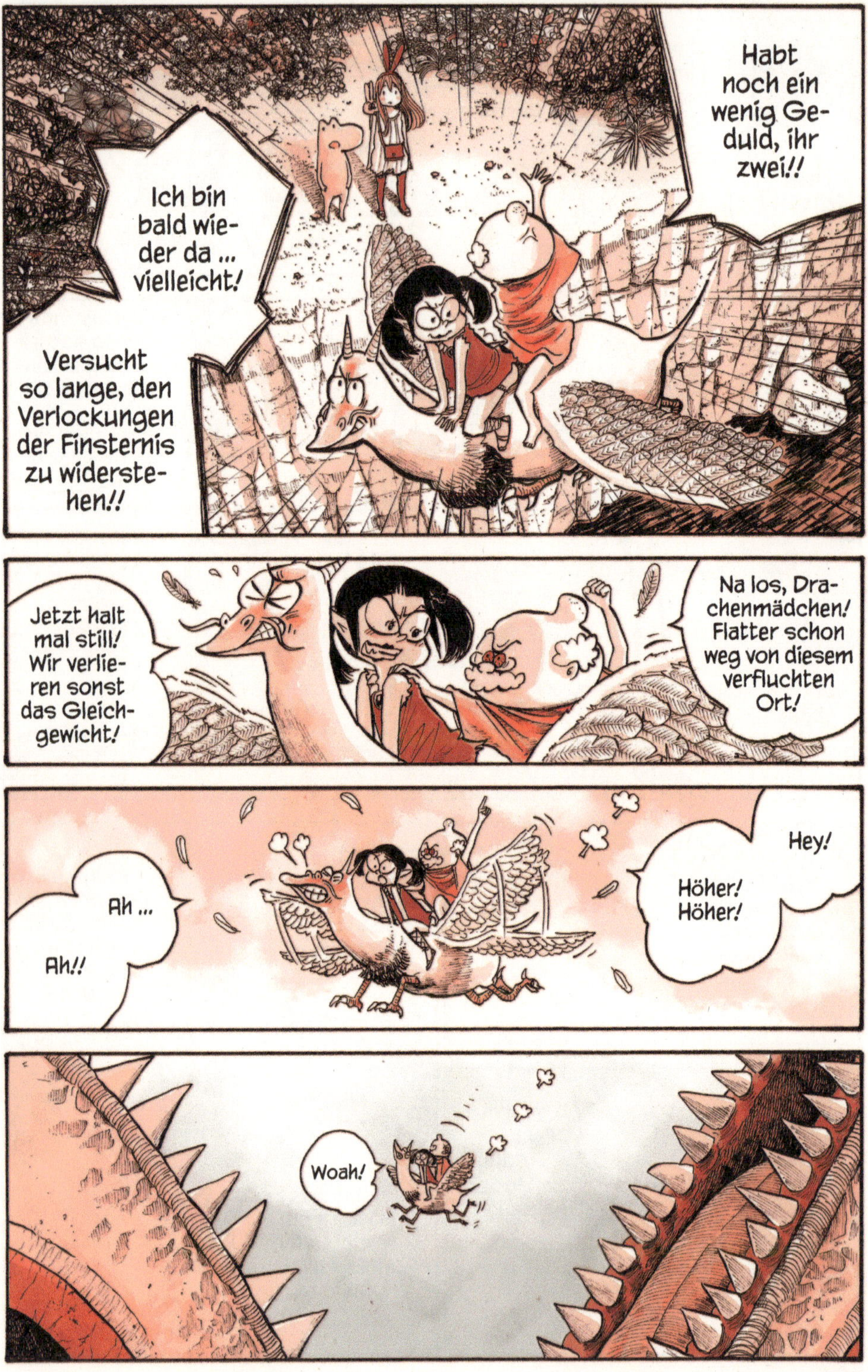
Habt noch ein wenig Geduld, ihr zwei!!
Ich bin bald wieder da ... vielleicht!
Versucht so lange, den Verlockungen der Finsternis zu widerstehen!!
Na los, Drachenmädchen! Flatter schon weg von diesem verfluchten Ort!
Jetzt halt mal still! Wir verlieren sonst das Gleichgewicht!
Hey!
Höher! Höher!
Ah ...
Ah!!
Woah!

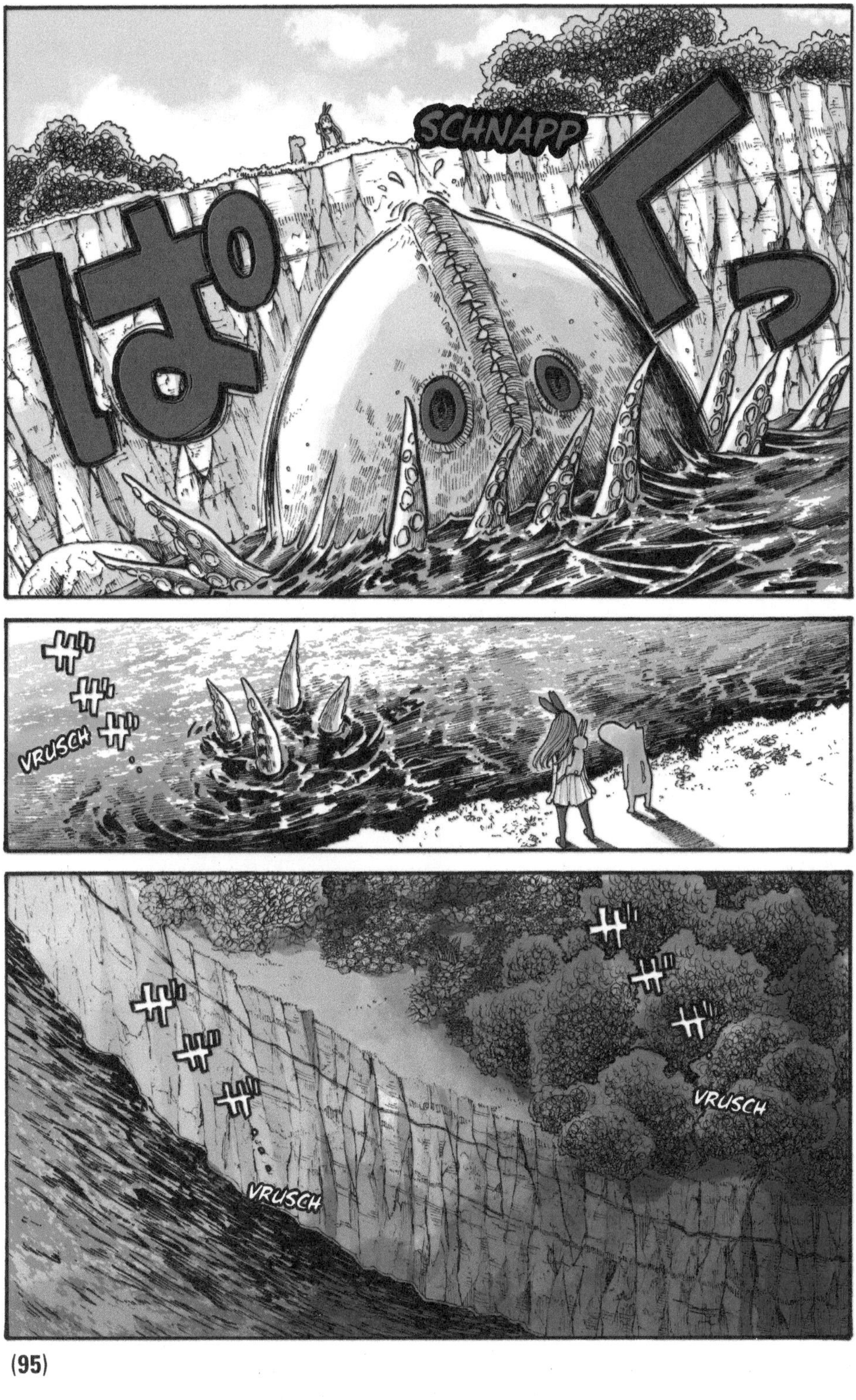
ぱくっ
SCHNAPP
ザザザ
VRUSCH
ザザザ
VRUSCH
ザザザ
VRUSCH

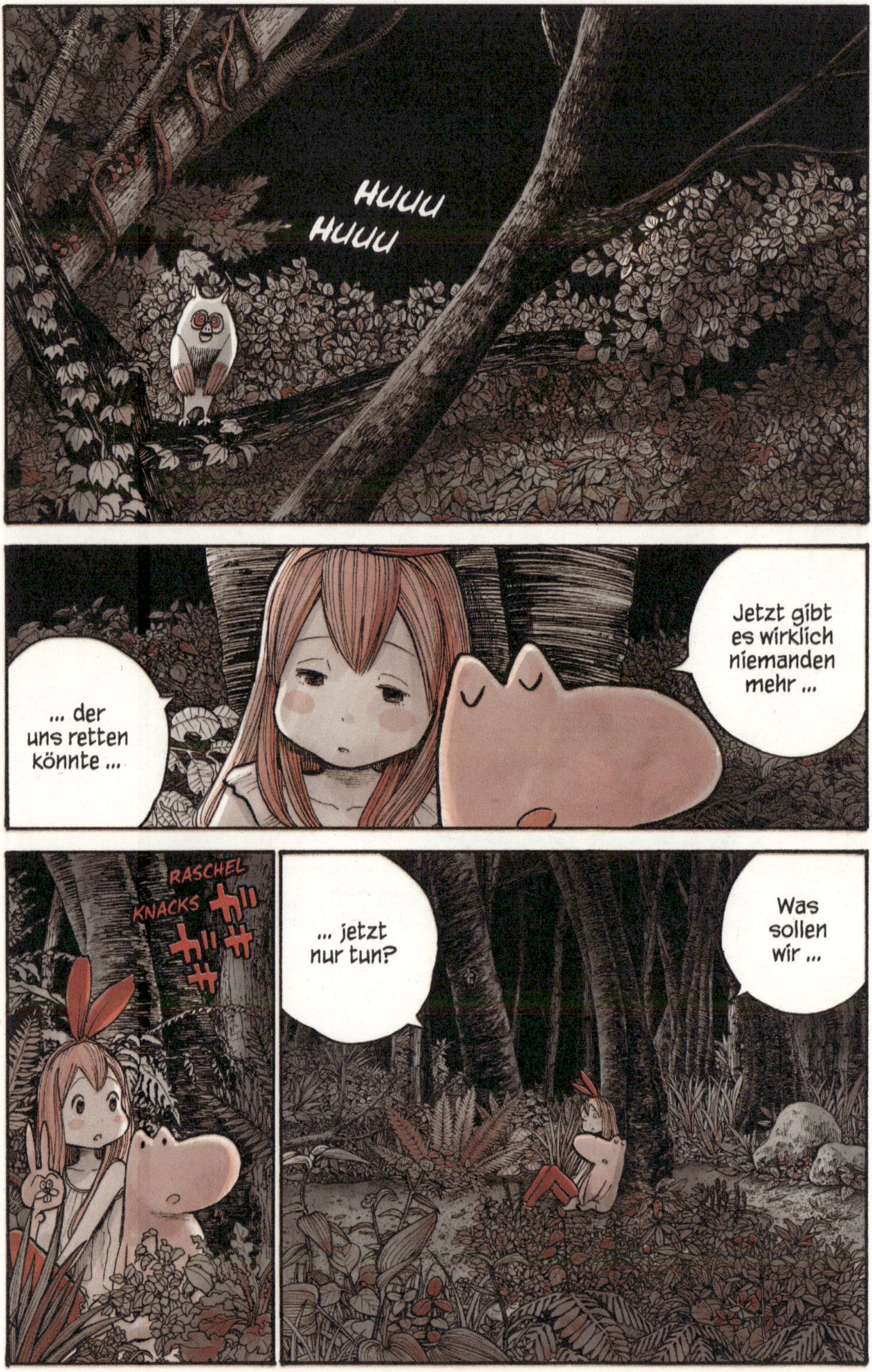
HUUU
HUUU
Jetzt gibt es wirklich niemanden mehr ...
... der uns retten könnte ...
Was sollen wir ...
... jetzt nur tun?
RASCHEL
KNACKS

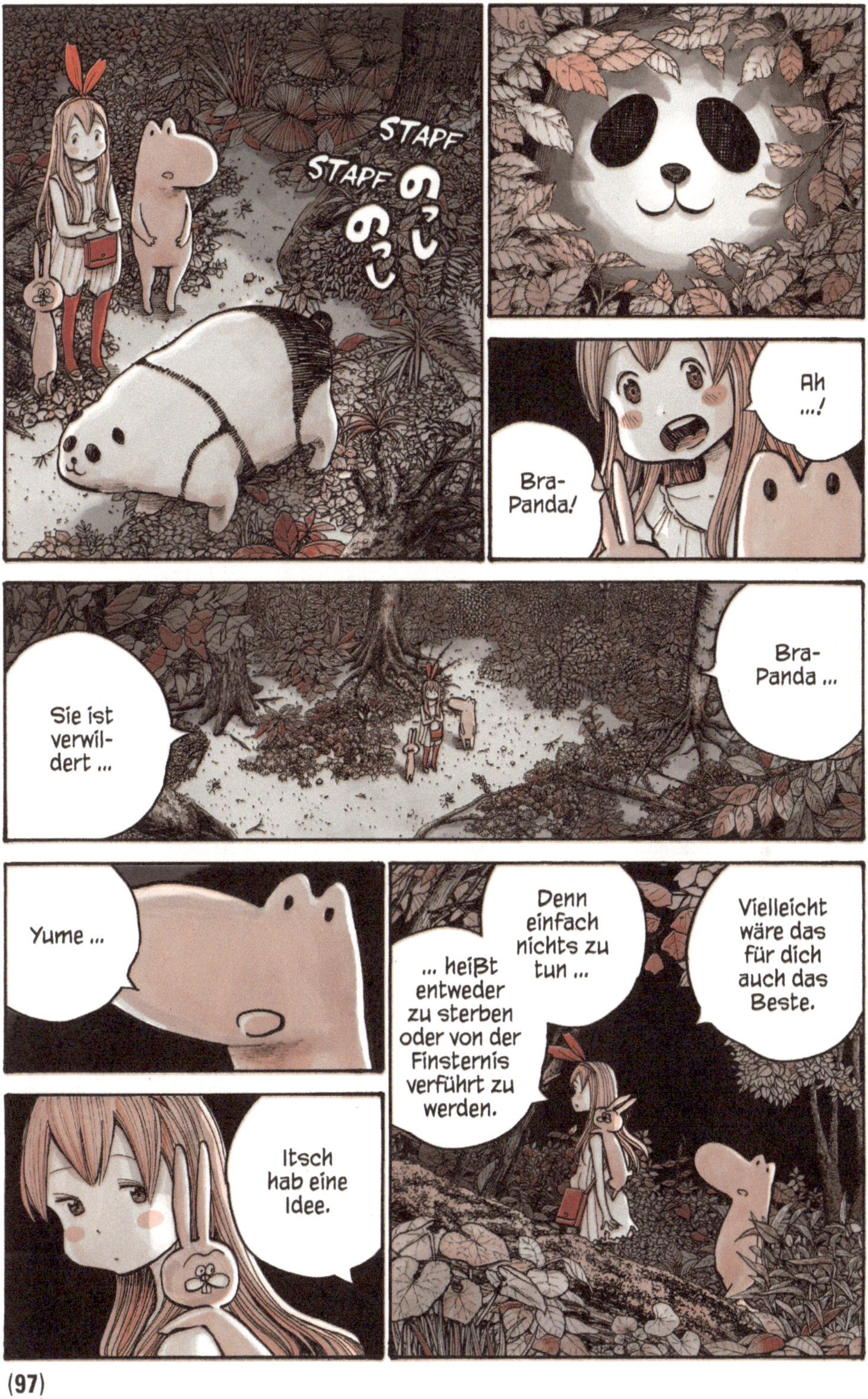

STAPF
STAPF
のこ
のこ
Ah ...!
Bra-Panda!
Bra-Panda ...
Sie ist verwildert ...
Vielleicht wäre das für dich auch das Beste.
Denn einfach nichts zu tun ...
... heißt entweder zu sterben oder von der Finsternis verführt zu werden.
Yume ...
Itsch hab eine Idee.

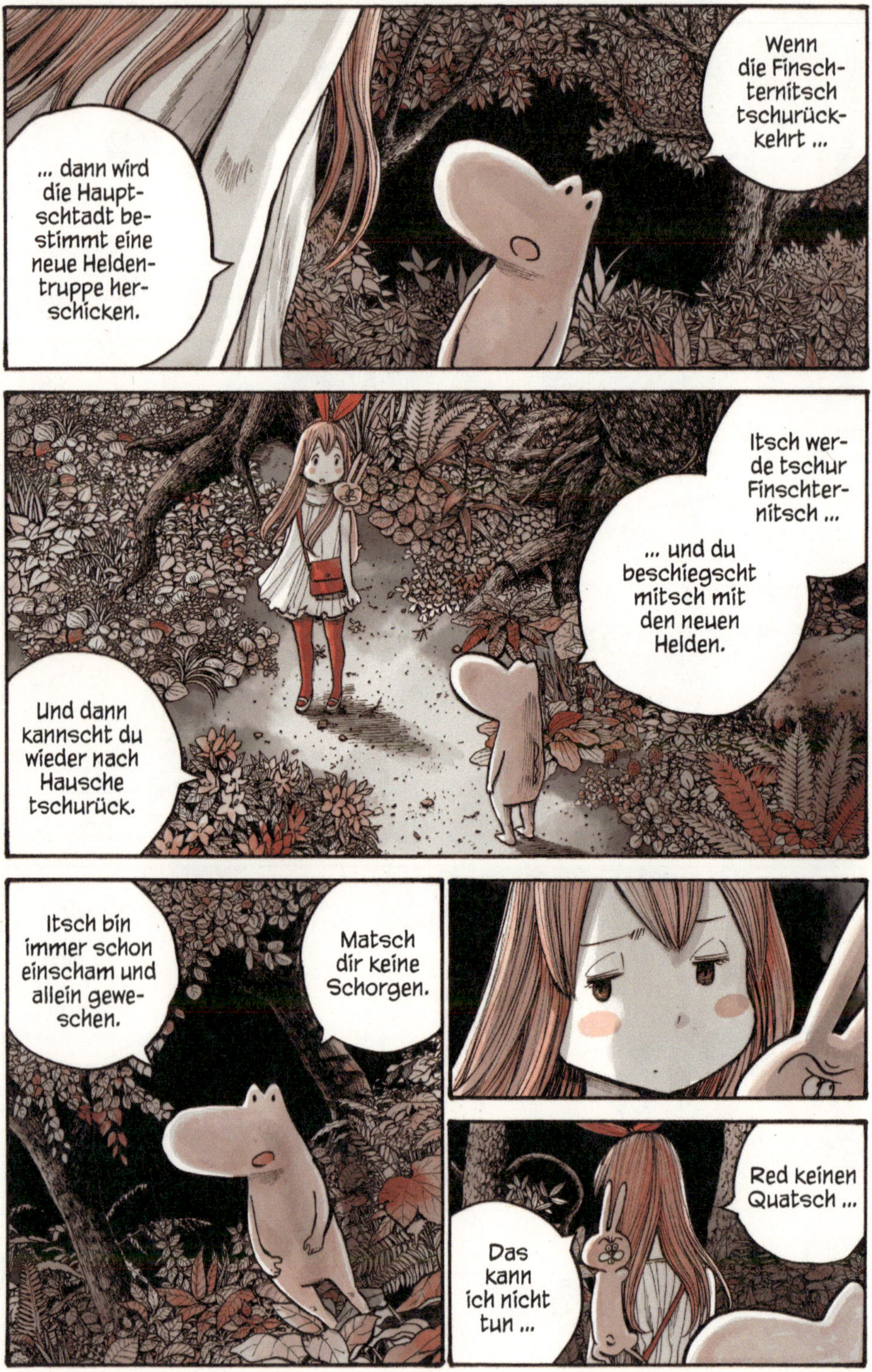
Wenn die Finschternitsch tschurückkehrt ...
... dann wird die Hauptschtadt bestimmt eine neue Heldentruppe herschicken.
Itsch werde tschur Finschternitsch ...
... und du beschiegscht mitsch mit den neuen Helden.
Und dann kannscht du wieder nach Hausche tschurück.
Itsch bin immer schon einscham und allein geweschen.
Matsch dir keine Schorgen.
Red keinen Quatsch ...
Das kann ich nicht tun ...

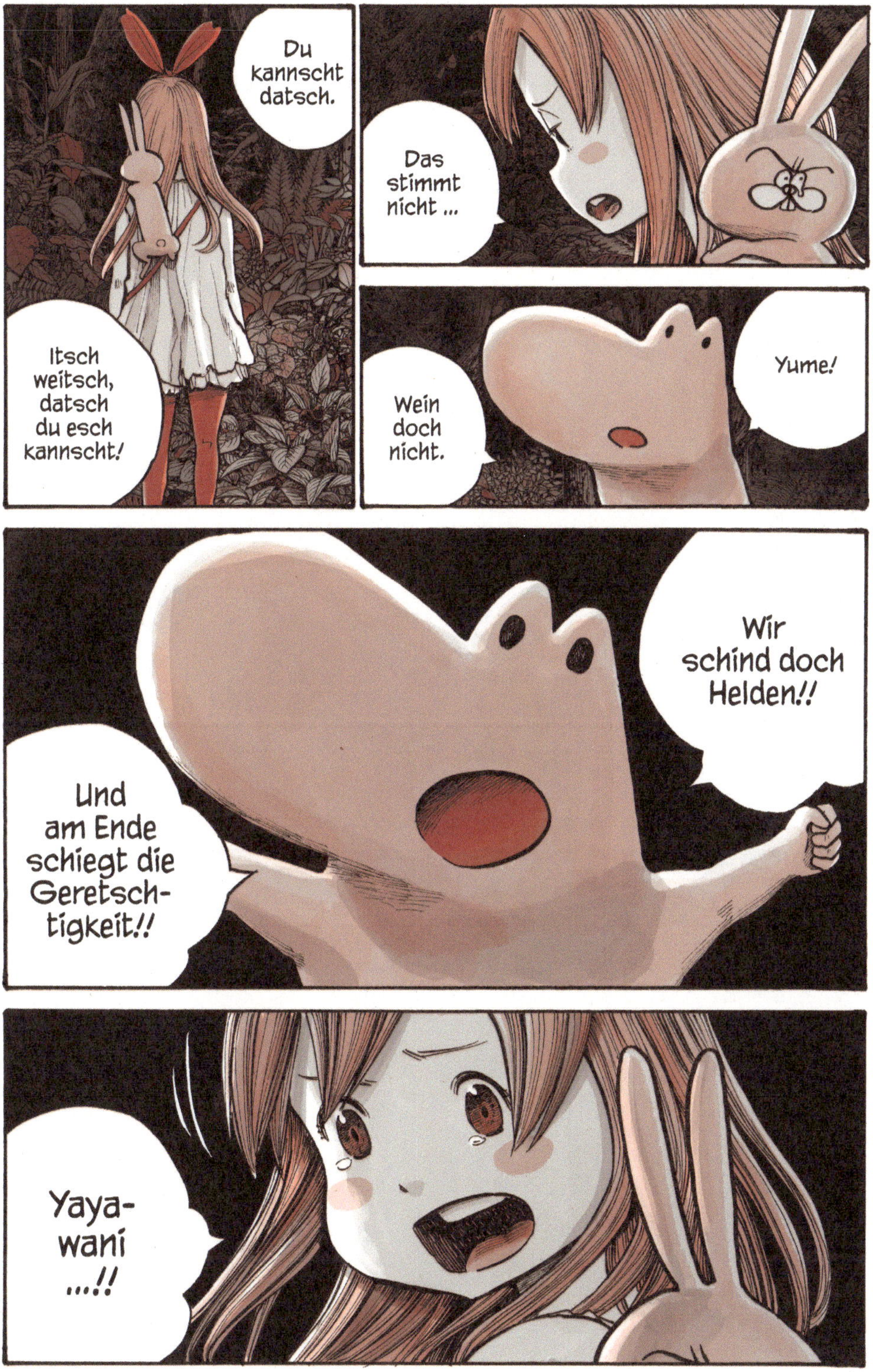
Du kannscht datsch.
Itsch weitsch, datsch du esch kannscht!
Das stimmt nicht ...
Yume!
Wein doch nicht.
Wir schind doch Helden!!
Und am Ende schiegt die Geretsch-tigkeit!!
Yaya-wani ...!!

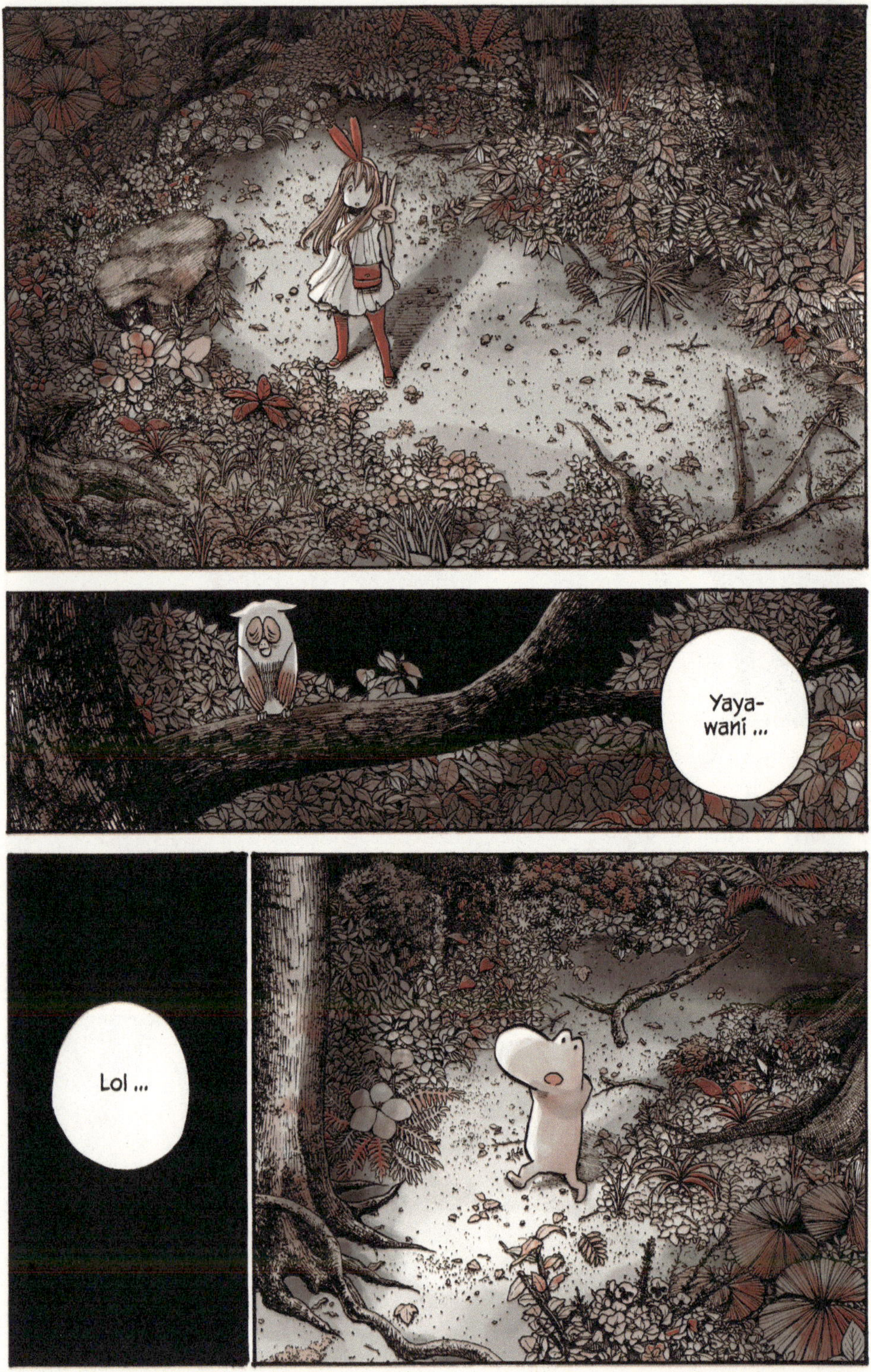
Yaya-
waní ...
Lol ...

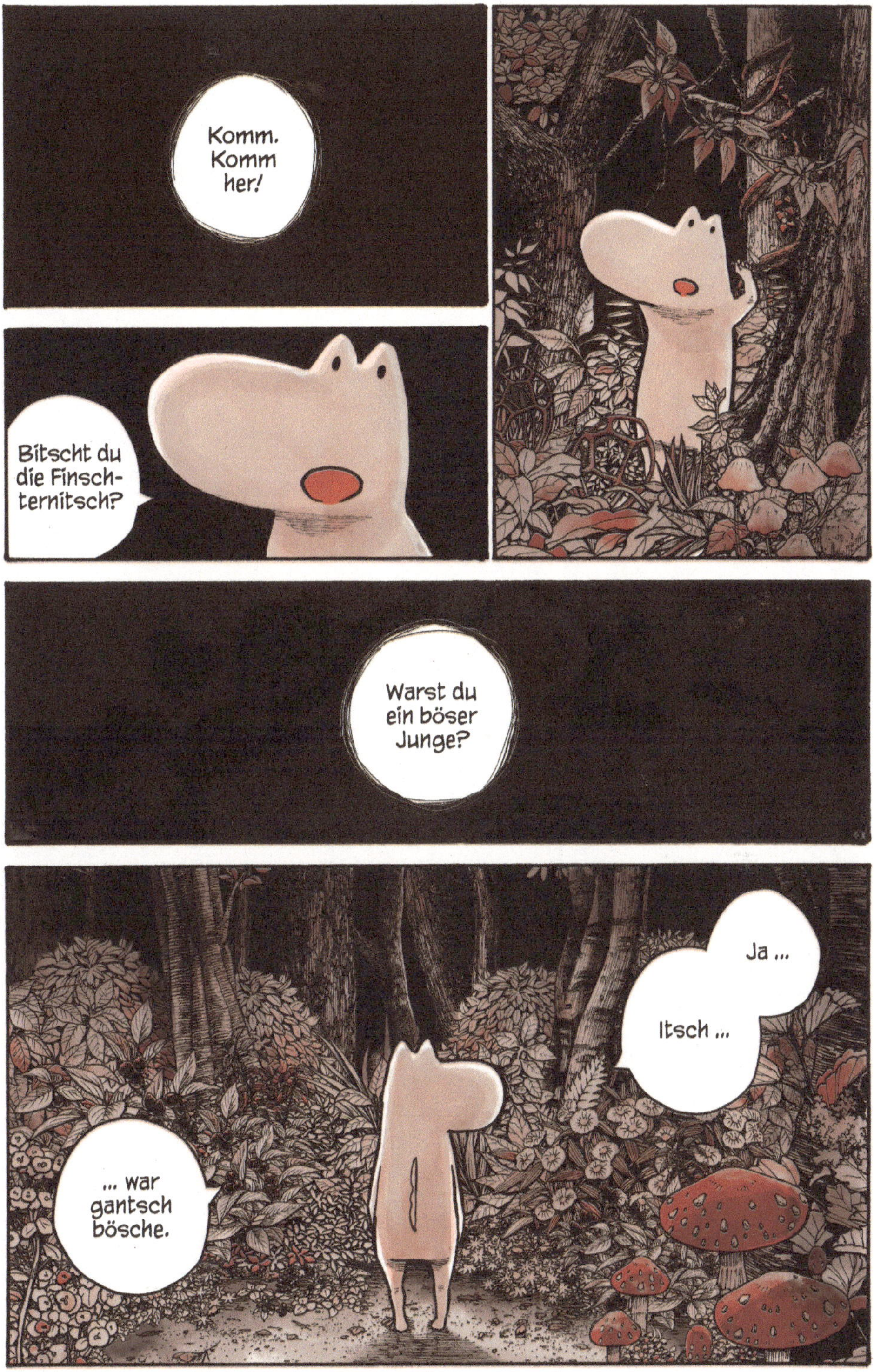
Komm. Komm her!
Bitscht du die Finschternitsch?
Warst du ein böser Junge?
Ja ...
Itsch ...
... war gantsch bösche.

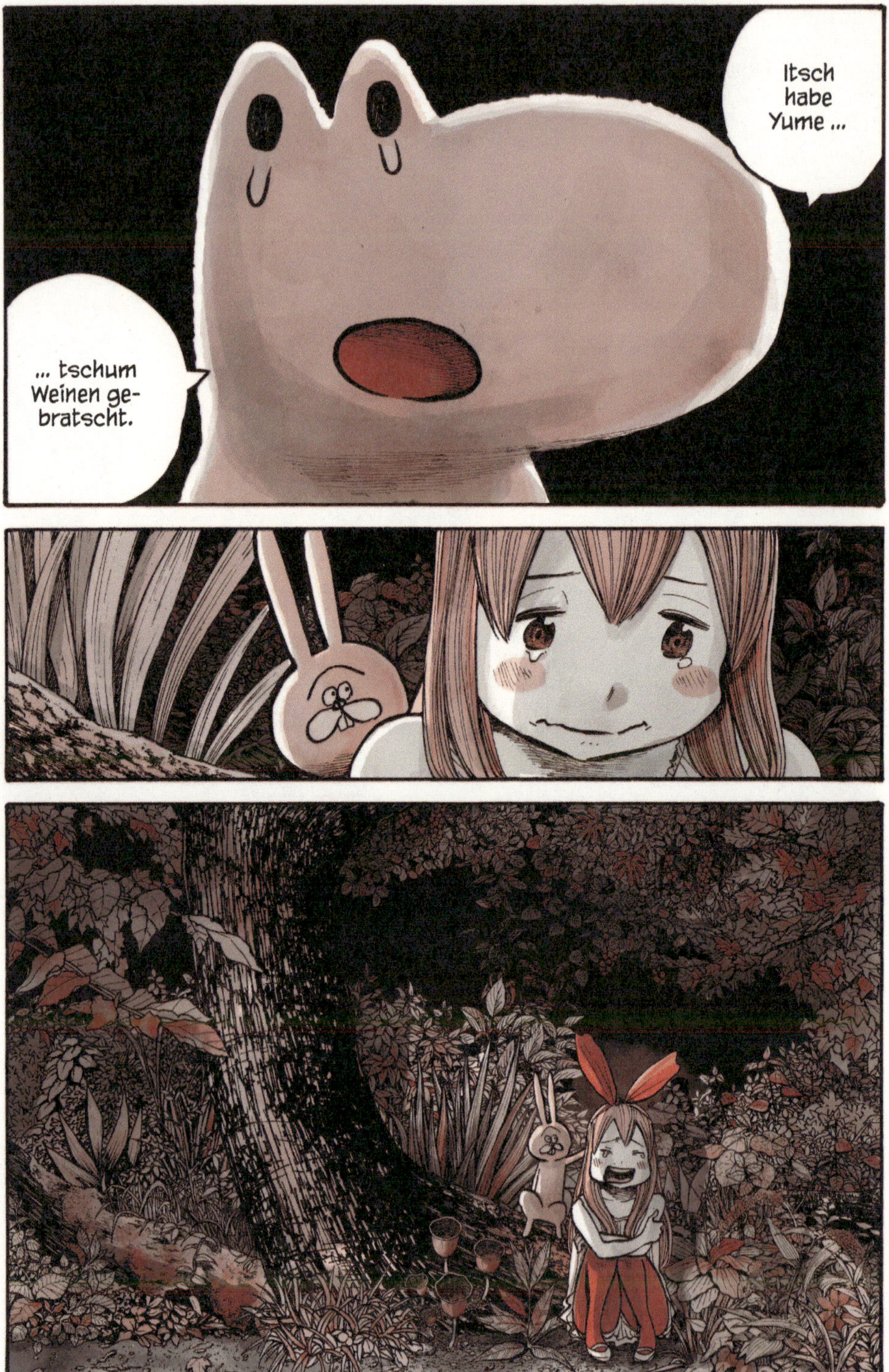
Itsch habe Yume ...
... tschum Weinen gebratscht.

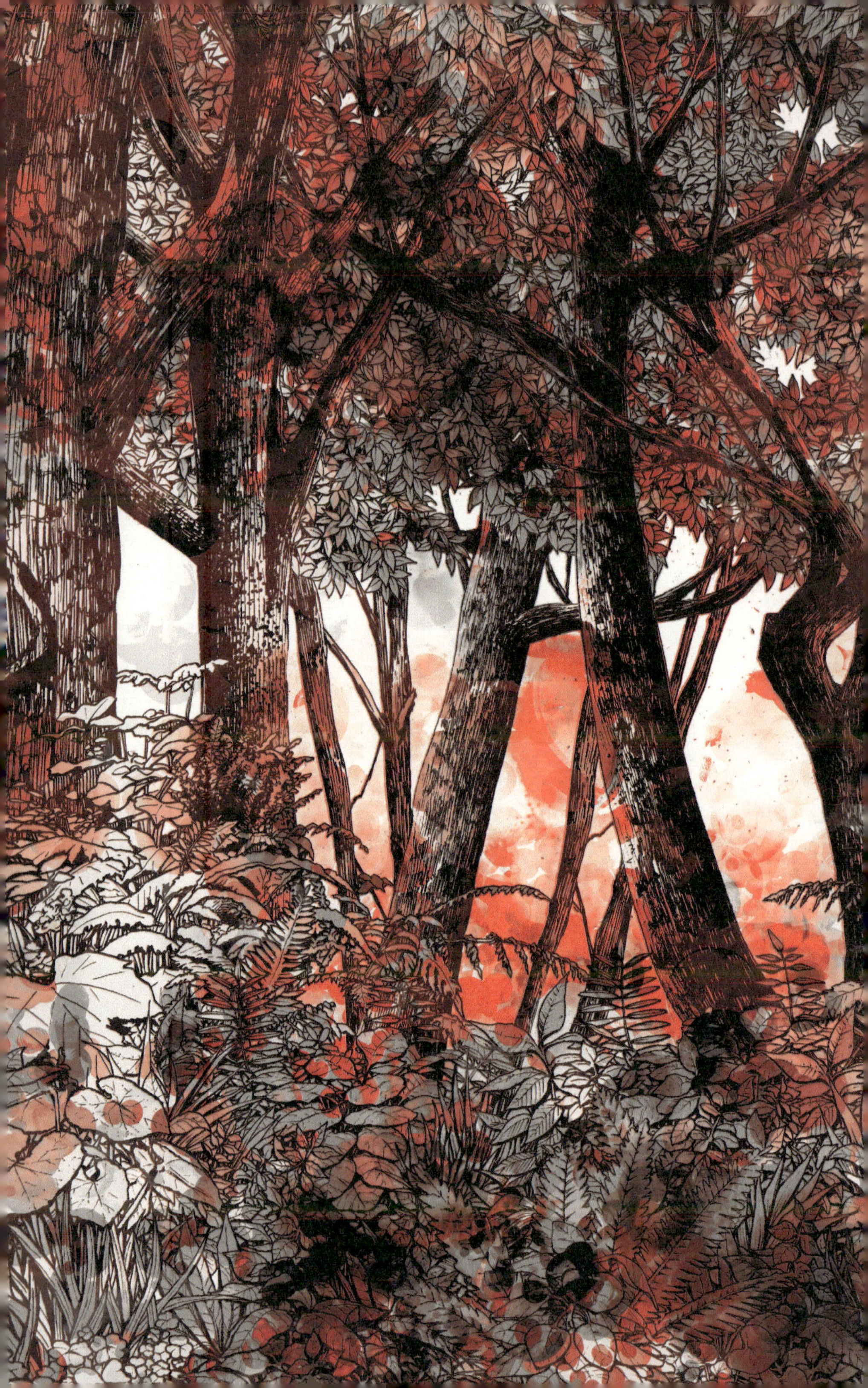

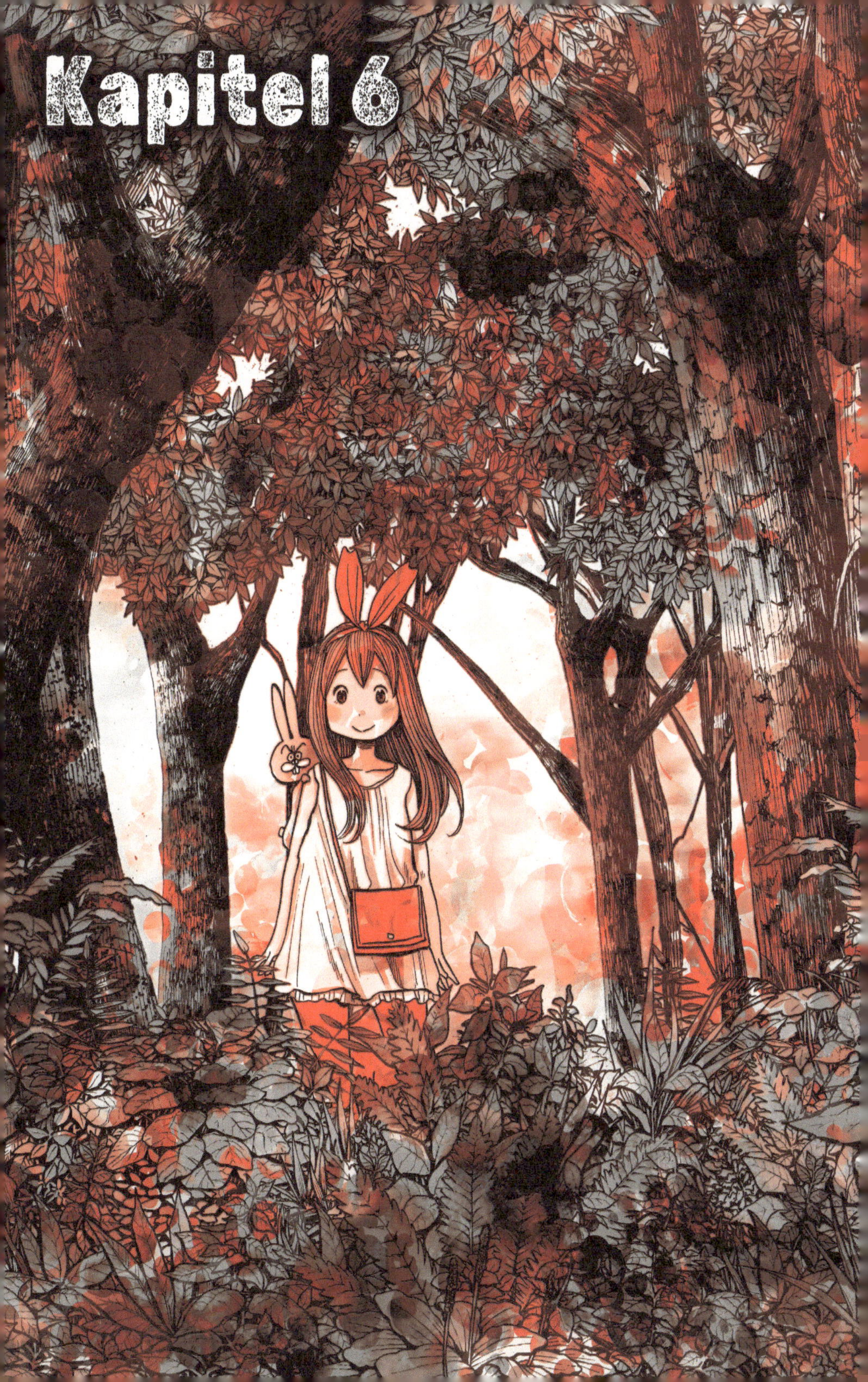
Kapitel 6

»Zugegeben, dieser Wald wirkt wie ein friedliches Idyll, in dem die Vögel von den Bäumen zwitschern, doch setzt man auch nur einen Schritt hinein, wird man nichts als blutrünstige Bestien vorfinden.«

Worte eines reisenden Jägers

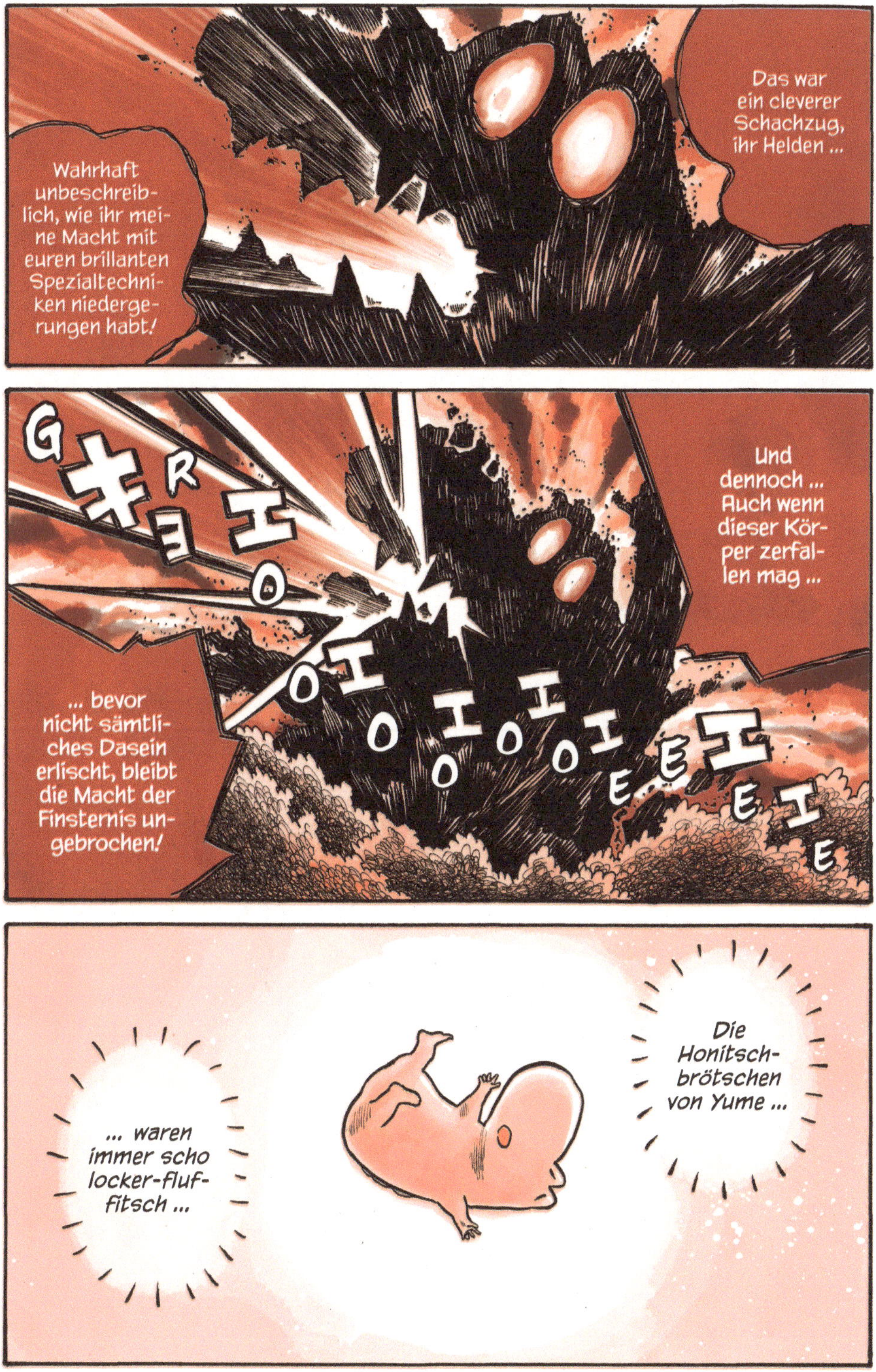
Das war ein cleverer Schachzug, ihr Helden ...
Wahrhaft unbeschreiblich, wie ihr meine Macht mit euren brillanten Spezialtechniken niedergerungen habt!
Und dennoch ... Auch wenn dieser Körper zerfallen mag ...
... bevor nicht sämtliches Dasein erlischt, bleibt die Macht der Finsternis ungebrochen!
Die Honitschbrötschen von Yume ...
... waren immer scho locker-flufftitsch ...

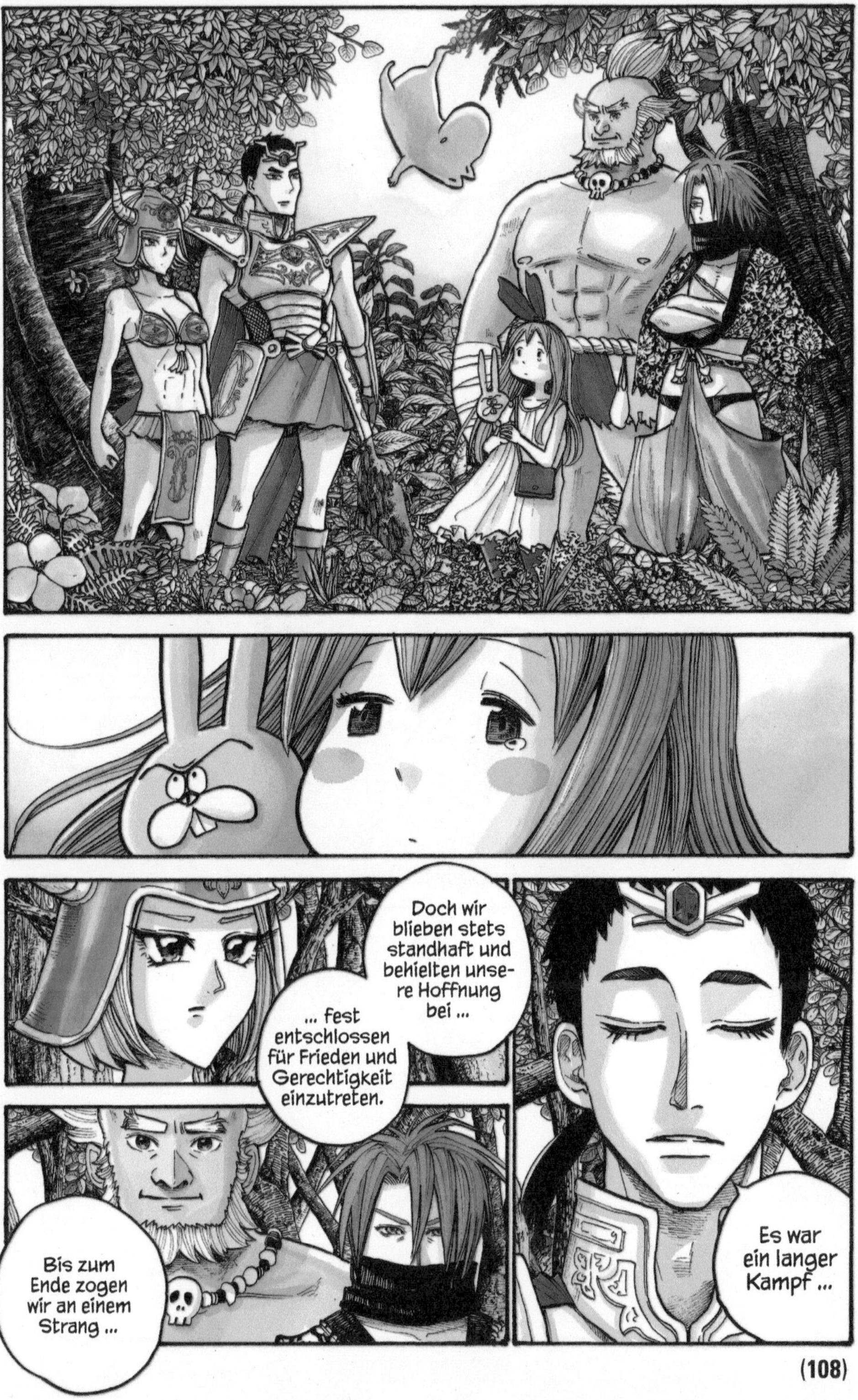
Es war ein langer Kampf ...
Doch wir blieben stets standhaft und behielten unsere Hoffnung bei ...
... fest entschlossen für Frieden und Gerechtigkeit einzutreten.
Bis zum Ende zogen wir an einem Strang ...

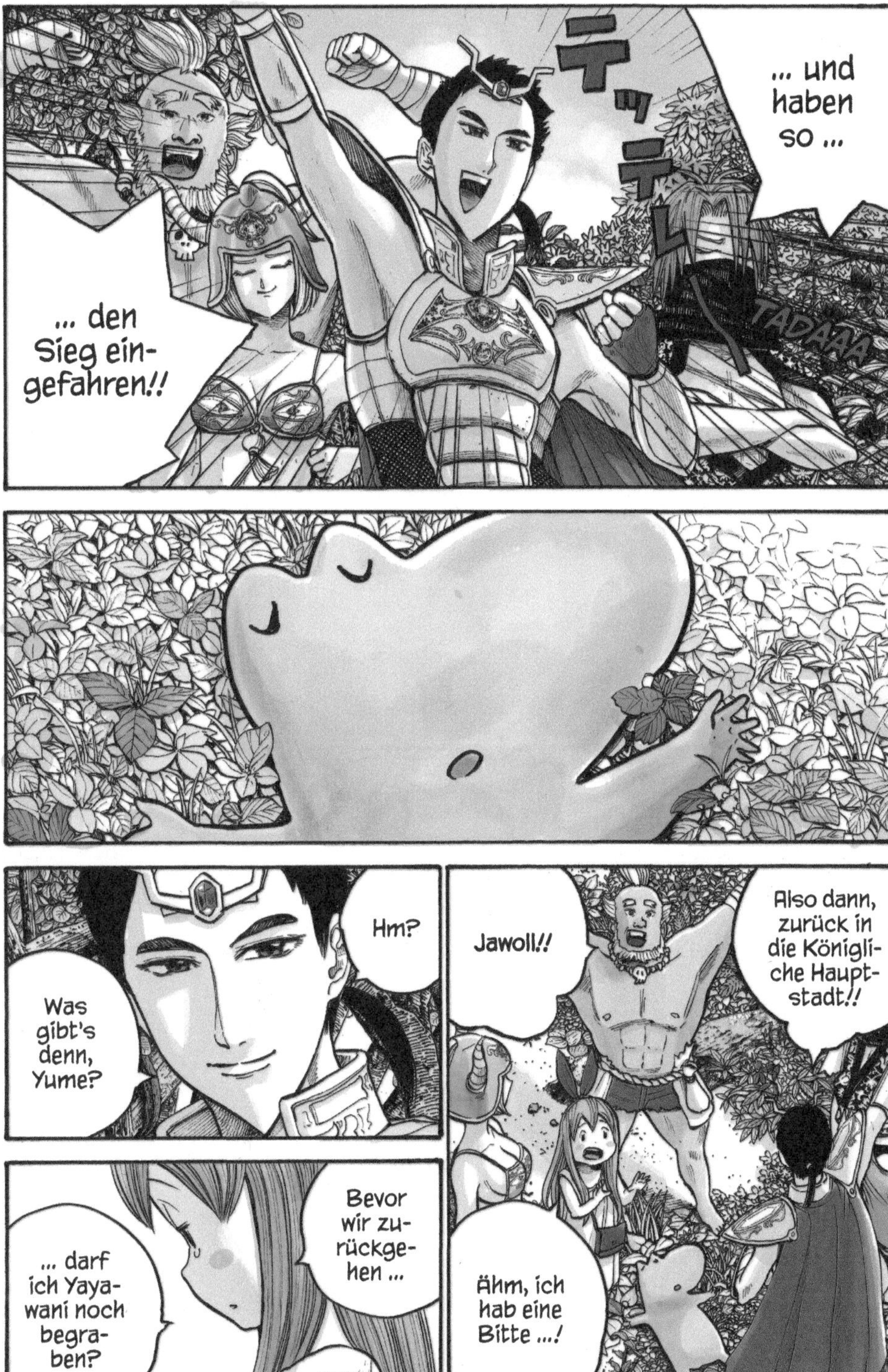
... und haben so ...
TADAAA
... den Sieg eingefahren!!
Also dann, zurück in die Königliche Hauptstadt!!
Jawoll!!
Ähm, ich hab eine Bitte ...!
Hm?
Was gibt's denn, Yume?
Bevor wir zurückgehen ...
... darf ich Yayawani noch begraben?

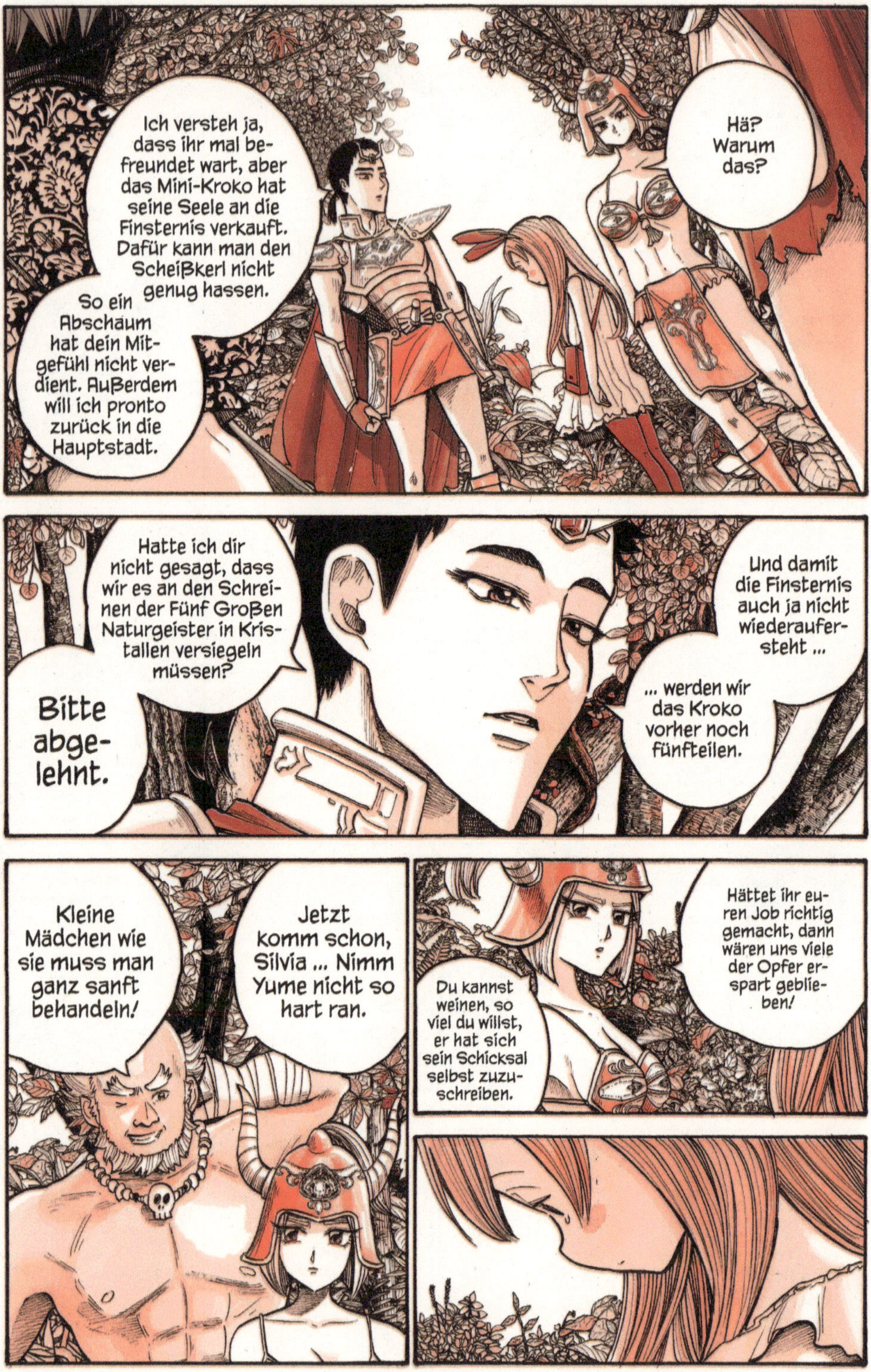
Hä? Warum das?
Ich versteh ja, dass ihr mal befreundet wart, aber das Mini-Kroko hat seine Seele an die Finsternis verkauft. Dafür kann man den Scheißkerl nicht genug hassen.
So ein Abschaum hat dein Mitgefühl nicht verdient. Außerdem will ich pronto zurück in die Hauptstadt.
Und damit die Finsternis auch ja nicht wiederaufersteht ...
... werden wir das Kroko vorher noch fünfteilen.
Hatte ich dir nicht gesagt, dass wir es an den Schreinen der Fünf Großen Naturgeister in Kristallen versiegeln müssen?
Bitte abgelehnt.
Hättet ihr euren Job richtig gemacht, dann wären uns viele der Opfer erspart geblieben!
Du kannst weinen, so viel du willst, er hat sich sein Schicksal selbst zuzuschreiben.
Jetzt komm schon, Silvia ... Nimm Yume nicht so hart ran.
Kleine Mädchen wie sie muss man ganz sanft behandeln!

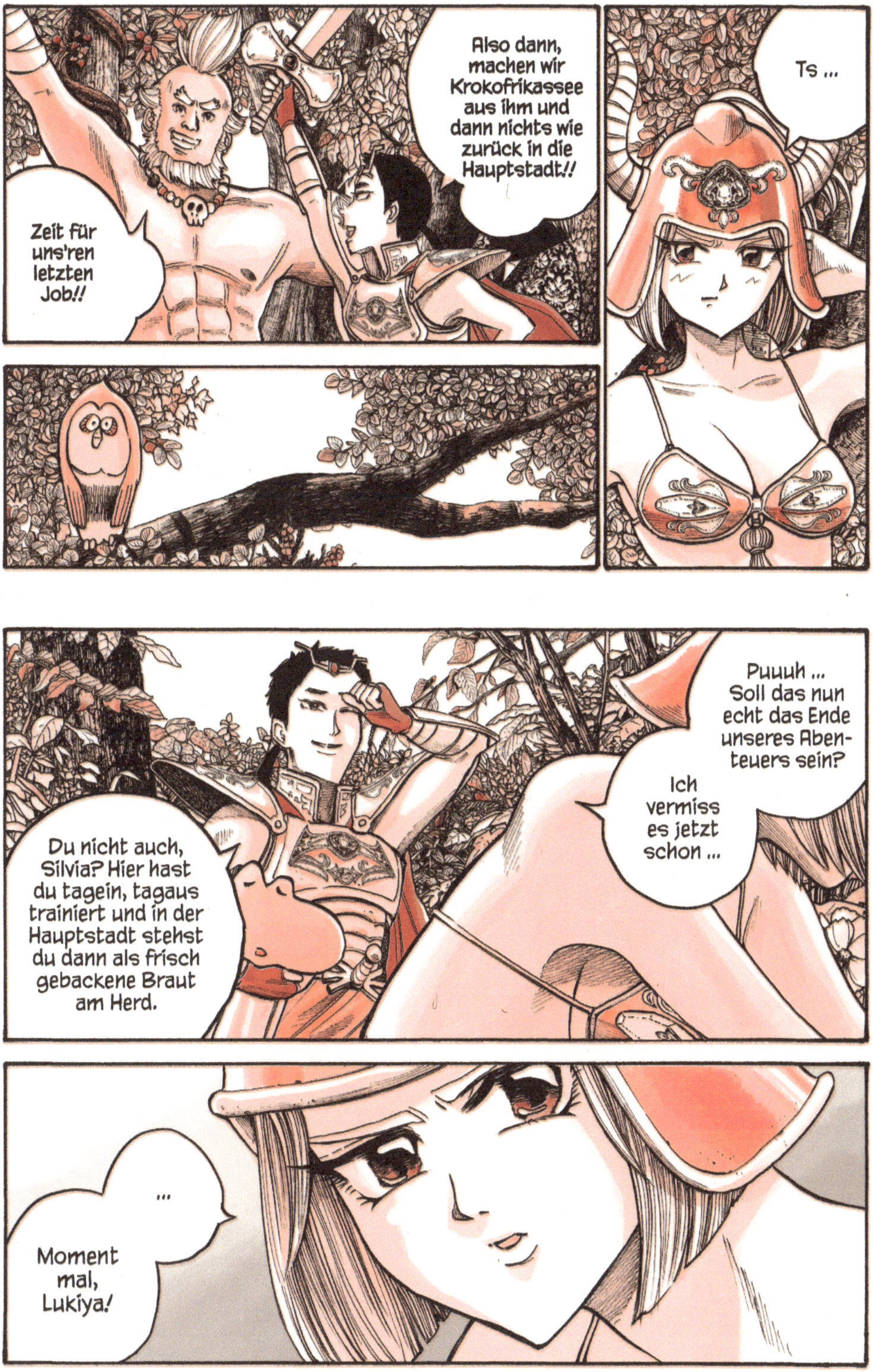
Zeit für uns'ren letzten Job!!
Also dann, machen wir Krokofrikassee aus ihm und dann nichts wie zurück in die Hauptstadt!!
Ts ...
Puuuh ... Soll das nun echt das Ende unseres Abenteuers sein?
Ich vermiss es jetzt schon ...
Du nicht auch, Silvia? Hier hast du tagein, tagaus trainiert und in der Hauptstadt stehst du dann als frisch gebackene Braut am Herd.
...
Moment mal, Lukiya!

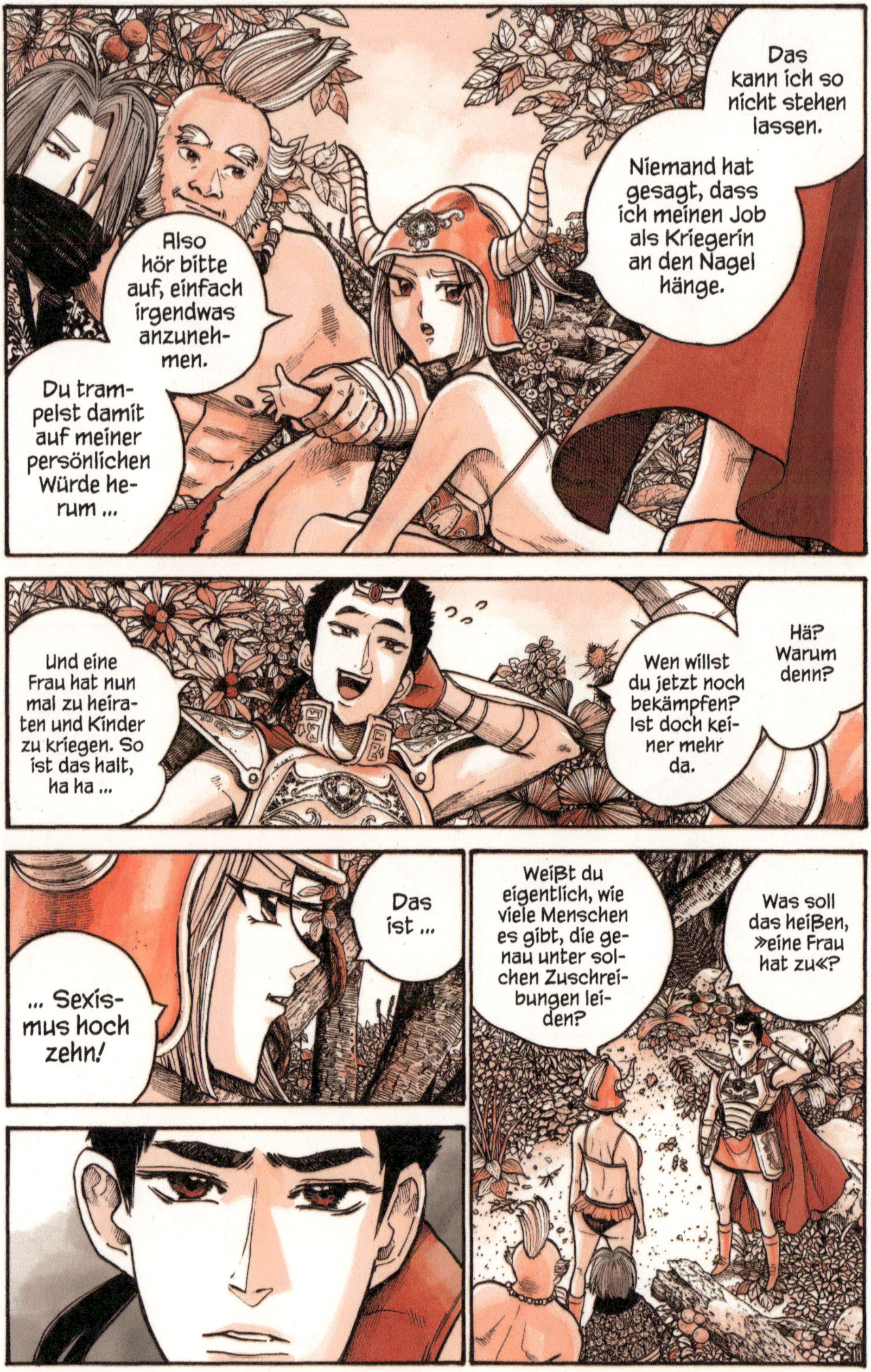
Das kann ich so nicht stehen lassen.
Niemand hat gesagt, dass ich meinen Job als Kriegerin an den Nagel hänge.
Also hör bitte auf, einfach irgendwas anzunehmen.
Du trampelst damit auf meiner persönlichen Würde herum ...
Hä? Warum denn?
Wen willst du jetzt noch bekämpfen? Ist doch keiner mehr da.
Und eine Frau hat nun mal zu heiraten und Kinder zu kriegen. So ist das halt, ha ha ...
Was soll das heißen, »eine Frau hat zu«?
Weißt du eigentlich, wie viele Menschen es gibt, die genau unter solchen Zuschreibungen leiden?
Das ist ...
... Sexismus hoch zehn!

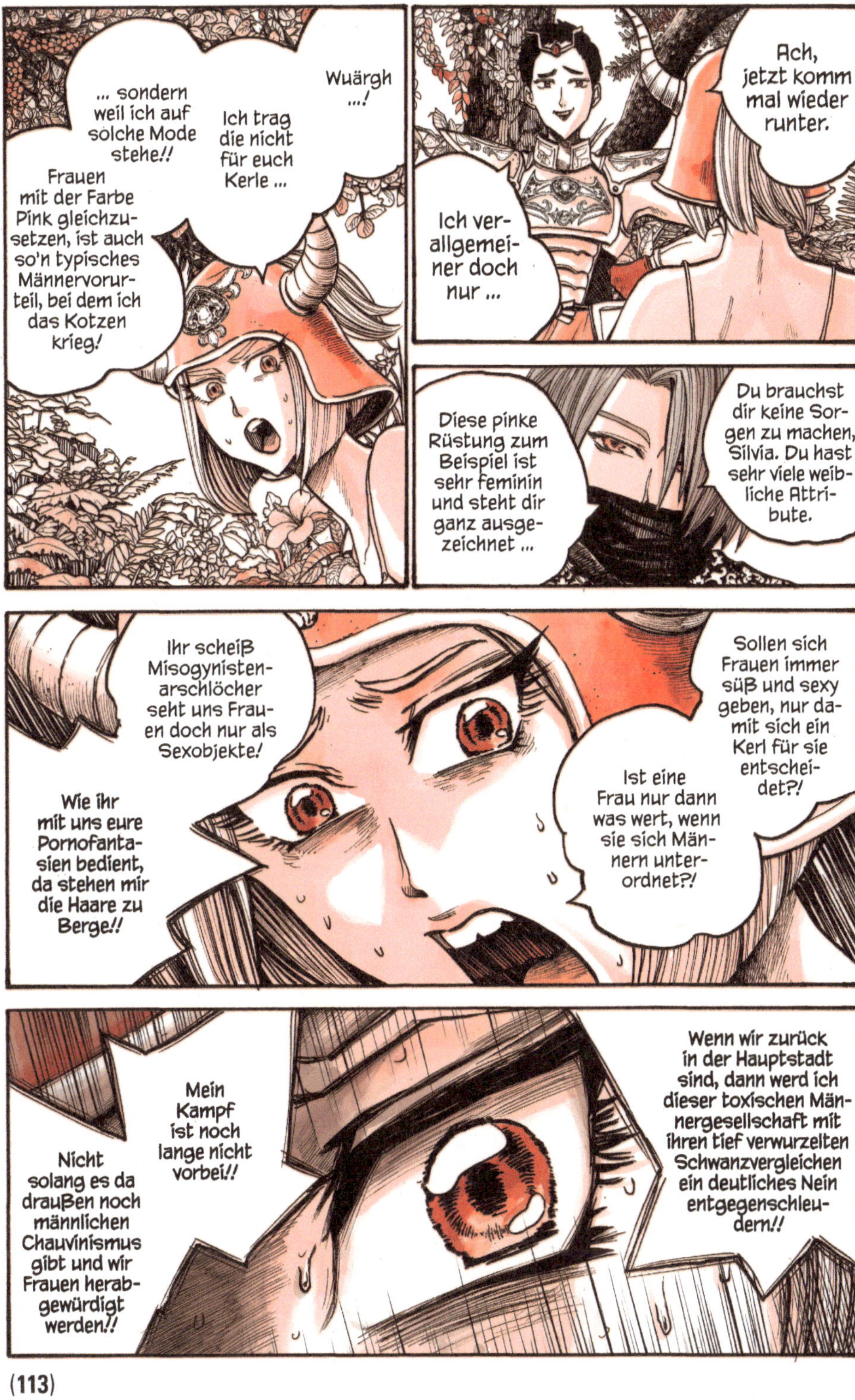
Ach, jetzt komm mal wieder runter.
Ich verallgemeiner doch nur ...
Du brauchst dir keine Sorgen zu machen, Silvia. Du hast sehr viele weibliche Attribute.
Diese pinke Rüstung zum Beispiel ist sehr feminin und steht dir ganz ausgezeichnet ...
Wuärgh ...!
Ich trag die nicht für euch Kerle ...
... sondern weil ich auf solche Mode stehe!!
Frauen mit der Farbe Pink gleichzusetzen, ist auch so'n typisches Männervorurteil, bei dem ich das Kotzen krieg!
Sollen sich Frauen immer süß und sexy geben, nur damit sich ein Kerl für sie entscheidet?!
Ist eine Frau nur dann was wert, wenn sie sich Männern unterordnet?!
Ihr scheiß Misogynistenarschlöcher seht uns Frauen doch nur als Sexobjekte!
Wie ihr mit uns eure Pornofantasien bedient, da stehen mir die Haare zu Berge!!
Wenn wir zurück in der Hauptstadt sind, dann werd ich dieser toxischen Männergesellschaft mit ihren tief verwurzelten Schwanzvergleichen ein deutliches Nein entgegenschleudern!!
Mein Kampf ist noch lange nicht vorbei!!
Nicht solang es da draußen noch männlichen Chauvinismus gibt und wir Frauen herabgewürdigt werden!!

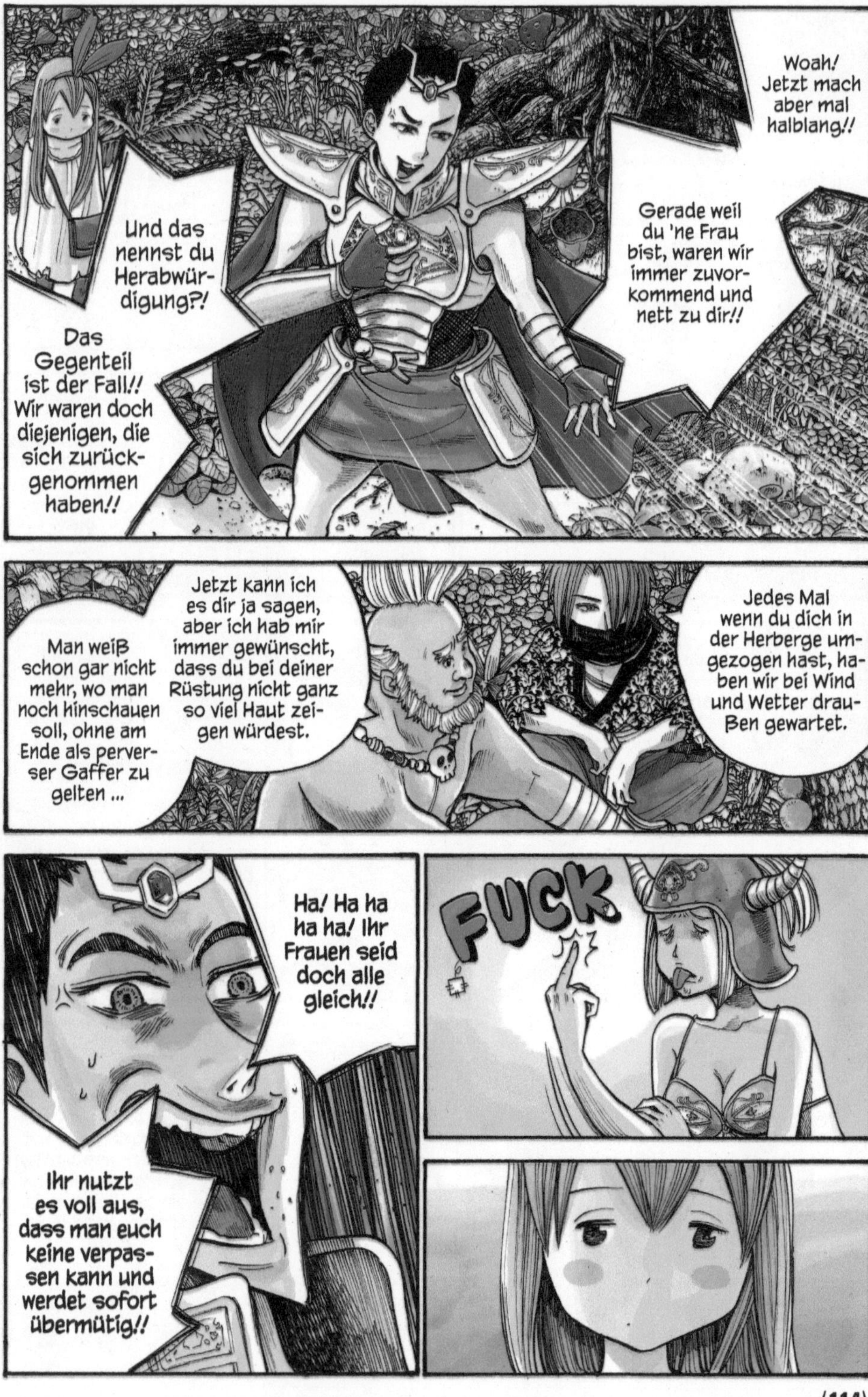
Woah! Jetzt mach aber mal halblang!!
Gerade weil du 'ne Frau bist, waren wir immer zuvorkommend und nett zu dir!!
Und das nennst du Herabwürdigung?!
Das Gegenteil ist der Fall!! Wir waren doch diejenigen, die sich zurückgenommen haben!!
Jedes Mal wenn du dich in der Herberge umgezogen hast, haben wir bei Wind und Wetter draußen gewartet.
Jetzt kann ich es dir ja sagen, aber ich hab mir immer gewünscht, dass du bei deiner Rüstung nicht ganz so viel Haut zeigen würdest.
Man weiß schon gar nicht mehr, wo man noch hinschauen soll, ohne am Ende als perverser Gaffer zu gelten ...
Ha! Ha ha ha ha! Ihr Frauen seid doch alle gleich!!
Ihr nutzt es voll aus, dass man euch keine verpassen kann und werdet sofort übermütig!!
FUCK

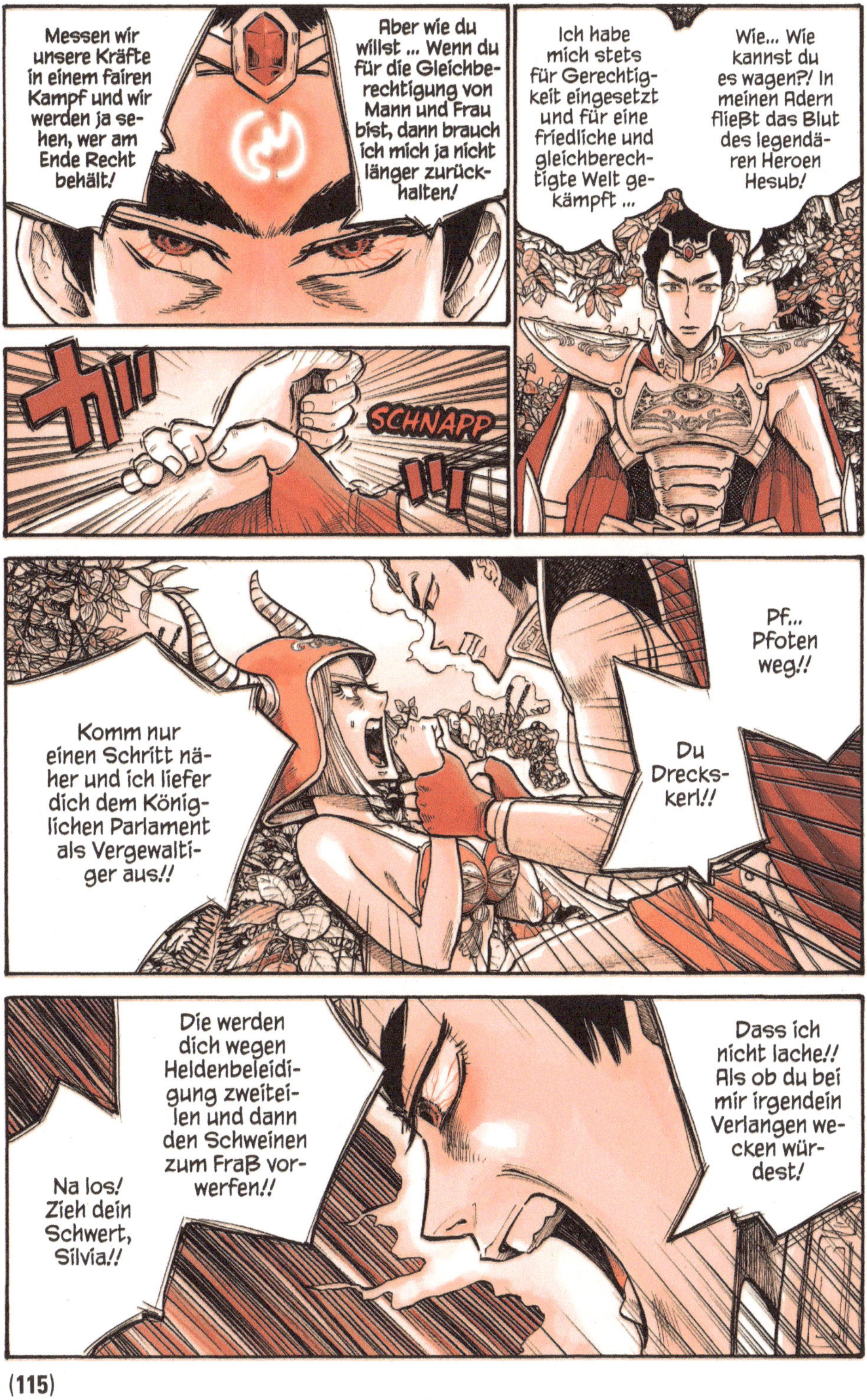
Aber wie du willst ... Wenn du für die Gleichberechtigung von Mann und Frau bist, dann brauch ich mich ja nicht länger zurückhalten!
Messen wir unsere Kräfte in einem fairen Kampf und wir werden ja sehen, wer am Ende Recht behält!
Wie... Wie kannst du es wagen?! In meinen Adern fließt das Blut des legendären Heroen Hesub!
Ich habe mich stets für Gerechtigkeit eingesetzt und für eine friedliche und gleichberechtigte Welt gekämpft ...
SCHNAPP
Pf... Pfoten weg!!
Du Dreckskerl!!
Komm nur einen Schritt näher und ich liefer dich dem Königlichen Parlament als Vergewaltiger aus!!
Dass ich nicht lache!! Als ob du bei mir irgendein Verlangen wecken würdest!
Die werden dich wegen Heldenbeleidigung zweiteilen und dann den Schweinen zum Fraß vorwerfen!!
Na los! Zieh dein Schwert, Silvia!!

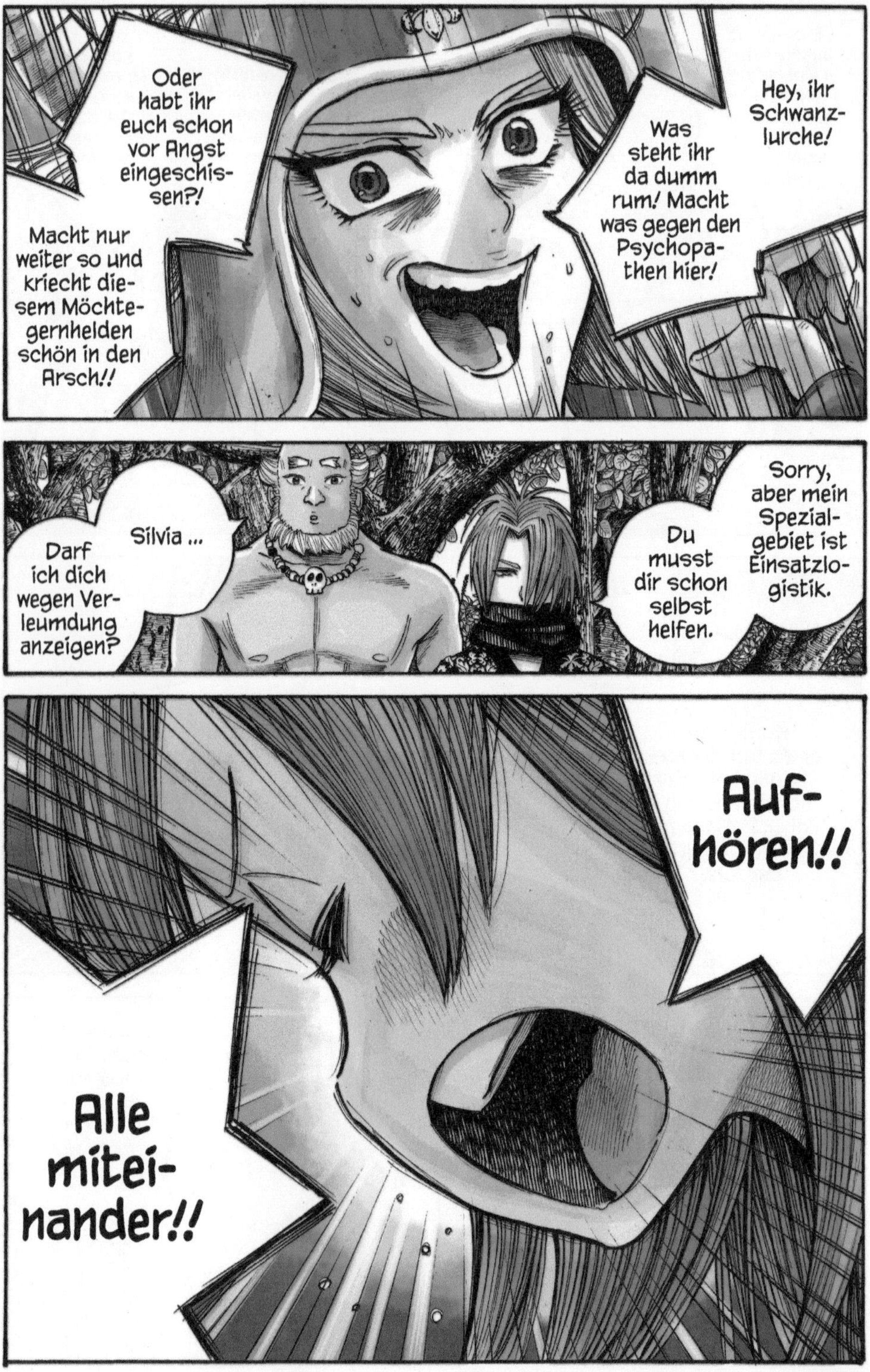
Hey, ihr Schwanzlurche!
Was steht ihr da dumm rum! Macht was gegen den Psychopathen hier!
Oder habt ihr euch schon vor Angst eingeschissen?!
Macht nur weiter so und kriecht diesem Möchtegernhelden schön in den Arsch!!
Sorry, aber mein Spezialgebiet ist Einsatzlogistik.
Du musst dir schon selbst helfen.
Silvia ...
Darf ich dich wegen Verleumdung anzeigen?
Aufhören!!
Alle miteinander!!

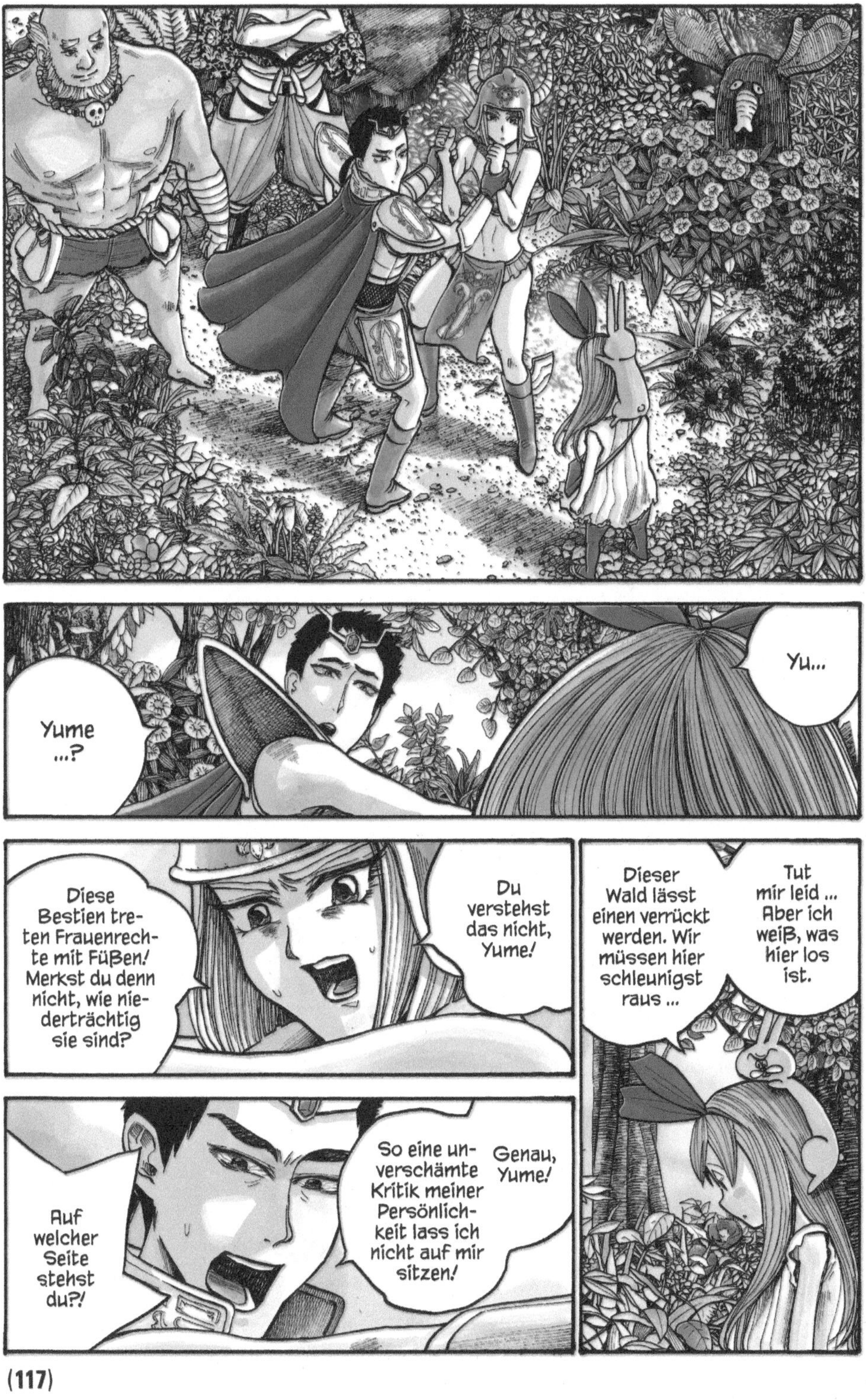

Yume ...?
Yu...
Diese Bestien treten Frauenrechte mit Füßen! Merkst du denn nicht, wie niederträchtig sie sind?
Du verstehst das nicht, Yume!
Tut mir leid ... Aber ich weiß, was hier los ist.
Dieser Wald lässt einen verrückt werden. Wir müssen hier schleunigst raus ...
Auf welcher Seite stehst du?!
So eine unverschämte Kritik meiner Persönlichkeit lass ich nicht auf mir sitzen!
Genau, Yume!

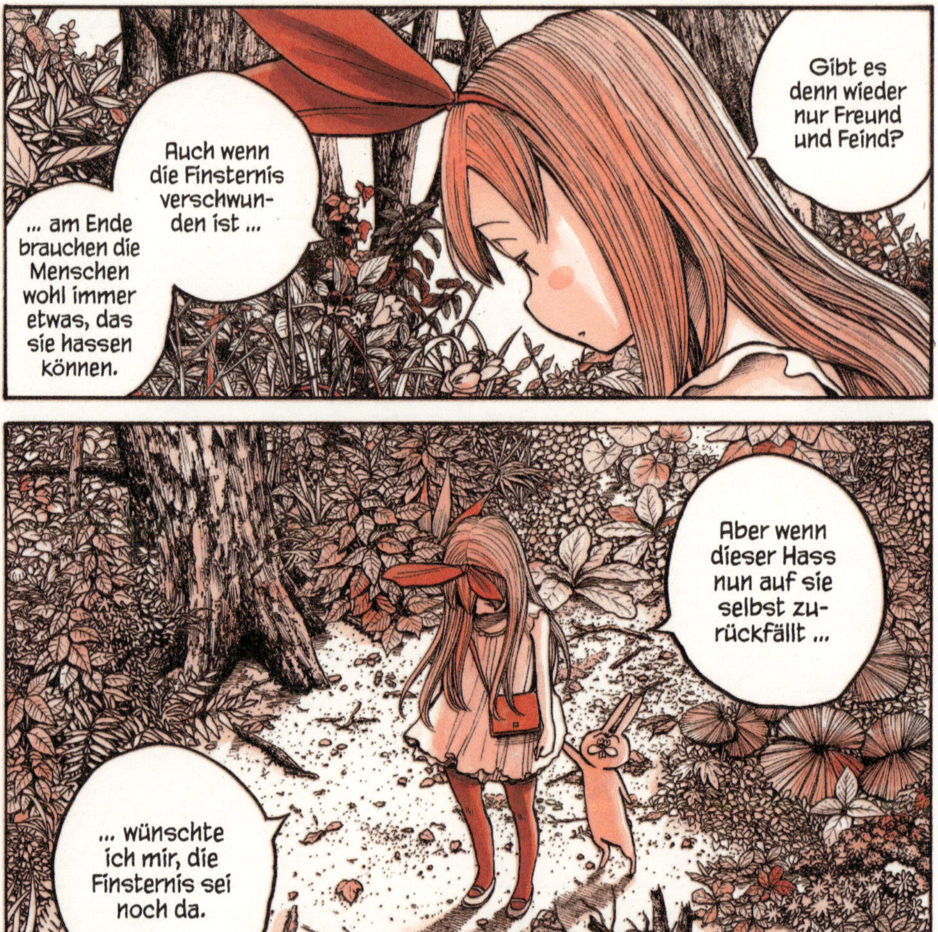
Gibt es denn wieder nur Freund und Feind?
Auch wenn die Finsternis verschwunden ist ...
... am Ende brauchen die Menschen wohl immer etwas, das sie hassen können.
Aber wenn dieser Hass nun auf sie selbst zurückfällt ...
... wünschte ich mir, die Finsternis sei noch da.
H... Hey ...
Yume verhält sich plötzlich ganz komisch ...
Yume ...
Du hast zu viel von dem Miasma abbekommen.
Wir müssen dich schnell zu einem Arzt in der Hauptstadt bringen!

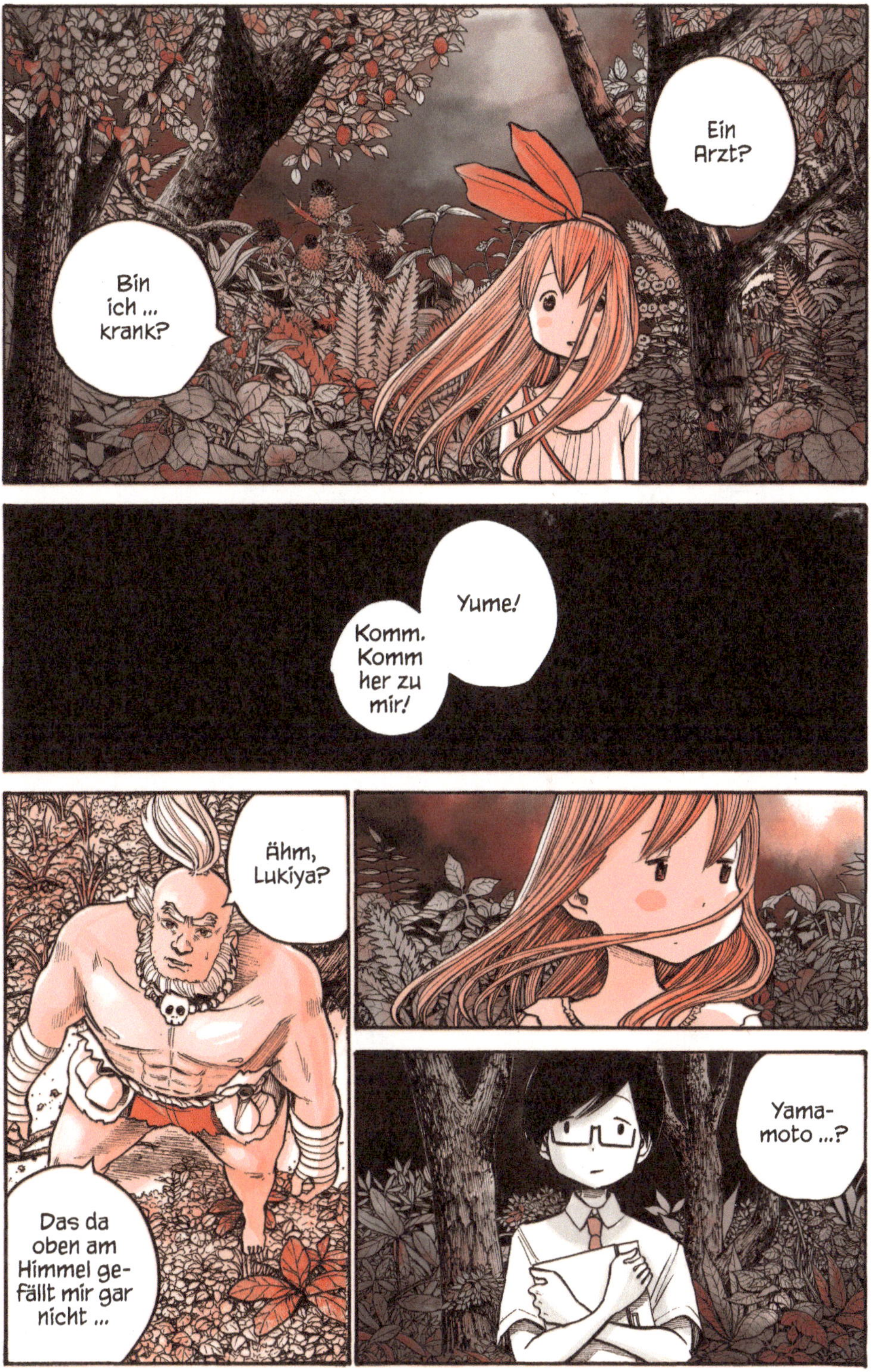
Ein Arzt?
Bin ich ... krank?
Yume!
Komm. Komm her zu mir!
Yama-moto ...?
Ähm, Lukiya?
Das da oben am Himmel gefällt mir gar nicht ...

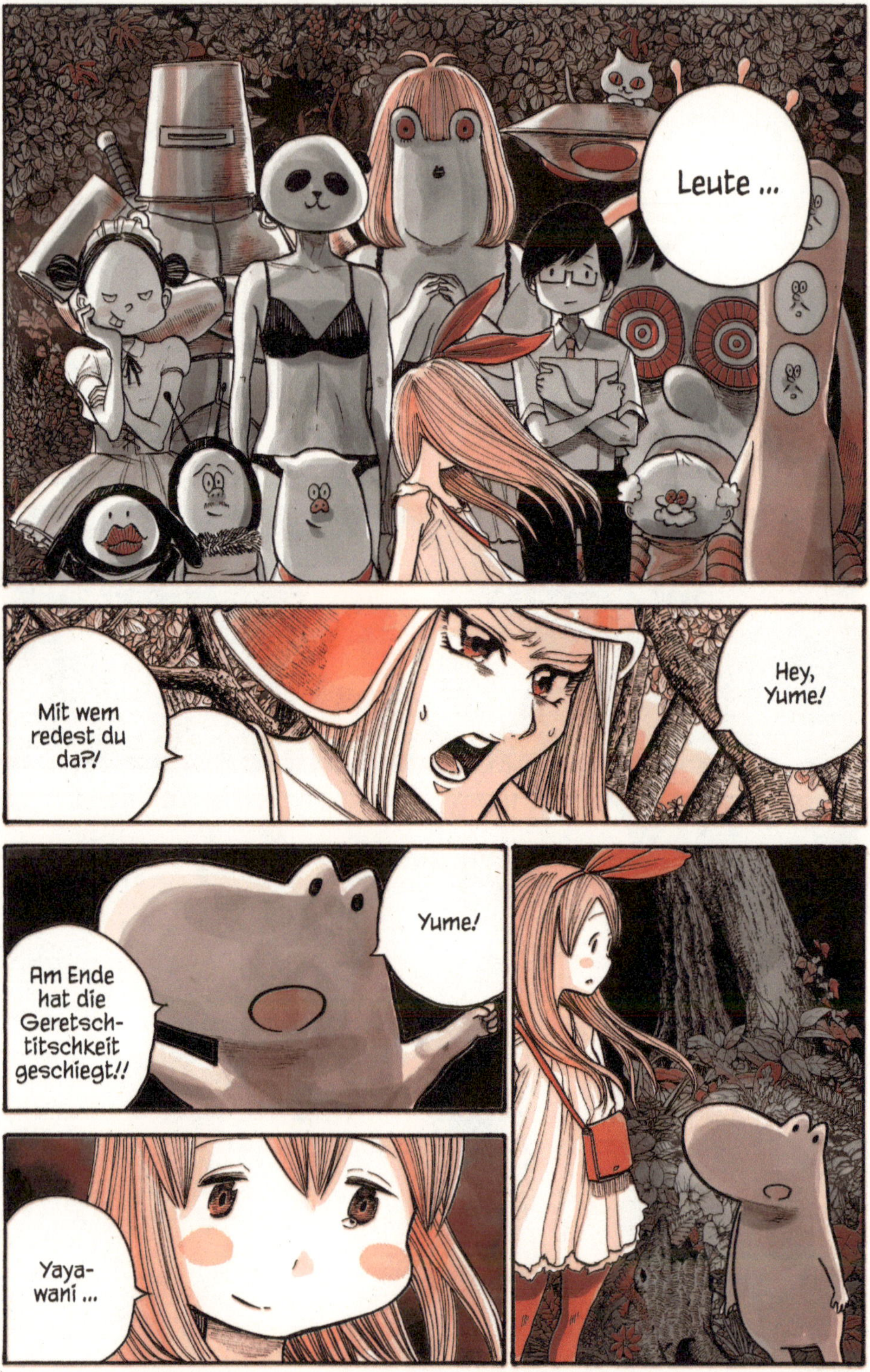

Leute ...
Hey, Yume!
Mit wem redest du da?!
Yume!
Am Ende hat die Geretsch-titschkeit geschiegt!!
Yaya-wani ...

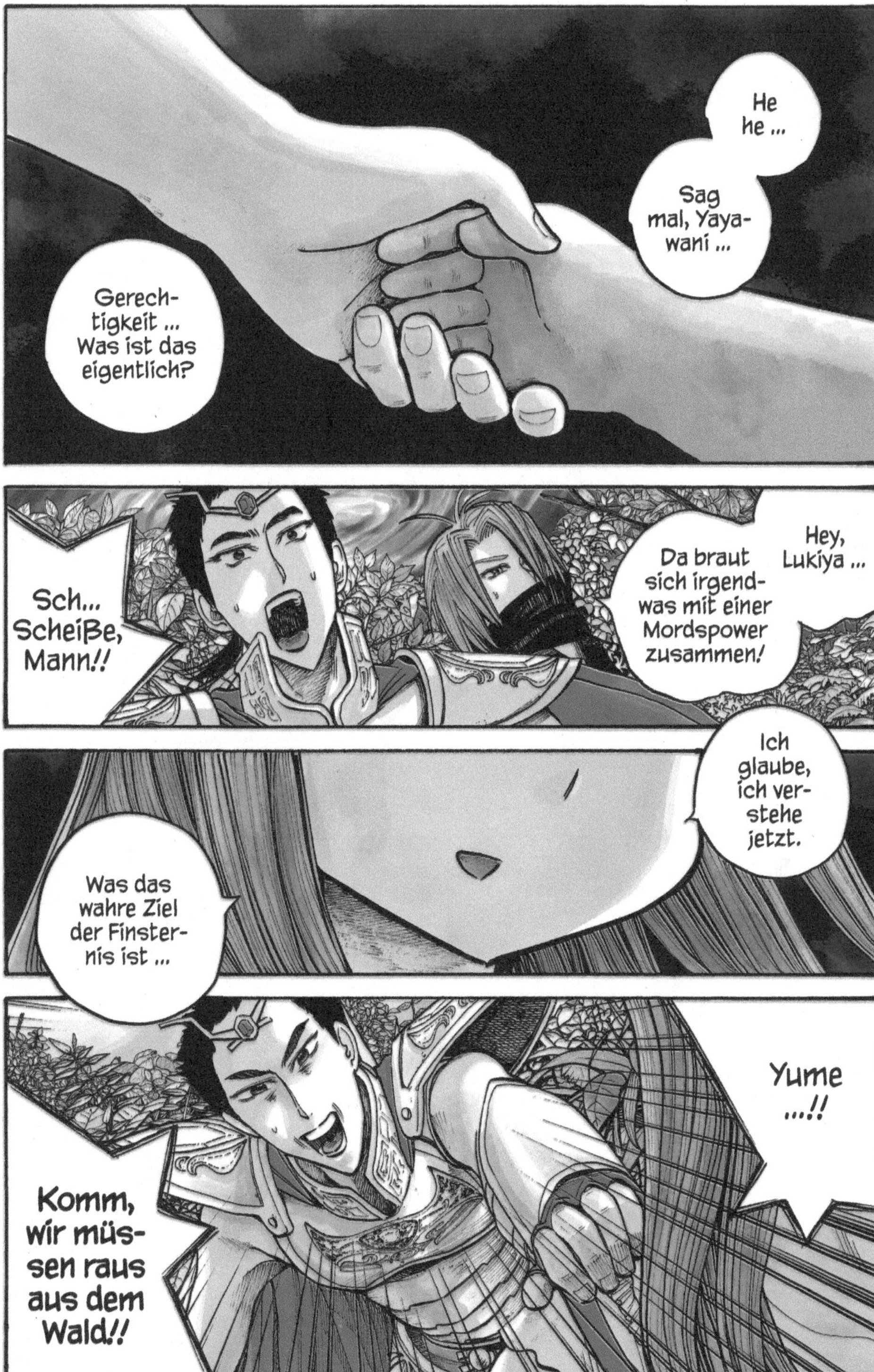
He he ...
Sag mal, Yayawani ...
Gerechtigkeit ... Was ist das eigentlich?
Hey, Lukiya ...
Da braut sich irgendwas mit einer Mordspower zusammen!
Sch... Scheiße, Mann!!
Ich glaube, ich verstehe jetzt.
Was das wahre Ziel der Finsternis ist ...
Yume ...!!
Komm, wir müssen raus aus dem Wald!!

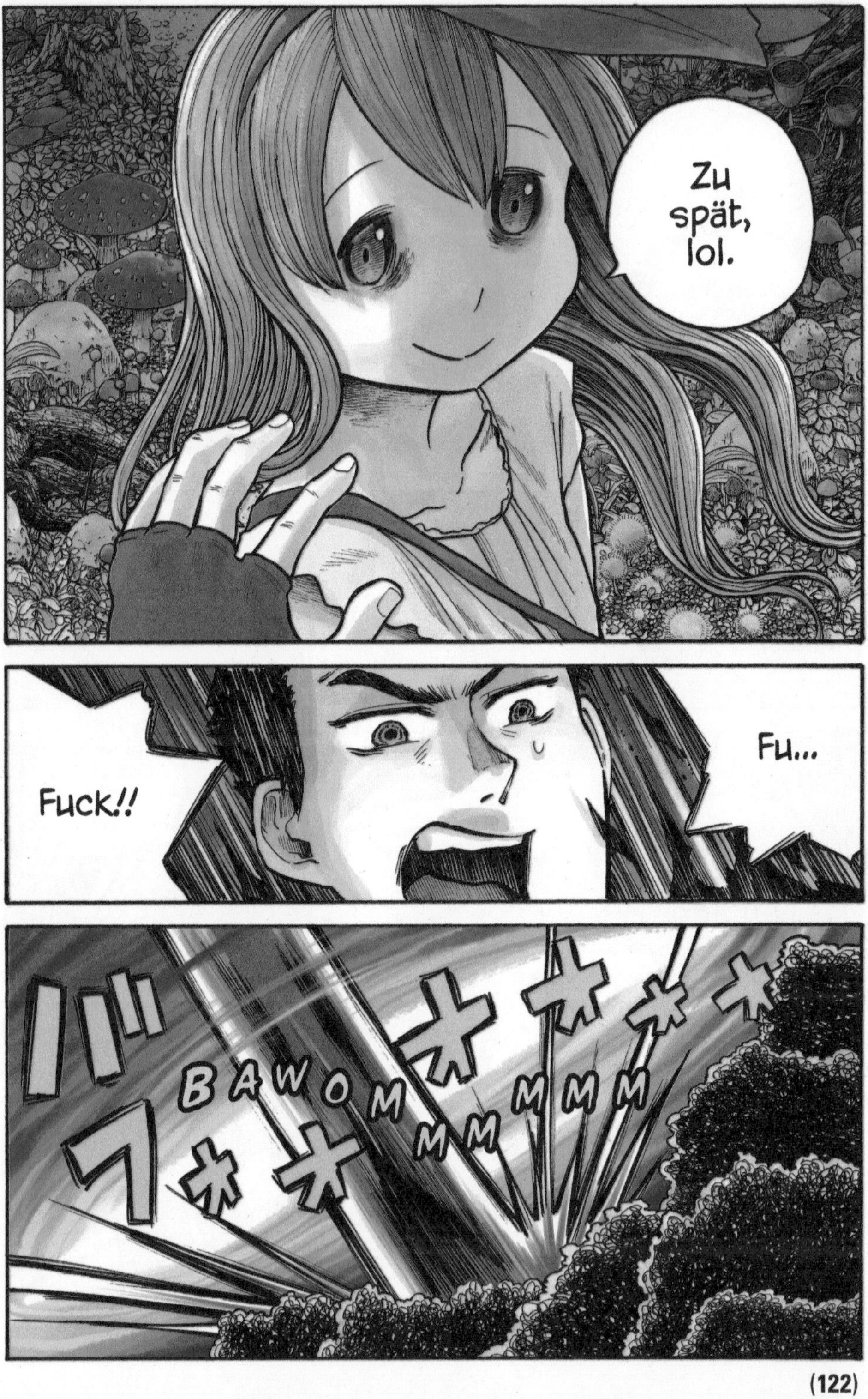
Zu spät, lol.
Fu...
Fuck!!
BAWOMMMMMM

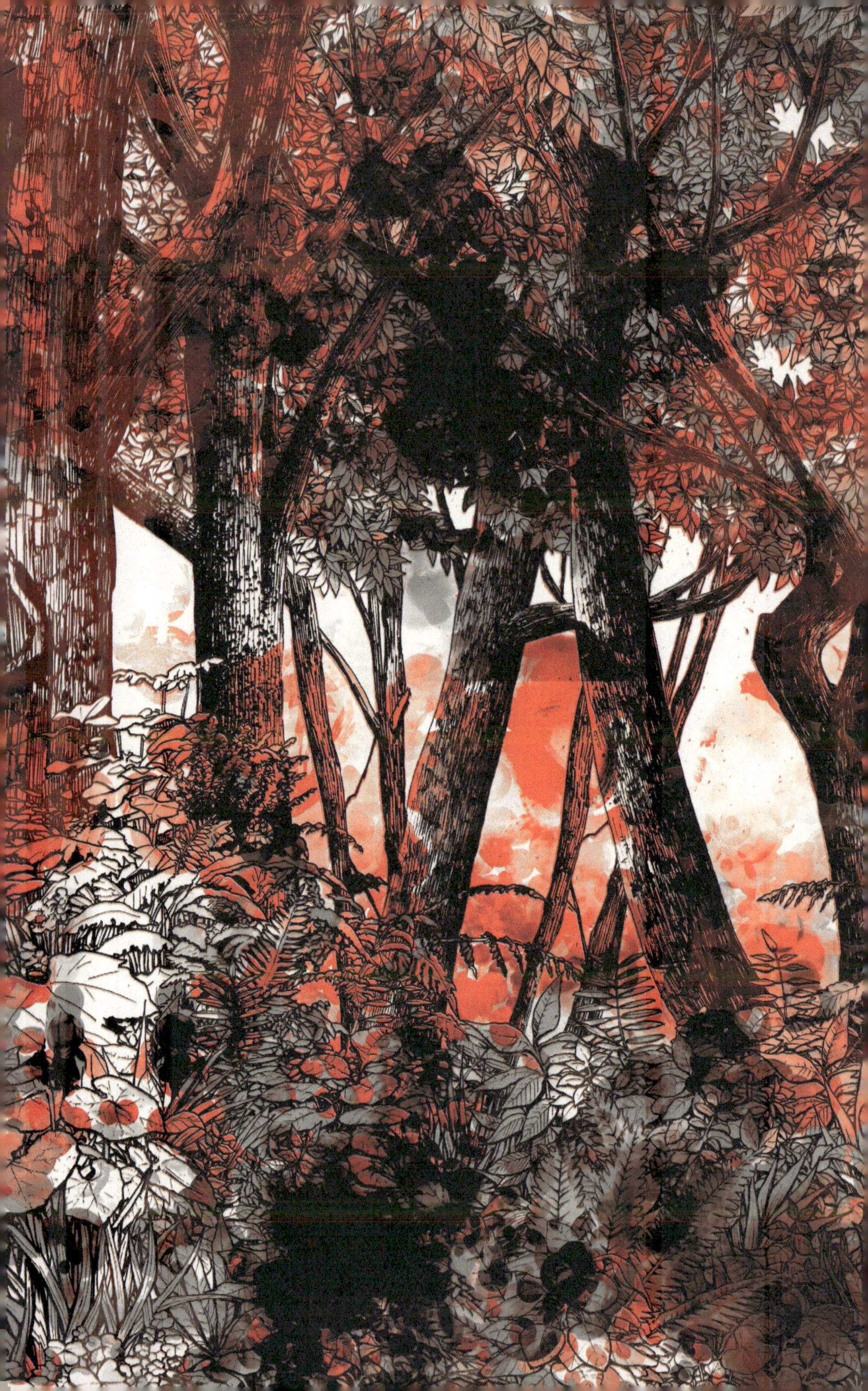

Kapitel 7

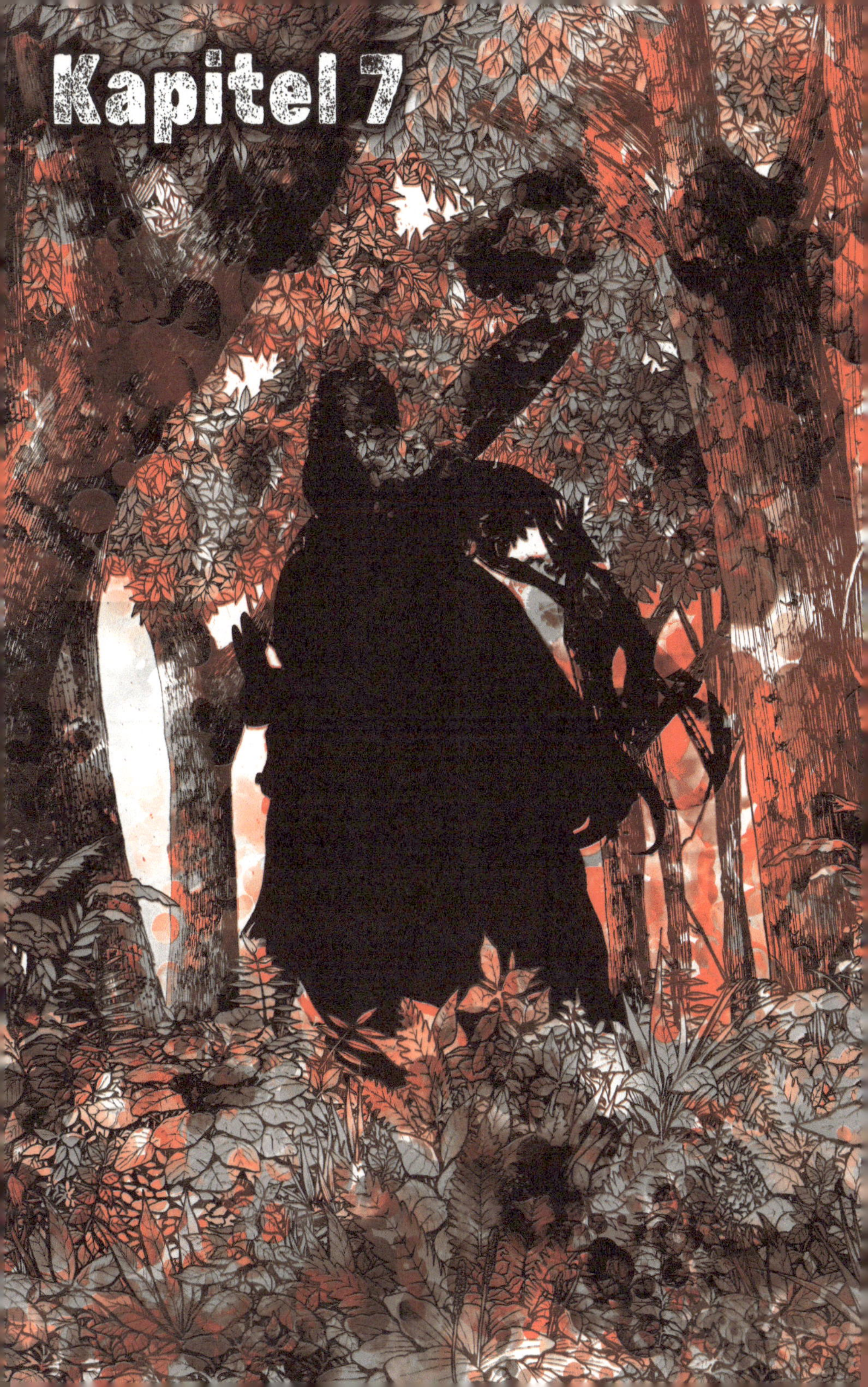

»An allem ist die Finsternis schuld. An der Konjunkturflaute, den Morden, den Sexualverbrechen, den Krankheiten, den Ladendiebstählen und dem achtlosen Wegwerfen von Müll. An allem, allem, allem ist die Finsternis schuld!«

Aus den Sitzungsprotokollen des Ältestenrats

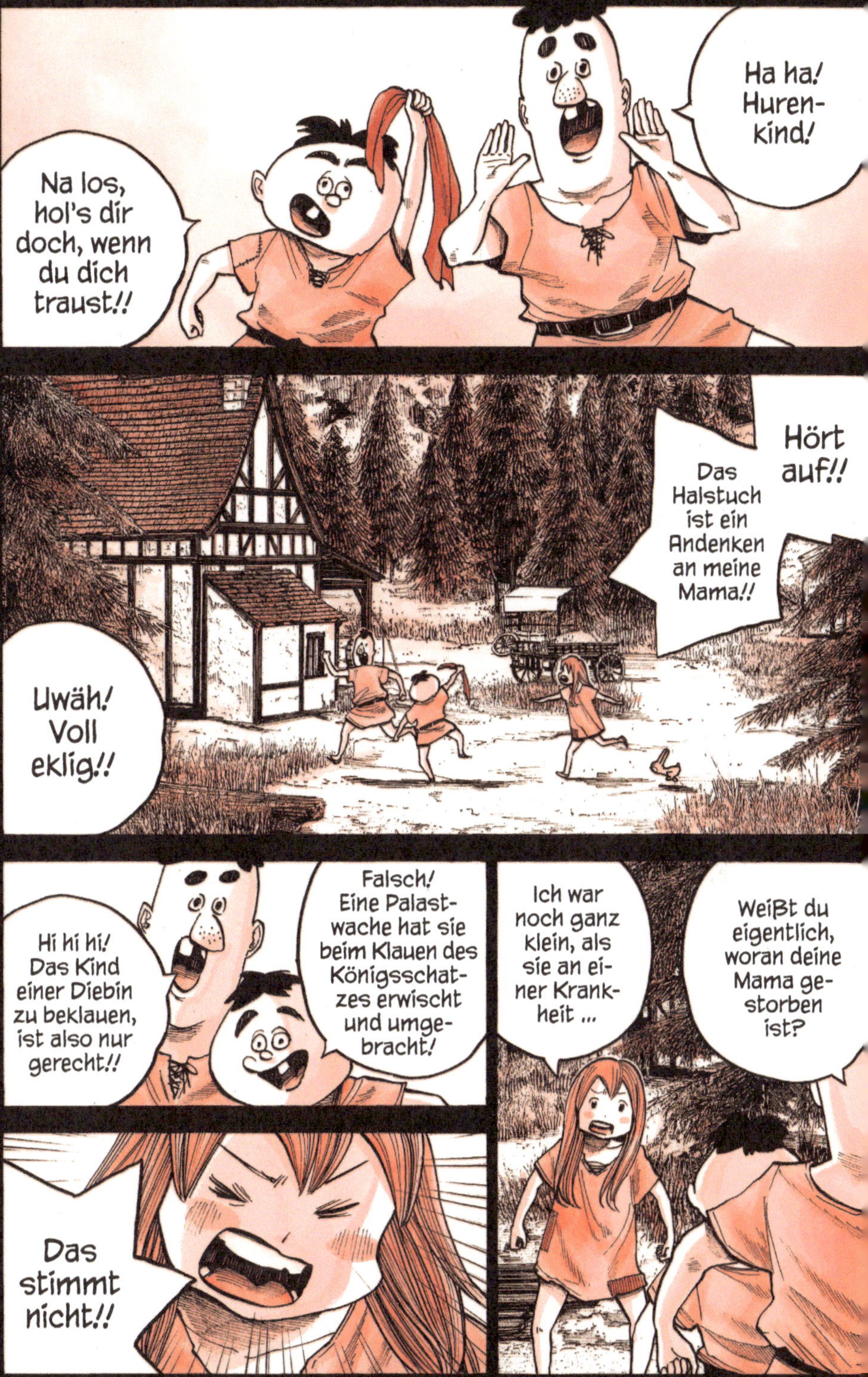
Ha ha! Huren-kind!
Na los, hol's dir doch, wenn du dich traust!!
Hört auf!!
Das Halstuch ist ein Andenken an meine Mama!!
Uwäh! Voll eklig!!
Weißt du eigentlich, woran deine Mama ge-storben ist?
Ich war noch ganz klein, als sie an ei-ner Krank-heit ...
Falsch! Eine Palast-wache hat sie beim Klauen des Königsschat-zes erwischt und umge-bracht!
Hi hi hi! Das Kind einer Diebin zu beklauen, ist also nur gerecht!!
Das stimmt nicht!!

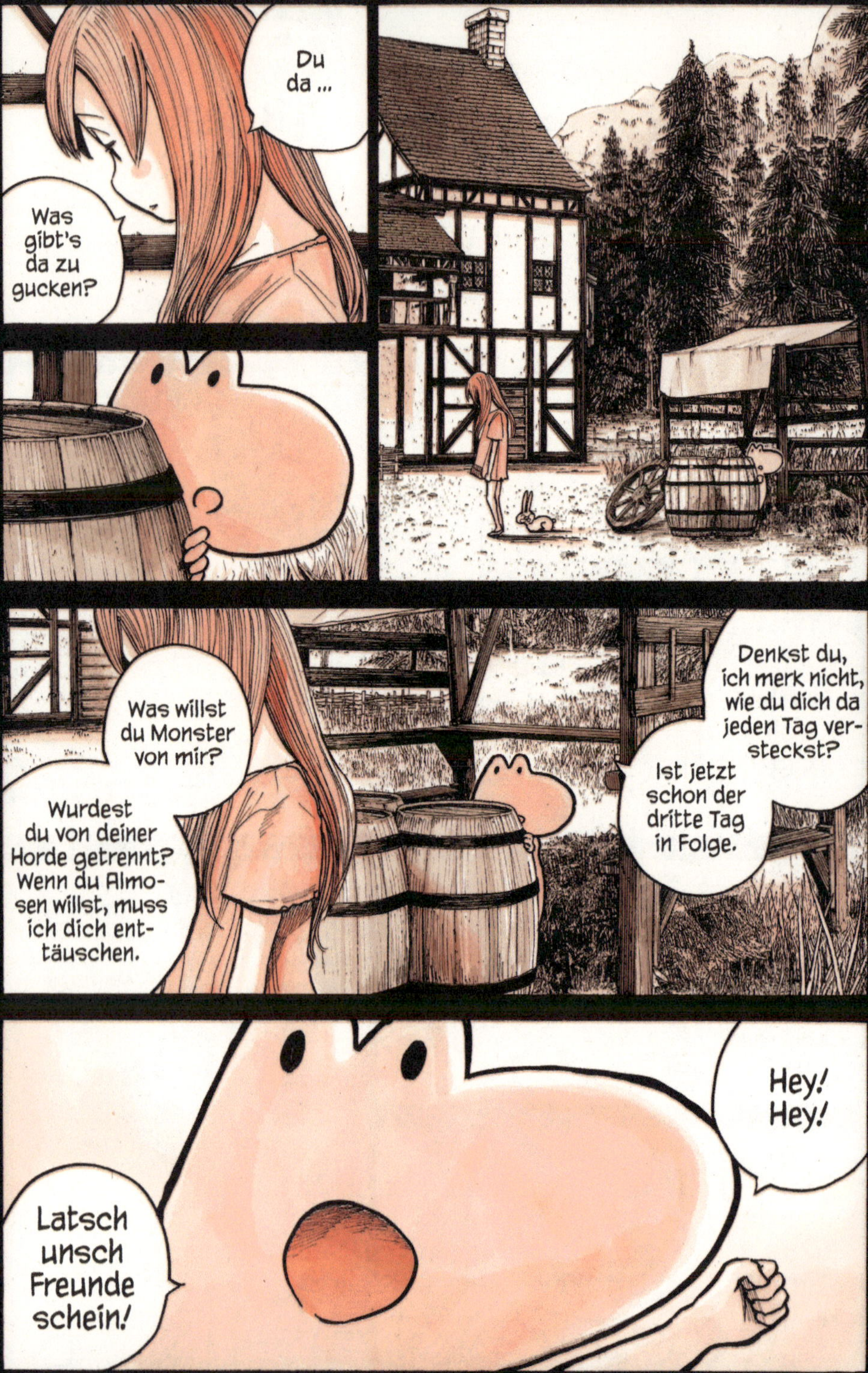
Du da ...
Was gibt's da zu gucken?
Was willst du Monster von mir?
Wurdest du von deiner Horde getrennt? Wenn du Almosen willst, muss ich dich enttäuschen.
Denkst du, ich merk nicht, wie du dich da jeden Tag versteckst?
Ist jetzt schon der dritte Tag in Folge.
Hey! Hey!
Latsch unsch Freunde schein!

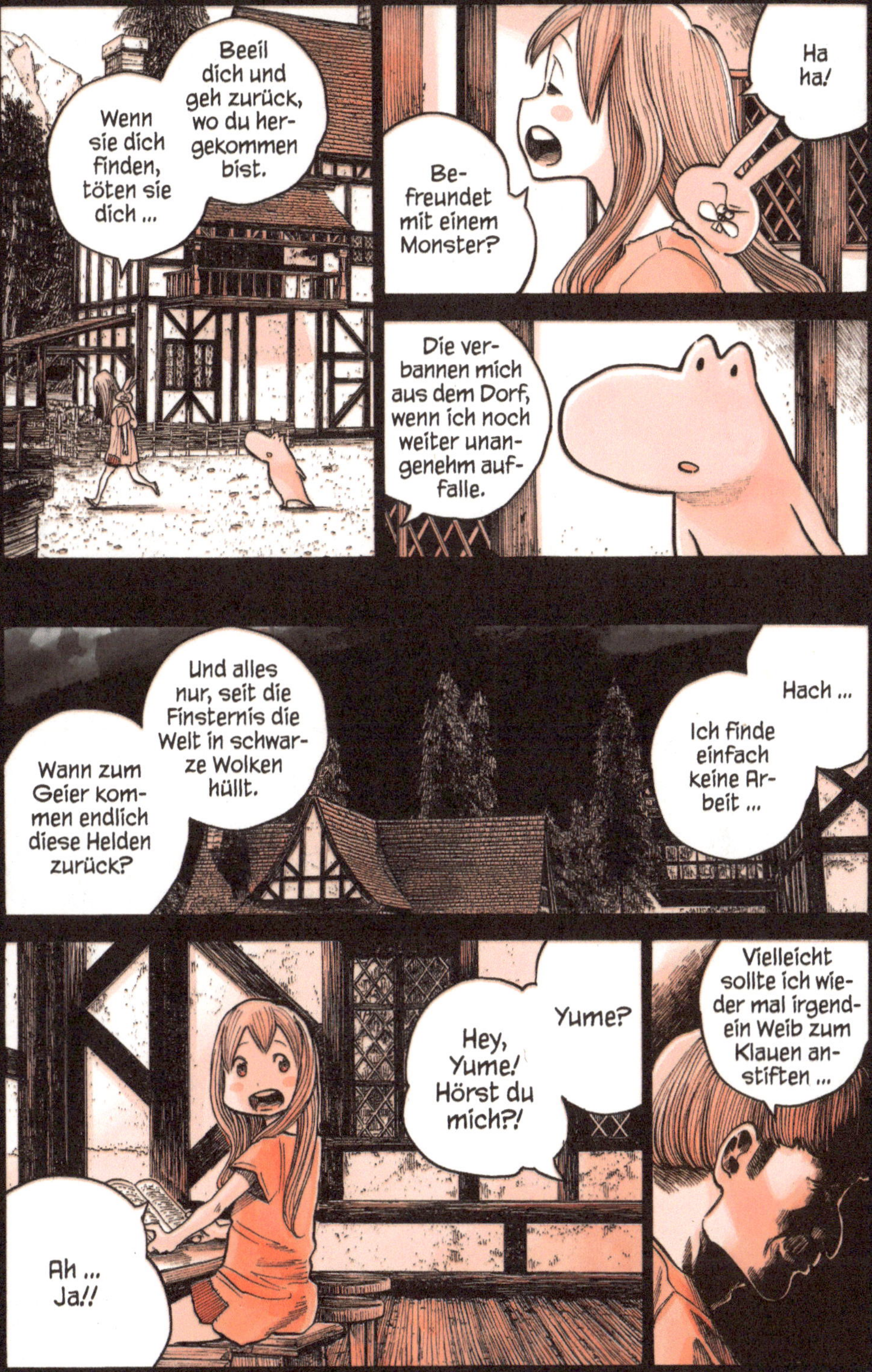

Ha ha!
Befreundet mit einem Monster?
Die verbannen mich aus dem Dorf, wenn ich noch weiter unangenehm auffalle.
Beeil dich und geh zurück, wo du hergekommen bist.
Wenn sie dich finden, töten sie dich ...
Hach ...
Ich finde einfach keine Arbeit ...
Und alles nur, seit die Finsternis die Welt in schwarze Wolken hüllt.
Wann zum Geier kommen endlich diese Helden zurück?
Vielleicht sollte ich wieder mal irgendein Weib zum Klauen anstiften ...
Yume?
Hey, Yume! Hörst du mich?!
Ah ... Ja!!

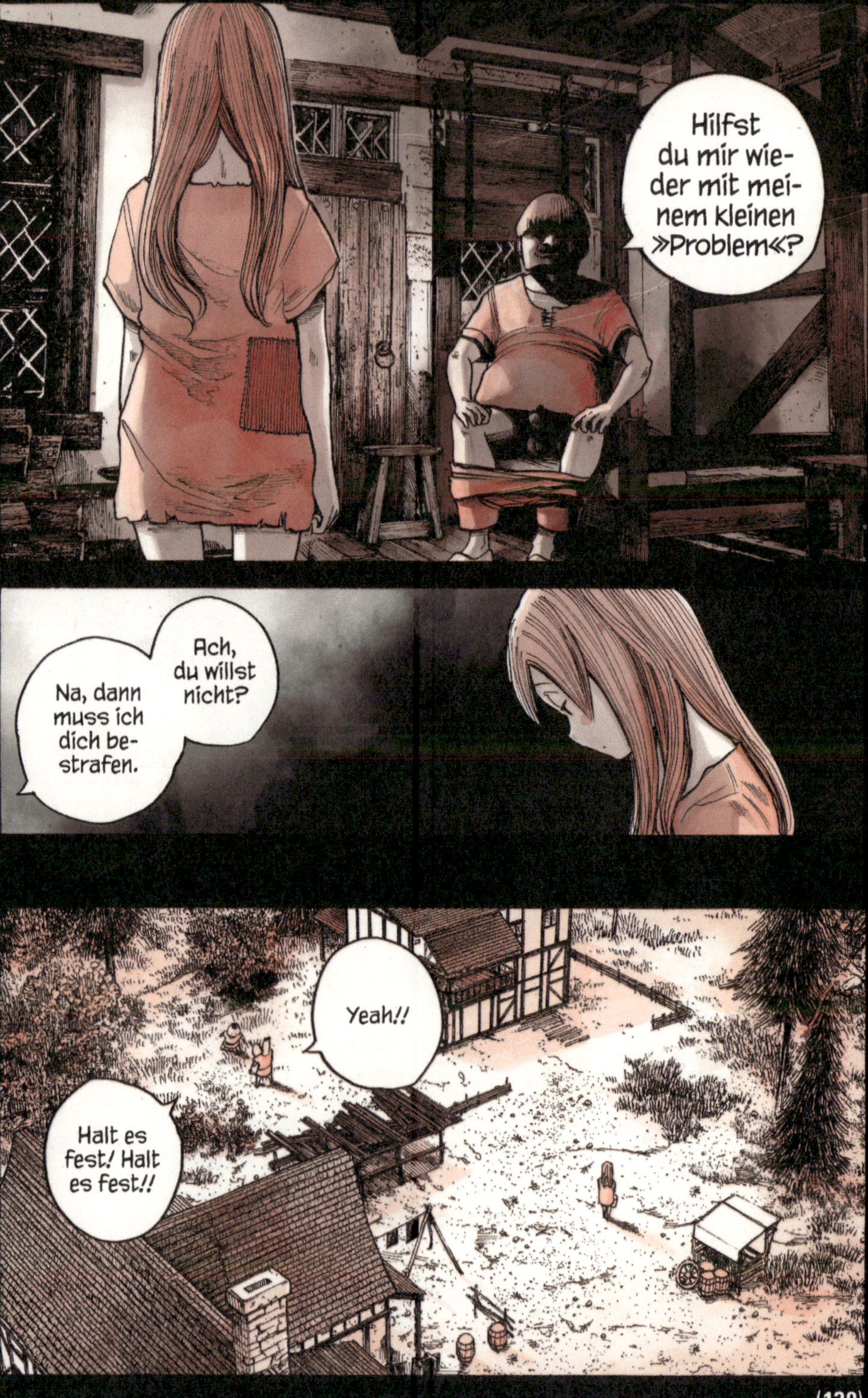
Hilfst du mir wieder mit meinem kleinen »Problem«?
Ach, du willst nicht?
Na, dann muss ich dich bestrafen.
Yeah!!
Halt es fest! Halt es fest!!

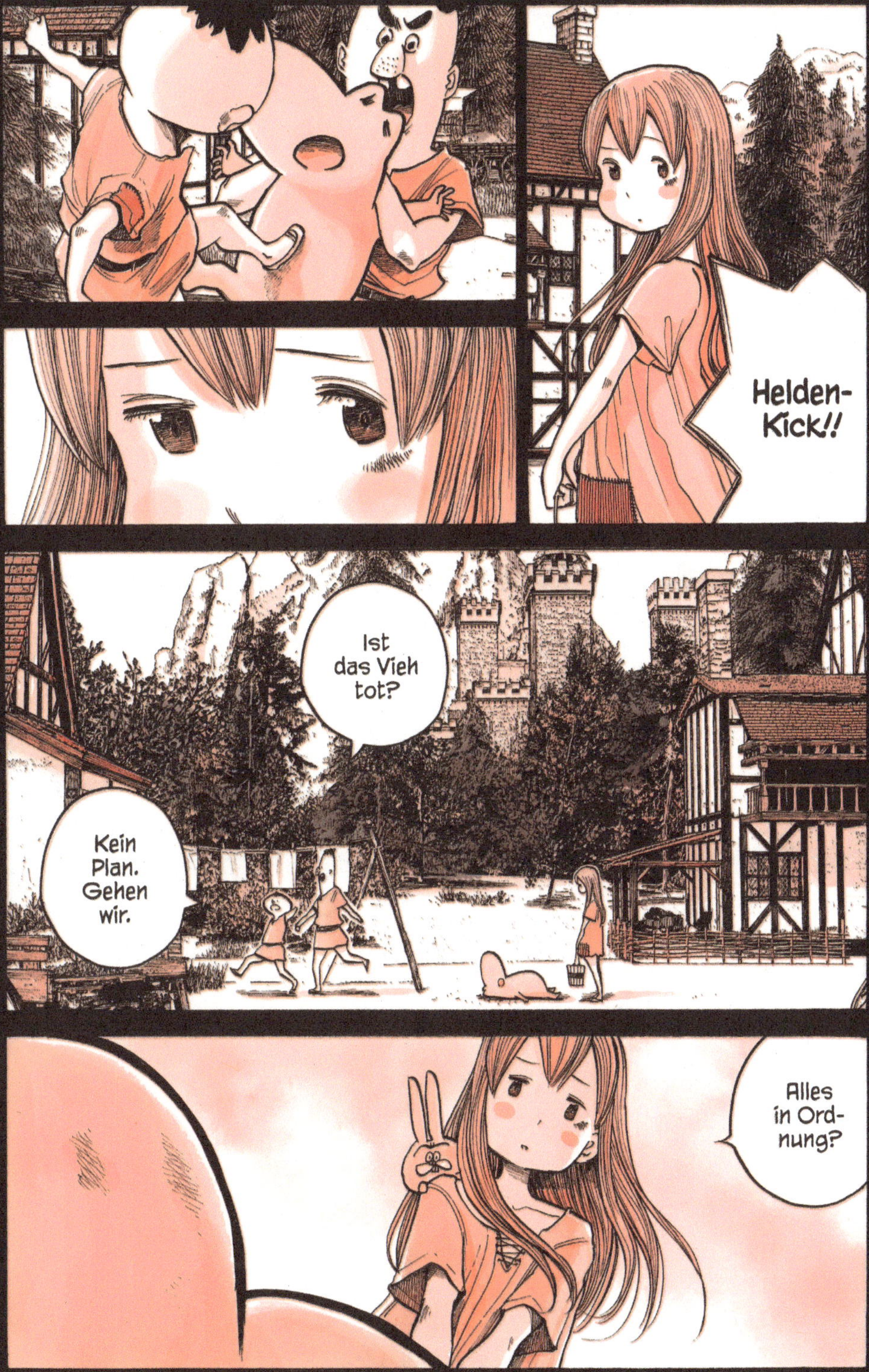
Helden-
Kick!!
Ist das Vieh tot?
Kein Plan. Gehen wir.
Alles in Ord-nung?

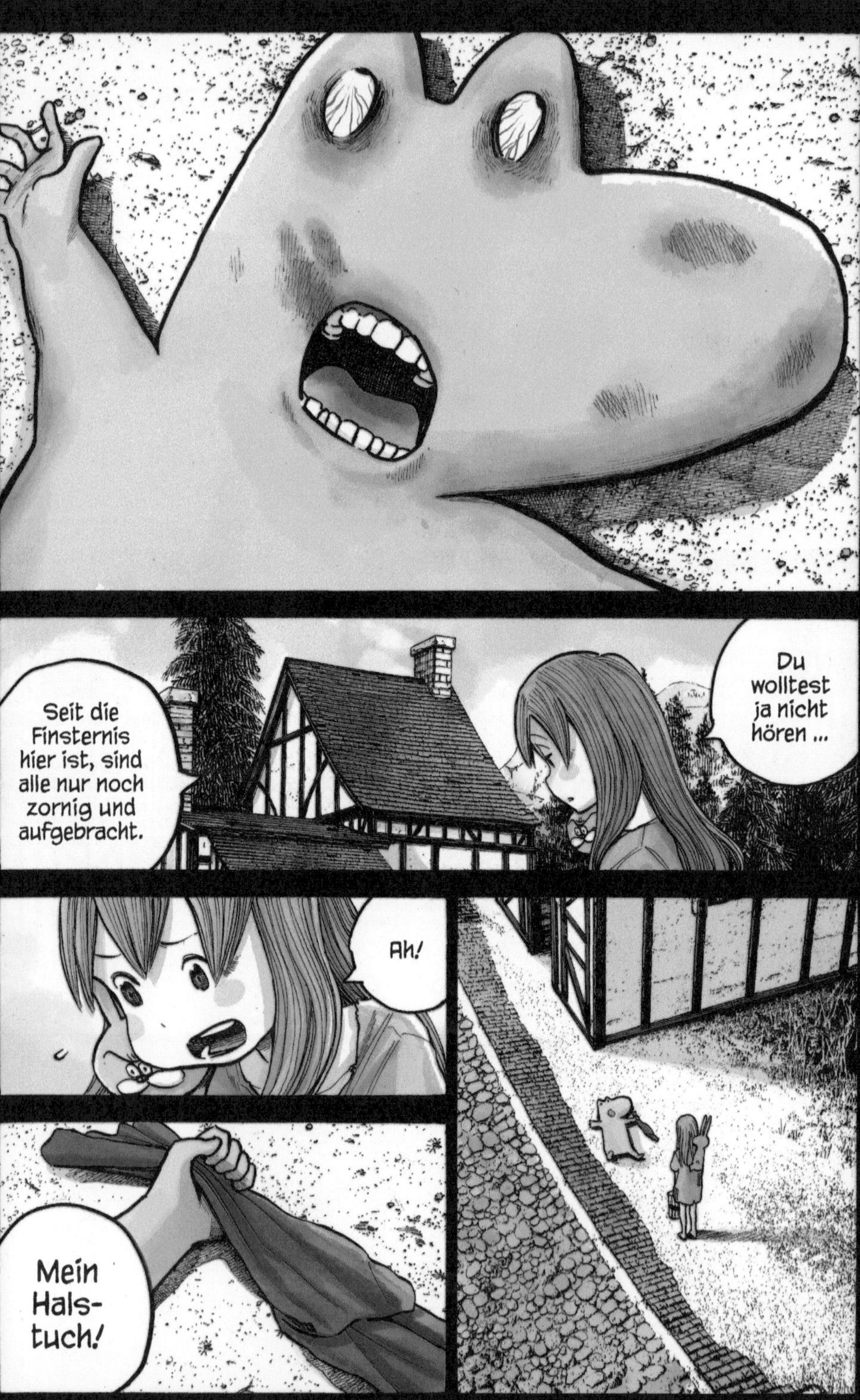
Du wolltest ja nicht hören ...
Seit die Finsternis hier ist, sind alle nur noch zornig und aufgebracht.
Ah!
Mein Hals-tuch!

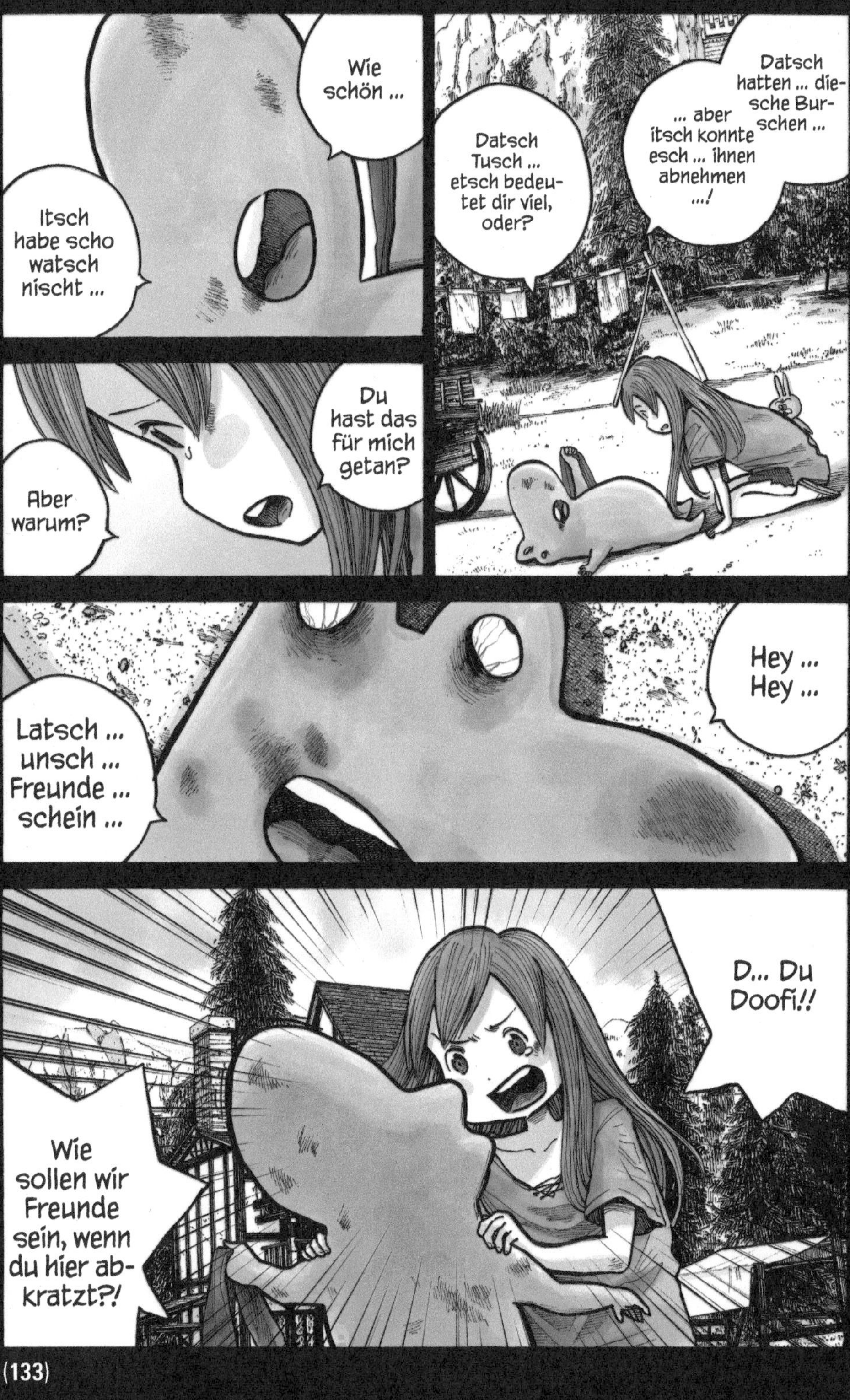
Datsch hatten ... diesche Burschen ...
... aber itsch konnte esch ... ihnen abnehmen ...!
Datsch Tusch ... etsch bedeutet dir viel, oder?
Wie schön ...
Itsch habe scho watsch nischt ...
Du hast das für mich getan?
Aber warum?
Hey ... Hey ...
Latsch ... unsch ... Freunde ... schein ...
D... Du Doofi!!
Wie sollen wir Freunde sein, wenn du hier abkratzt?!

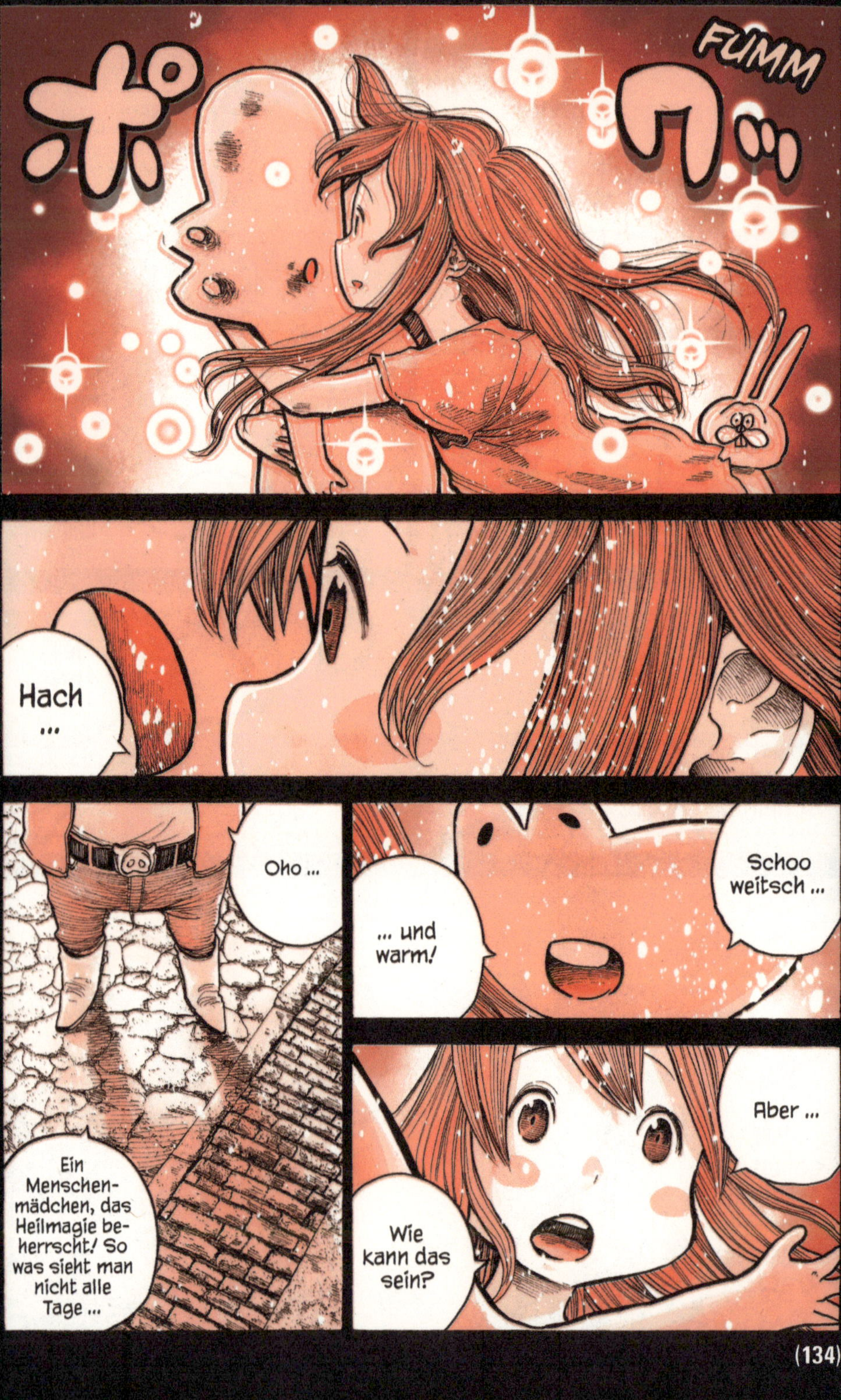
FUMM
Hach ...
Schoo weitsch ...
... und warm!
Oho ...
Aber ...
Wie kann das sein?
Ein Menschenmädchen, das Heilmagie beherrscht! So was sieht man nicht alle Tage ...

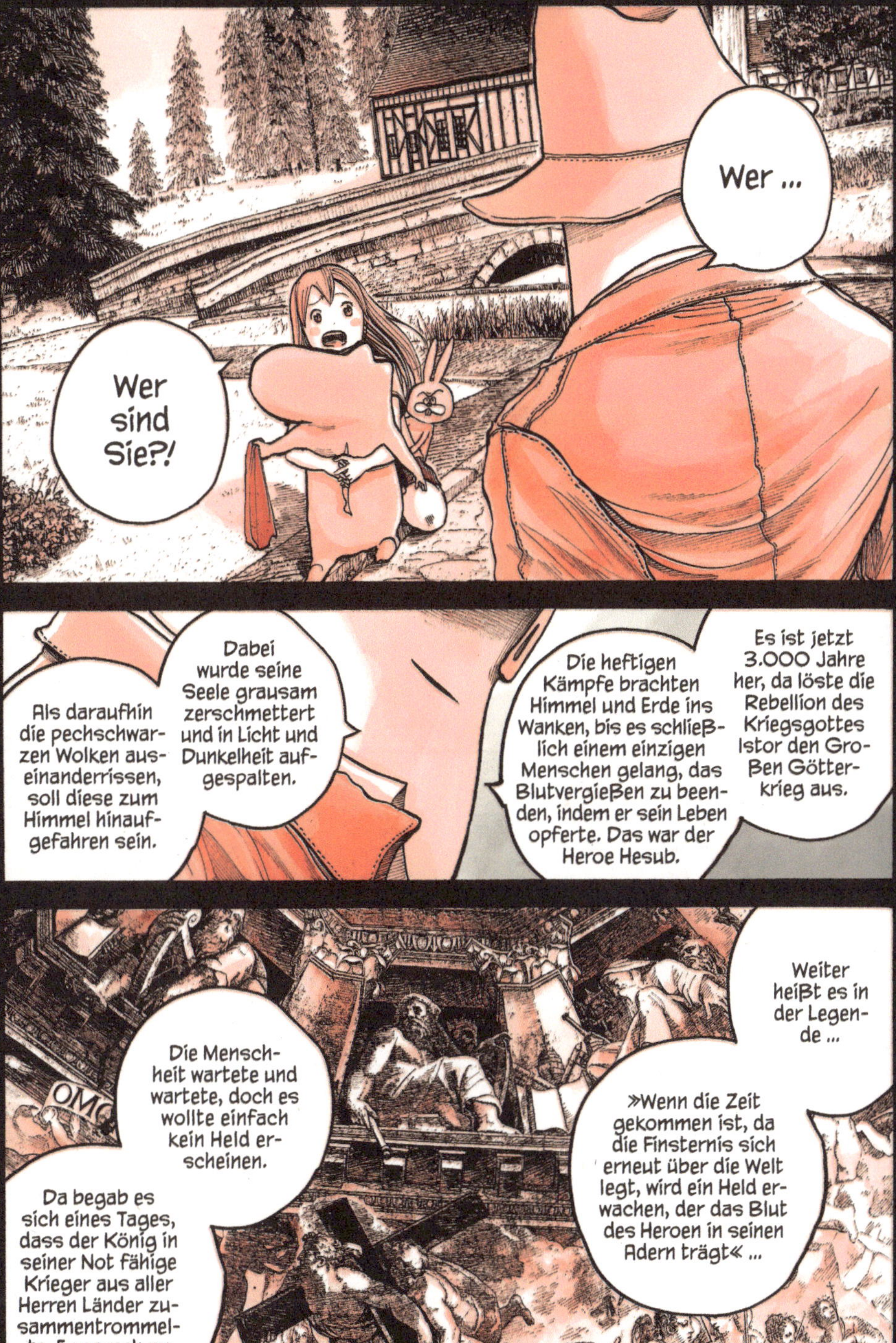

Wer ...
Wer sind Sie?!
Es ist jetzt 3.000 Jahre her, da löste die Rebellion des Kriegsgottes Istor den Großen Götterkrieg aus.
Die heftigen Kämpfe brachten Himmel und Erde ins Wanken, bis es schließlich einem einzigen Menschen gelang, das Blutvergießen zu beenden, indem er sein Leben opferte. Das war der Heroe Hesub.
Dabei wurde seine Seele grausam zerschmettert und in Licht und Dunkelheit aufgespalten.
Als daraufhin die pechschwarzen Wolken auseinanderrissen, soll diese zum Himmel hinaufgefahren sein.
Weiter heißt es in der Legende ...
»Wenn die Zeit gekommen ist, da die Finsternis sich erneut über die Welt legt, wird ein Held erwachen, der das Blut des Heroen in seinen Adern trägt« ...
Die Menschheit wartete und wartete, doch es wollte einfach kein Held erscheinen.
Da begab es sich eines Tages, dass der König in seiner Not fähige Krieger aus aller Herren Länder zusammentrommelte. Er sprach zu seinem Volk ...

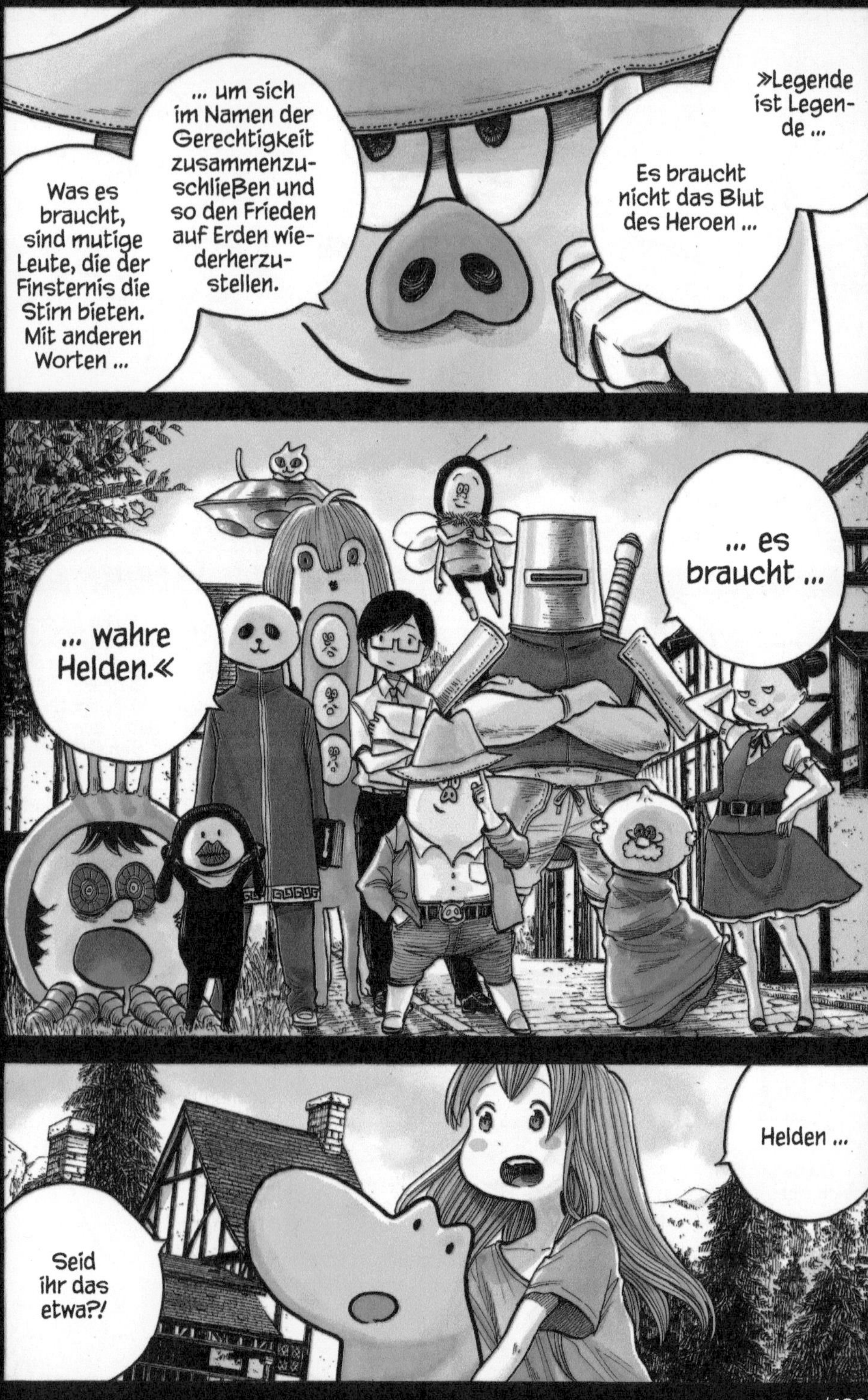
»Legende ist Legende ...
Es braucht nicht das Blut des Heroen ...
... um sich im Namen der Gerechtigkeit zusammenzuschließen und so den Frieden auf Erden wiederherzustellen.
Was es braucht, sind mutige Leute, die der Finsternis die Stirn bieten. Mit anderen Worten ...
... es braucht ...
... wahre Helden.«
Helden ...
Seid ihr das etwa?!

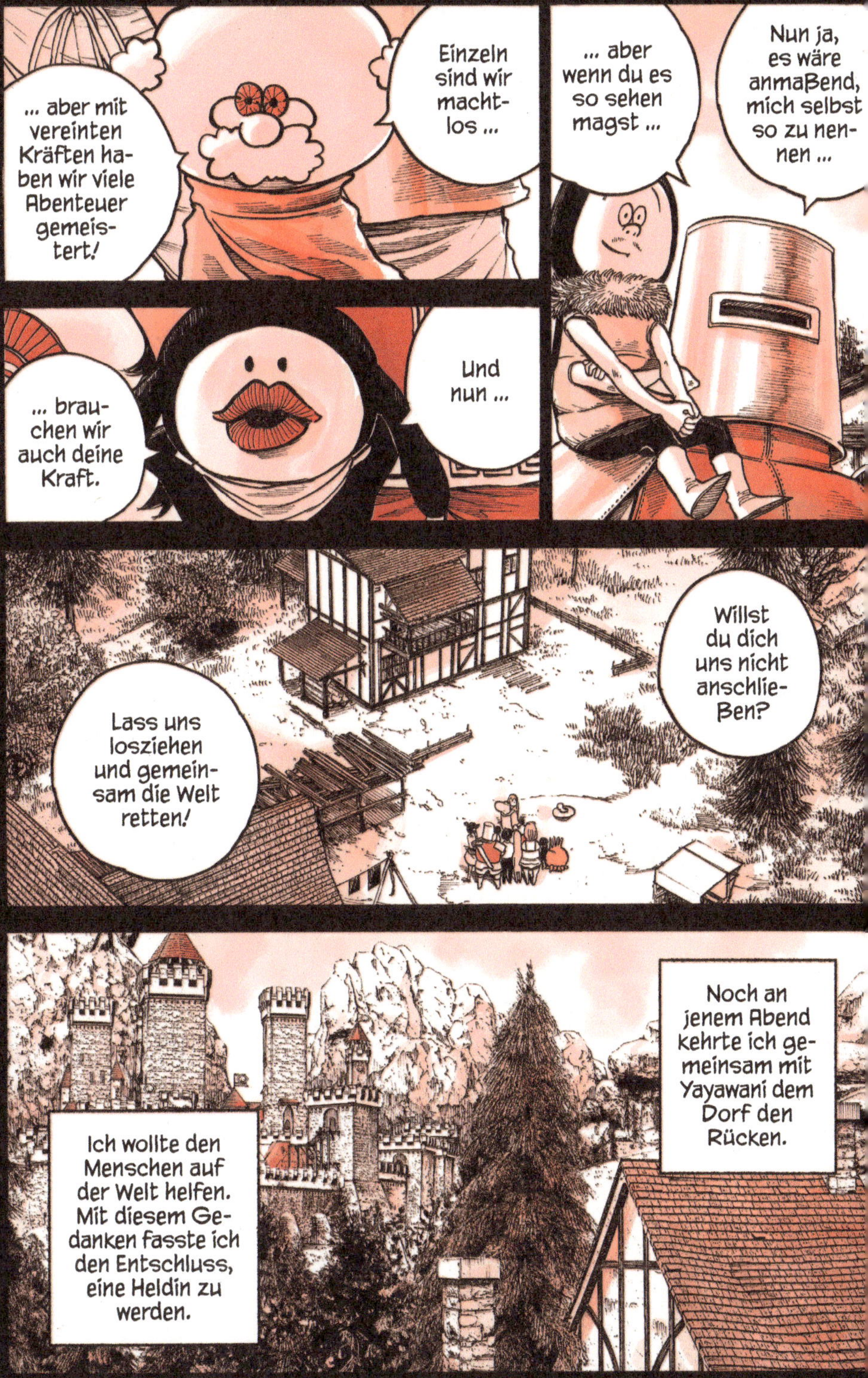
Nun ja, es wäre anmaßend, mich selbst so zu nennen ...
... aber wenn du es so sehen magst ...
Einzeln sind wir machtlos ...
... aber mit vereinten Kräften haben wir viele Abenteuer gemeistert!
Und nun ...
... brauchen wir auch deine Kraft.
Willst du dich uns nicht anschließen?
Lass uns losziehen und gemeinsam die Welt retten!
Noch an jenem Abend kehrte ich gemeinsam mit Yayawani dem Dorf den Rücken.
Ich wollte den Menschen auf der Welt helfen. Mit diesem Gedanken fasste ich den Entschluss, eine Heldin zu werden.

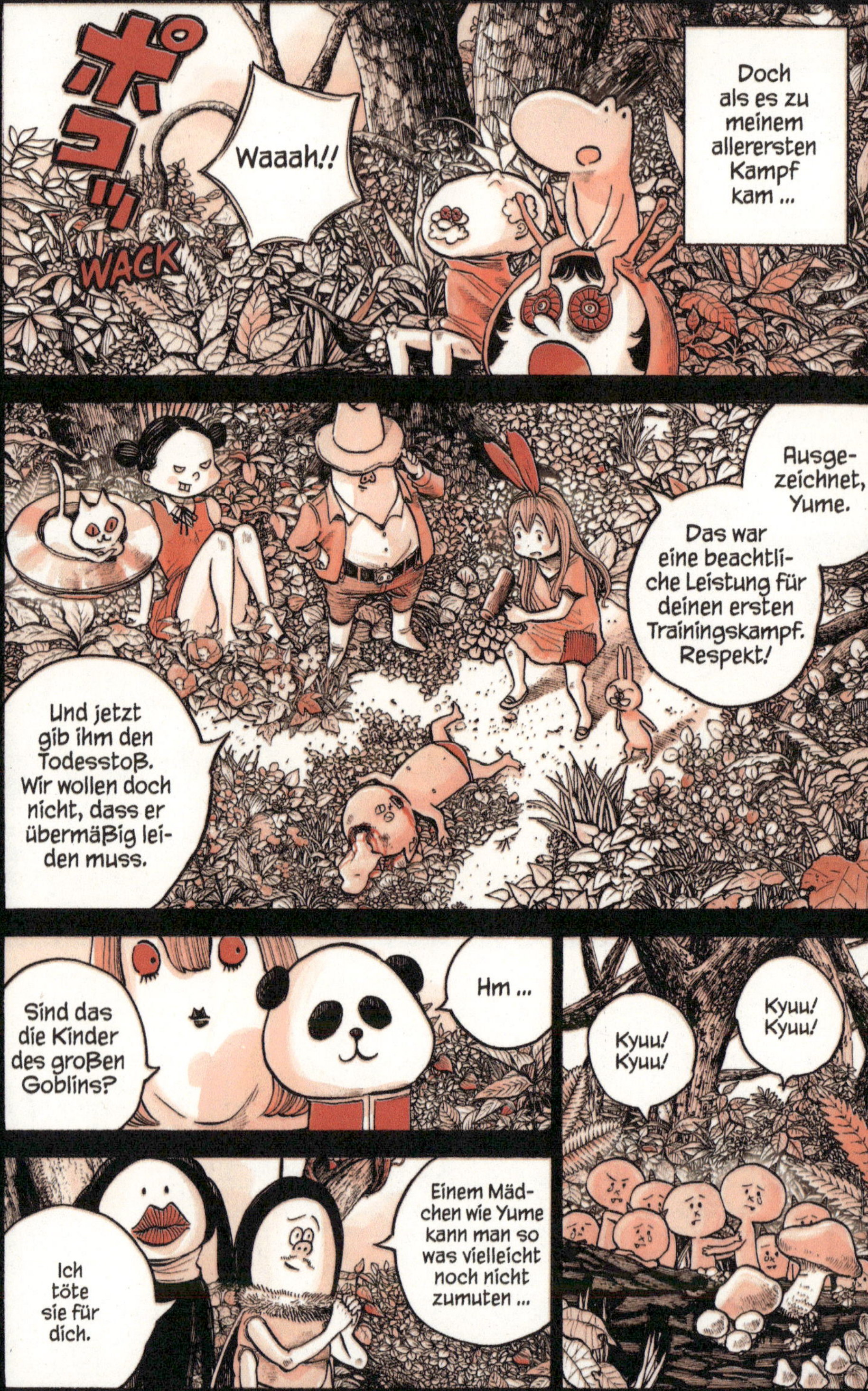
Doch als es zu meinem allerersten Kampf kam ...
Waaah!!
ポコッ
WACK
Ausgezeichnet, Yume.
Das war eine beachtliche Leistung für deinen ersten Trainingskampf. Respekt!
Und jetzt gib ihm den Todesstoß. Wir wollen doch nicht, dass er übermäßig leiden muss.
Kyuu! Kyuu!
Kyuu! Kyuu!
Hm ...
Sind das die Kinder des großen Goblins?
Einem Mädchen wie Yume kann man so was vielleicht noch nicht zumuten ...
Ich töte sie für dich.

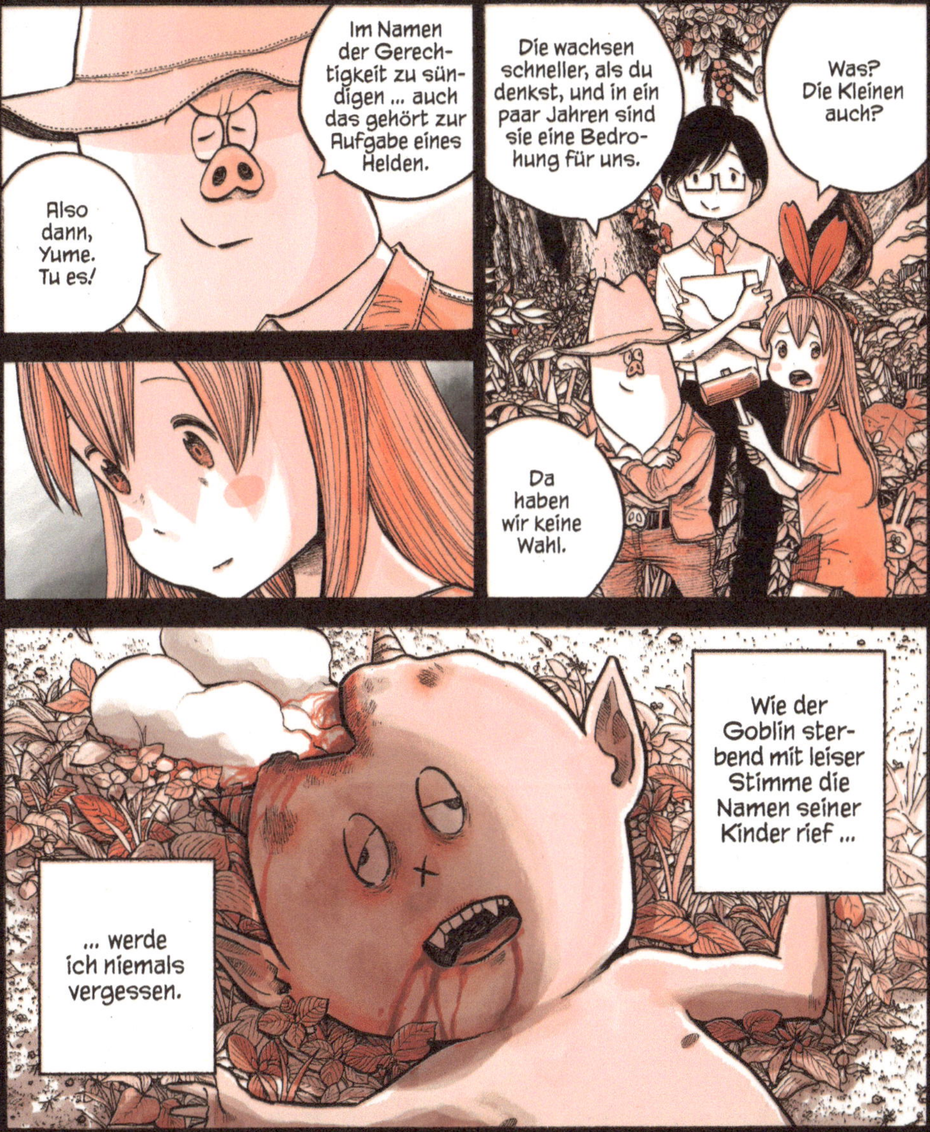

Wenn ich jetzt daran zurückdenke, dann war es vielleicht sogar jener Moment, der den Beginn meines Niedergangs markierte.

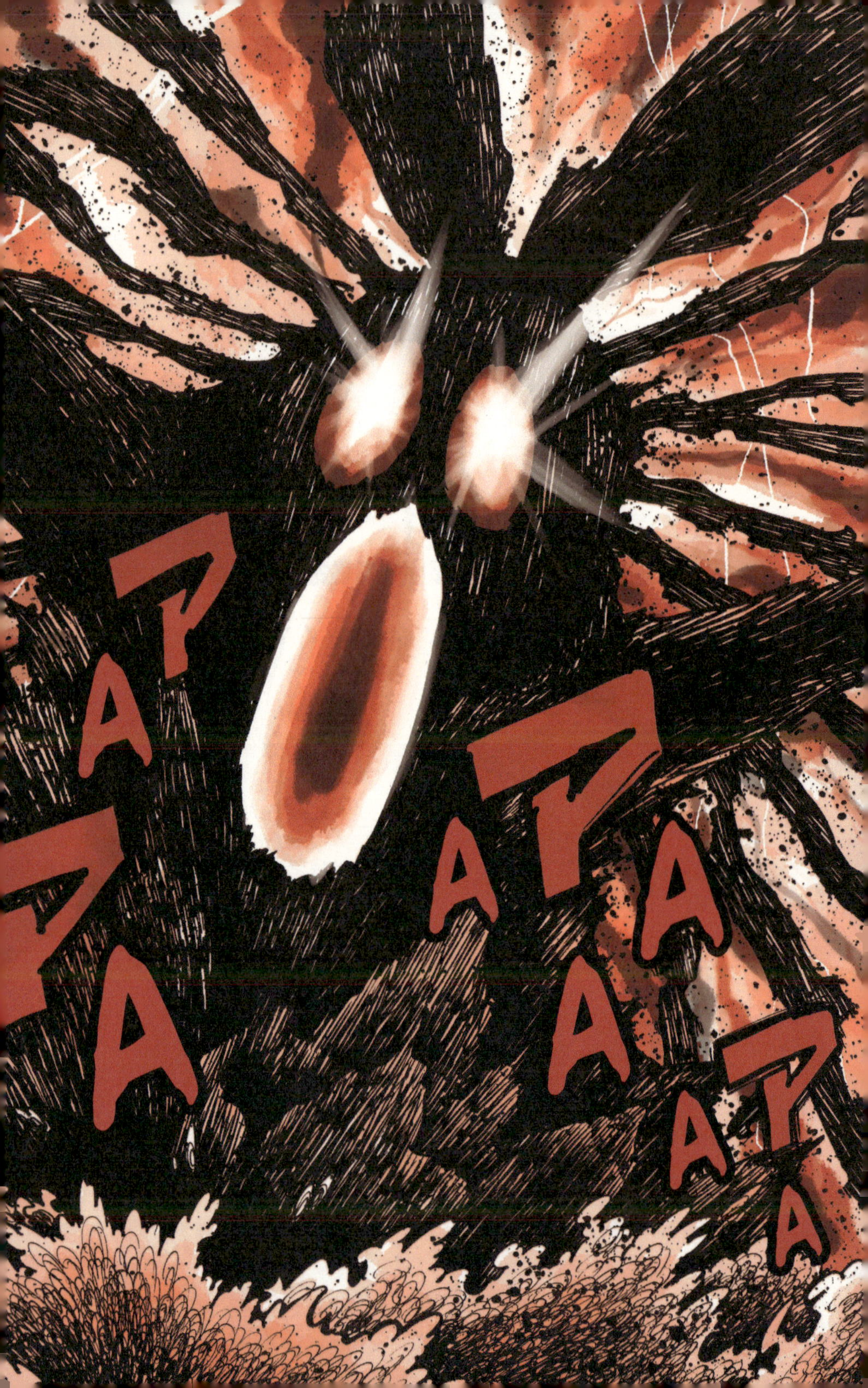

アAAAアAA
アAアA

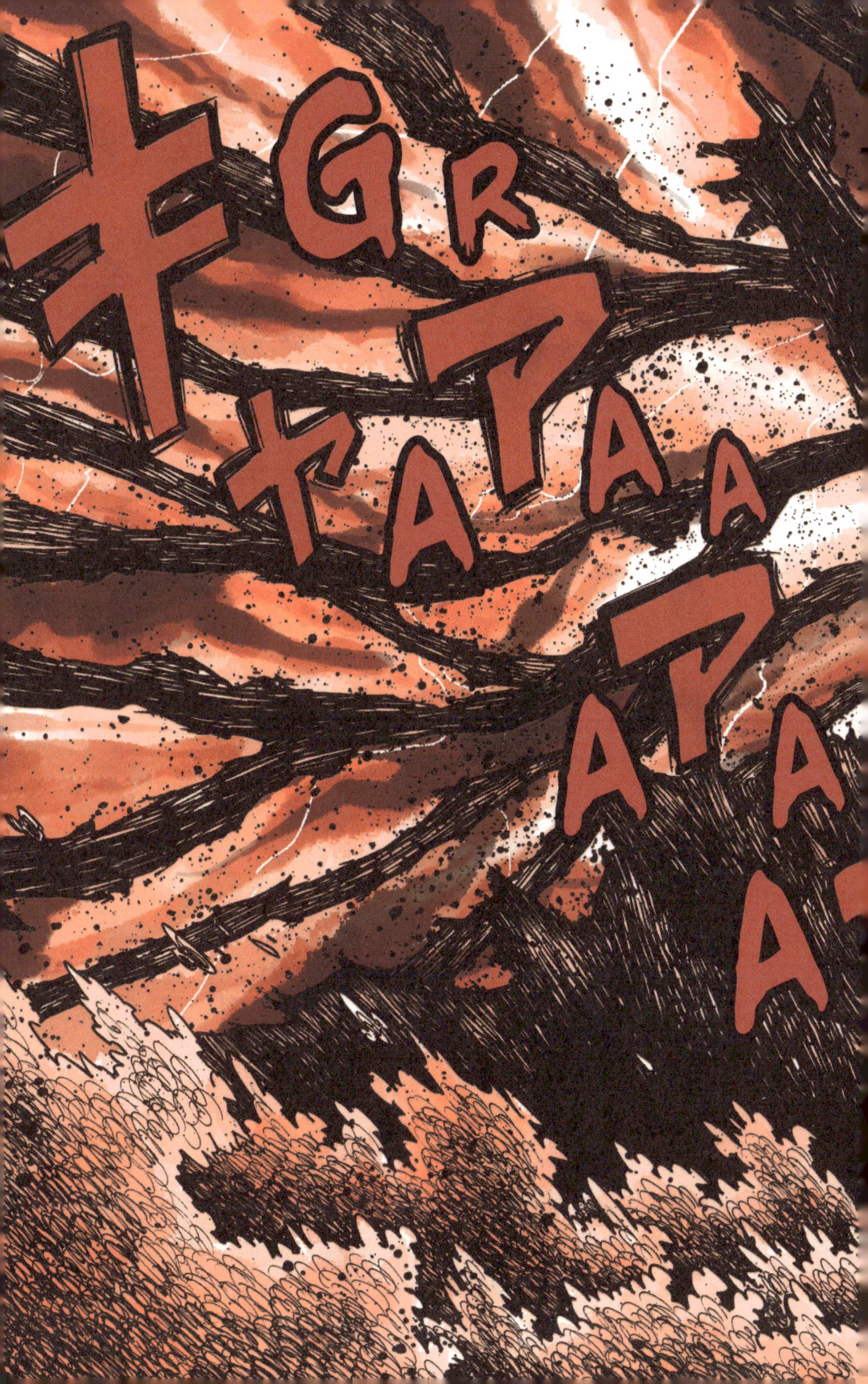
GRAAAAAA-

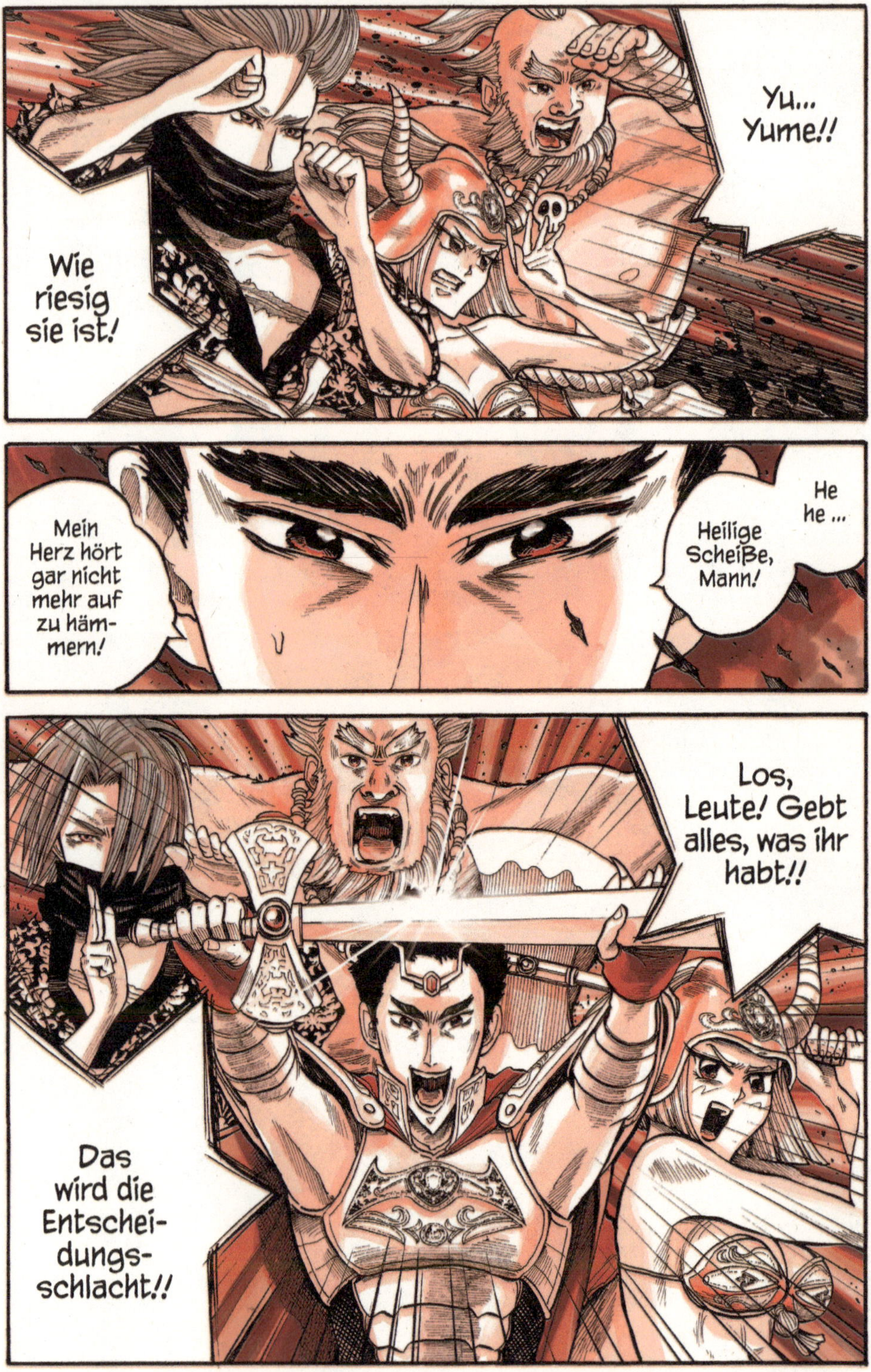
Yu...
Yume!!
Wie riesig sie ist!
He he ...
Heilige Scheiße, Mann!
Mein Herz hört gar nicht mehr auf zu häm-mern!
Los, Leute! Gebt alles, was ihr habt!!
Das wird die Entschei-dungs-schlacht!!

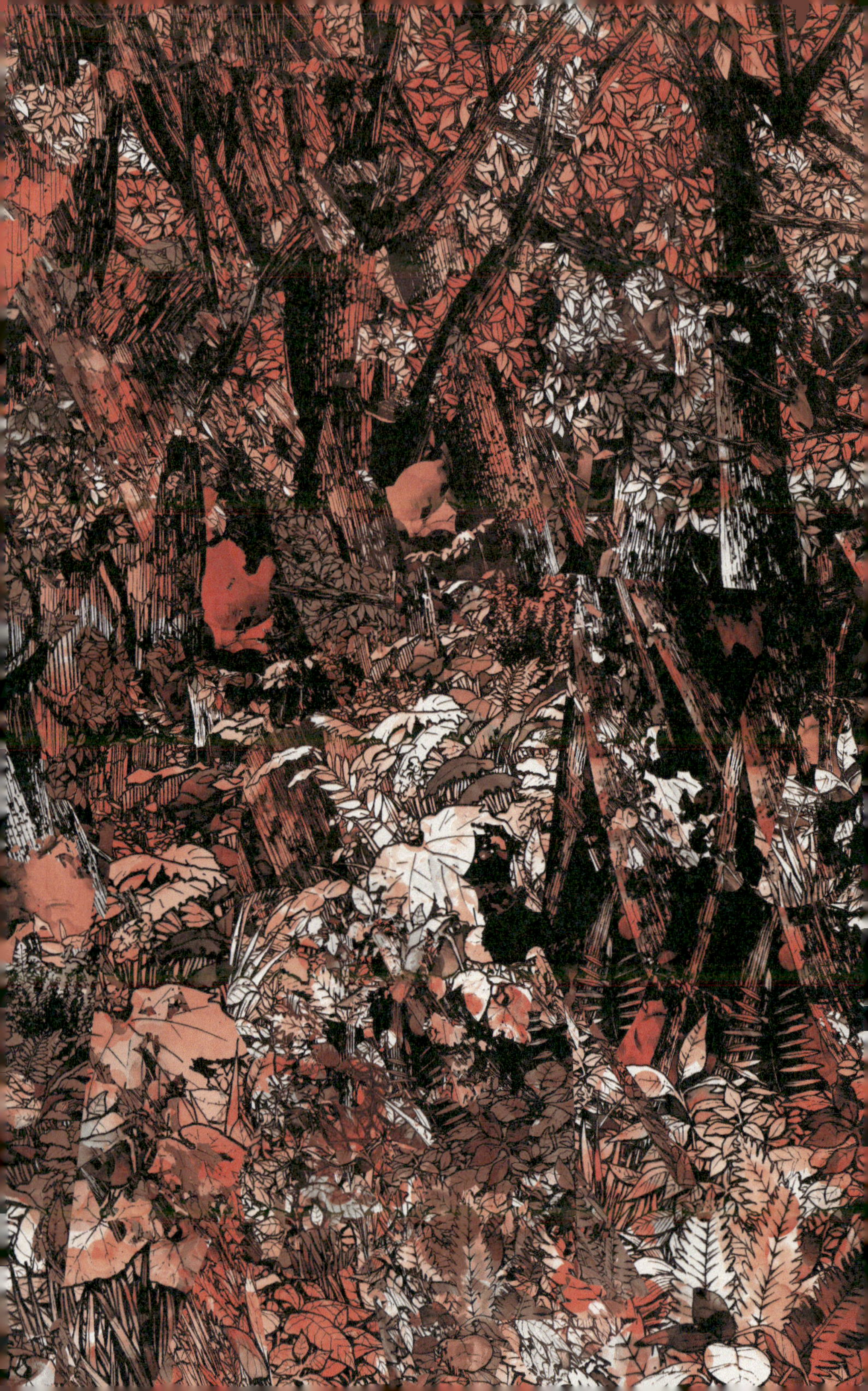

Letztes Kapitel

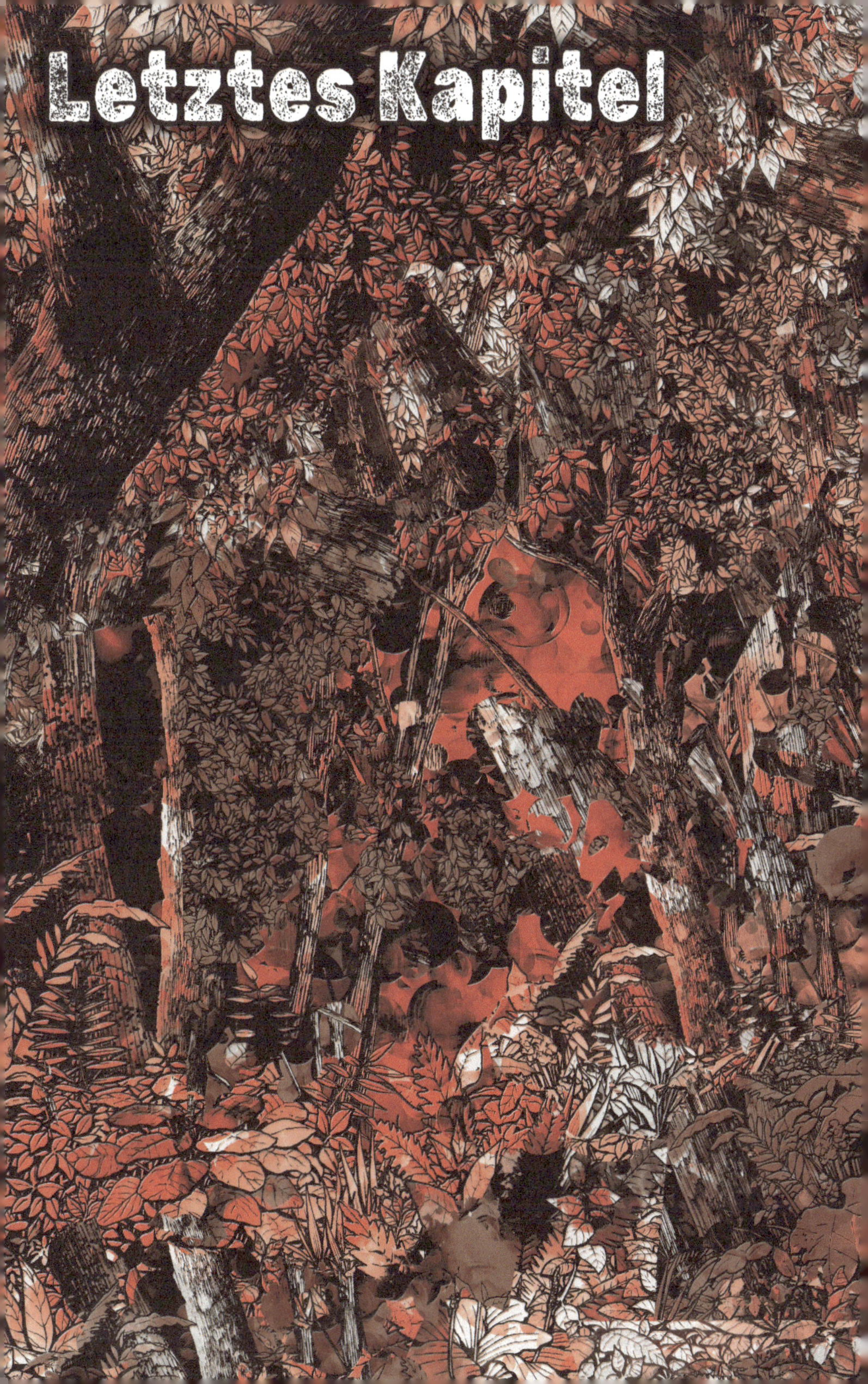

»Solange Menschen Menschen sind, wird das Böse niemals siegen. Ewiger Segen unserem Vaterland Ackerhoe!«

Aus einer Rede Seiner Majestät des Königs Leon Lionheart XII.

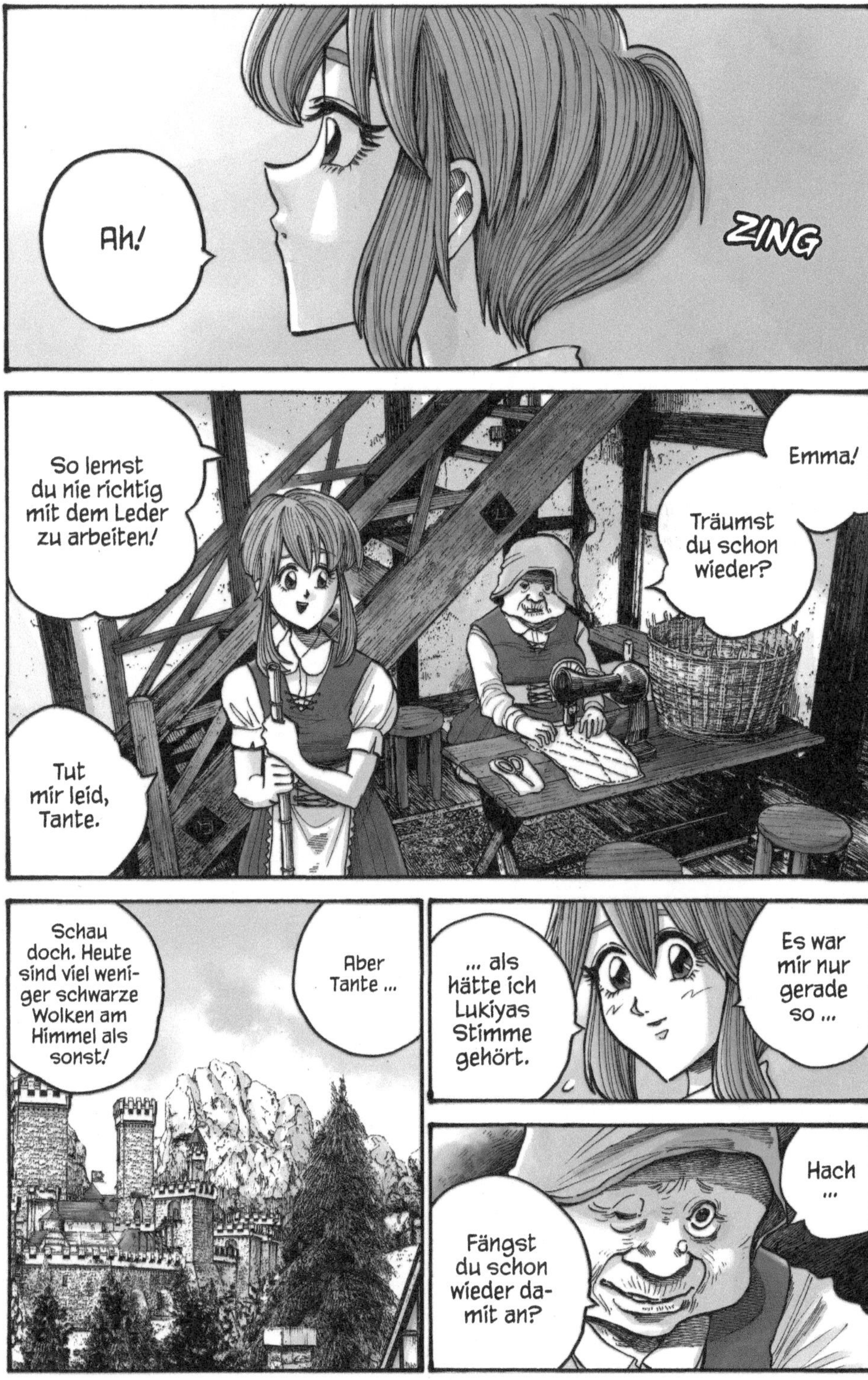
Ah!
ZING
Emma!
Träumst du schon wieder?
So lernst du nie richtig mit dem Leder zu arbeiten!
Tut mir leid, Tante.
Es war mir nur gerade so ...
... als hätte ich Lukiyas Stimme gehört.
Hach ...
Fängst du schon wieder damit an?
Aber Tante ...
Schau doch. Heute sind viel weniger schwarze Wolken am Himmel als sonst!

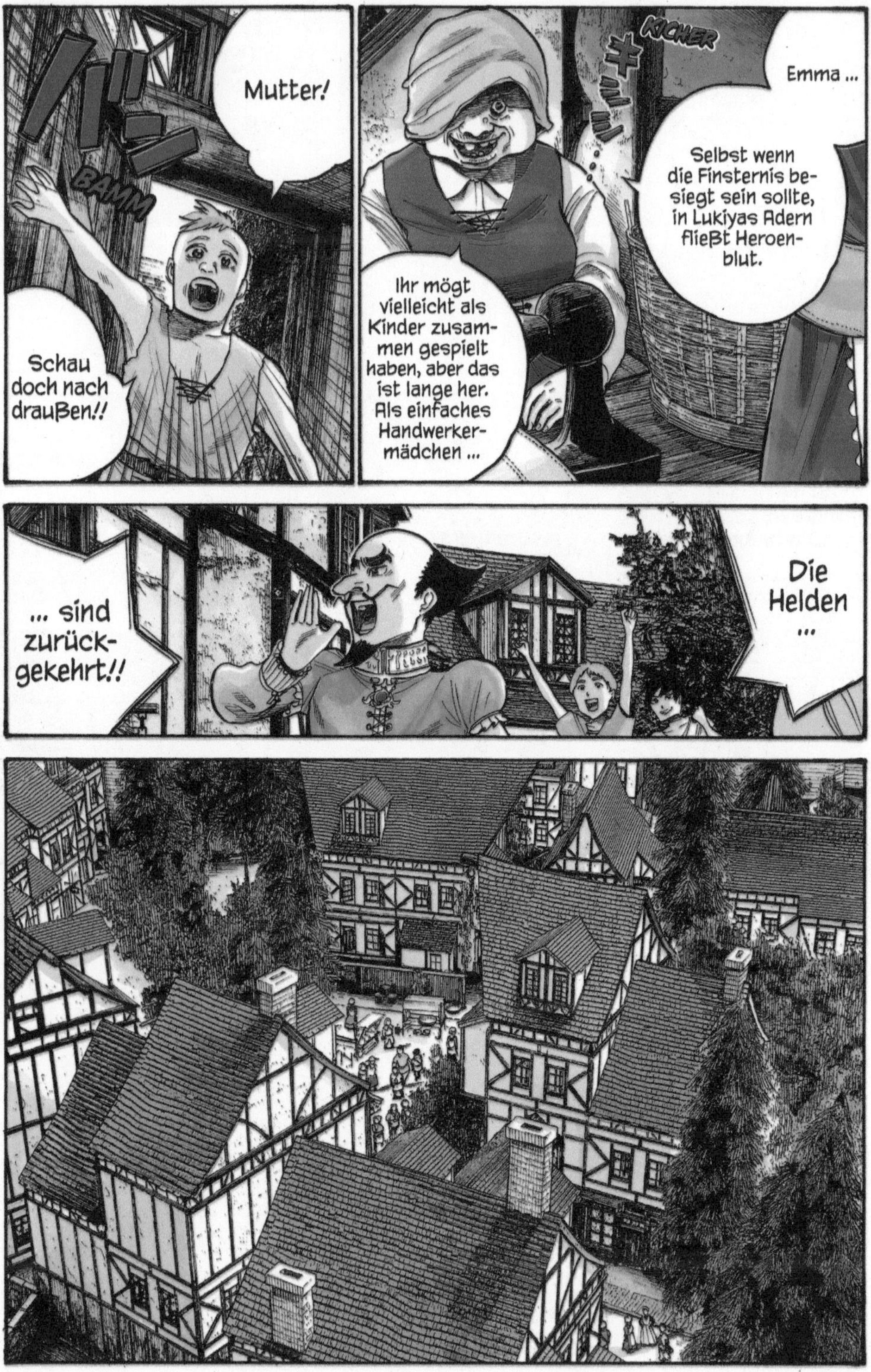
KICHER
Emma ...
Selbst wenn die Finsternis besiegt sein sollte, in Lukiyas Adern fließt Heroenblut.
Ihr mögt vielleicht als Kinder zusammen gespielt haben, aber das ist lange her. Als einfaches Handwerkermädchen ...
Mutter!
BAMM
Schau doch nach draußen!!
Die Helden ...
... sind zurückgekehrt!!

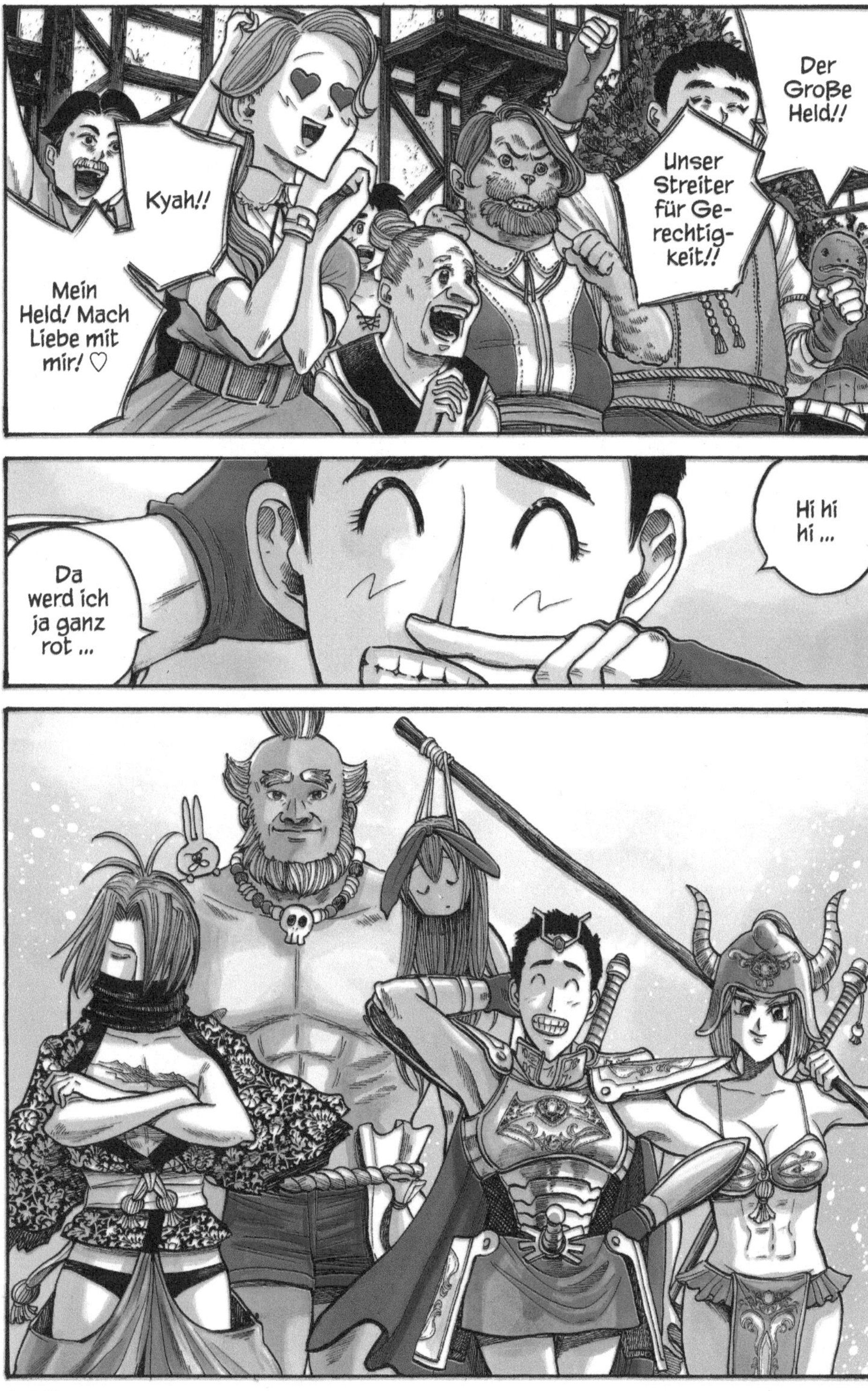
Der Große Held!!
Unser Streiter für Gerechtigkeit!!
Kyah!!
Mein Held! Mach Liebe mit mir! ♡
Hi hi hi ...
Da werd ich ja ganz rot ...

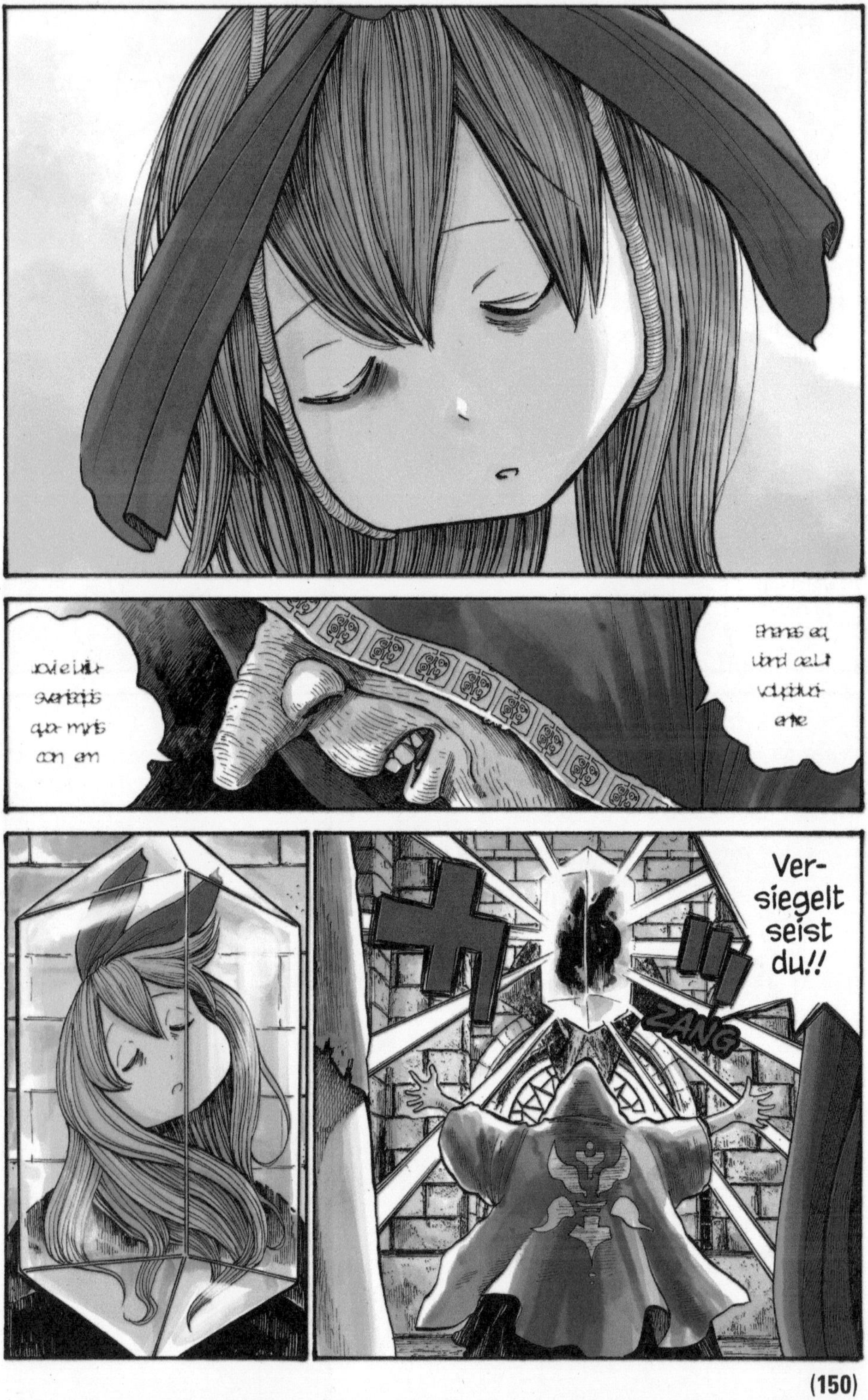
Ver-
siegelt
seist
du!!
ZANG

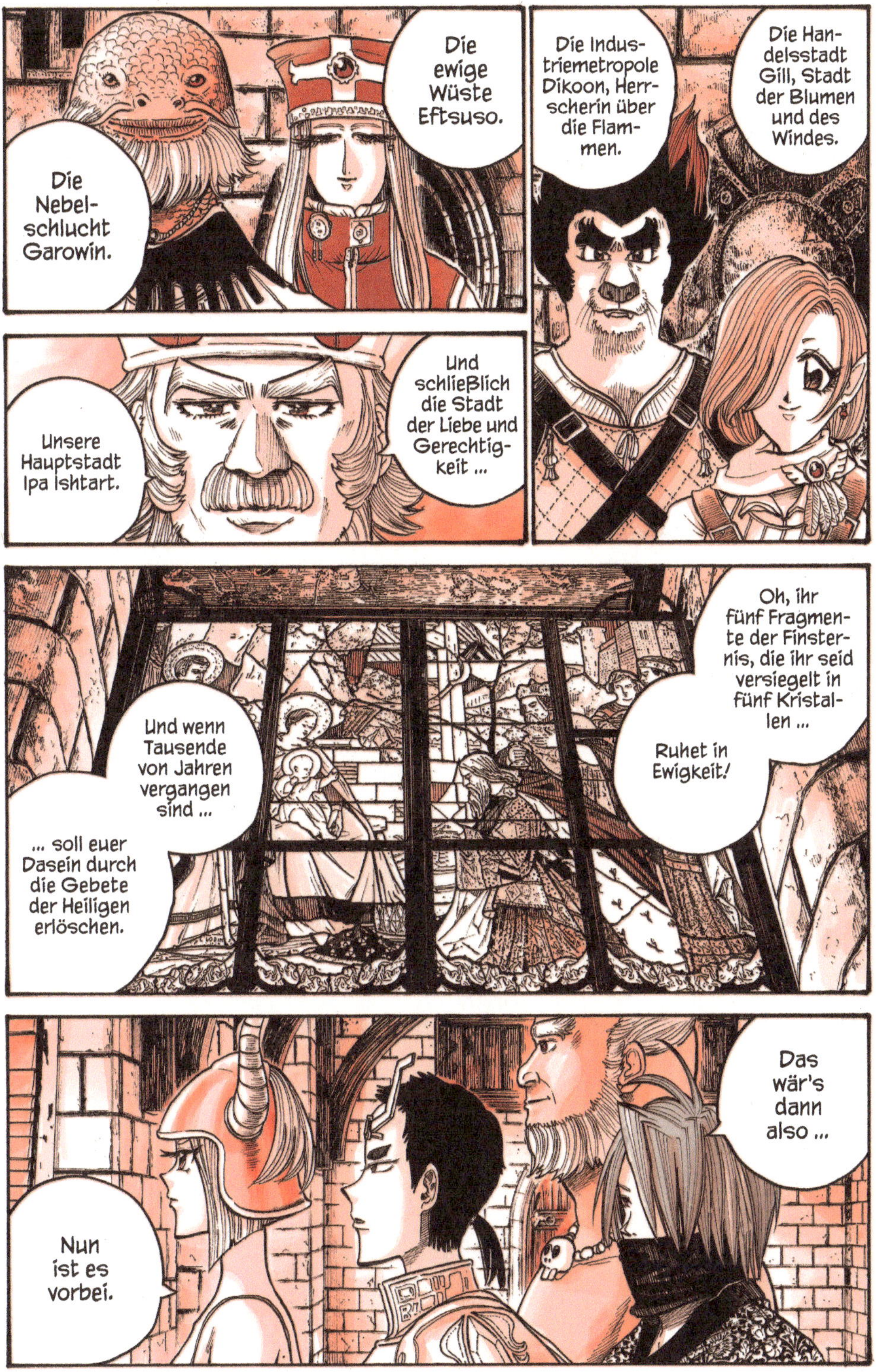
Die Handelsstadt Gill, Stadt der Blumen und des Windes.
Die Industriemetropole Dikoon, Herrscherin über die Flammen.
Die ewige Wüste Eftsuso.
Die Nebelschlucht Garowin.
Und schließlich die Stadt der Liebe und Gerechtigkeit …
Unsere Hauptstadt Ipa Ishtart.
Oh, ihr fünf Fragmente der Finsternis, die ihr seid versiegelt in fünf Kristallen …
Ruhet in Ewigkeit!
Und wenn Tausende von Jahren vergangen sind …
… soll euer Dasein durch die Gebete der Heiligen erlöschen.
Das wär's dann also …
Nun ist es vorbei.

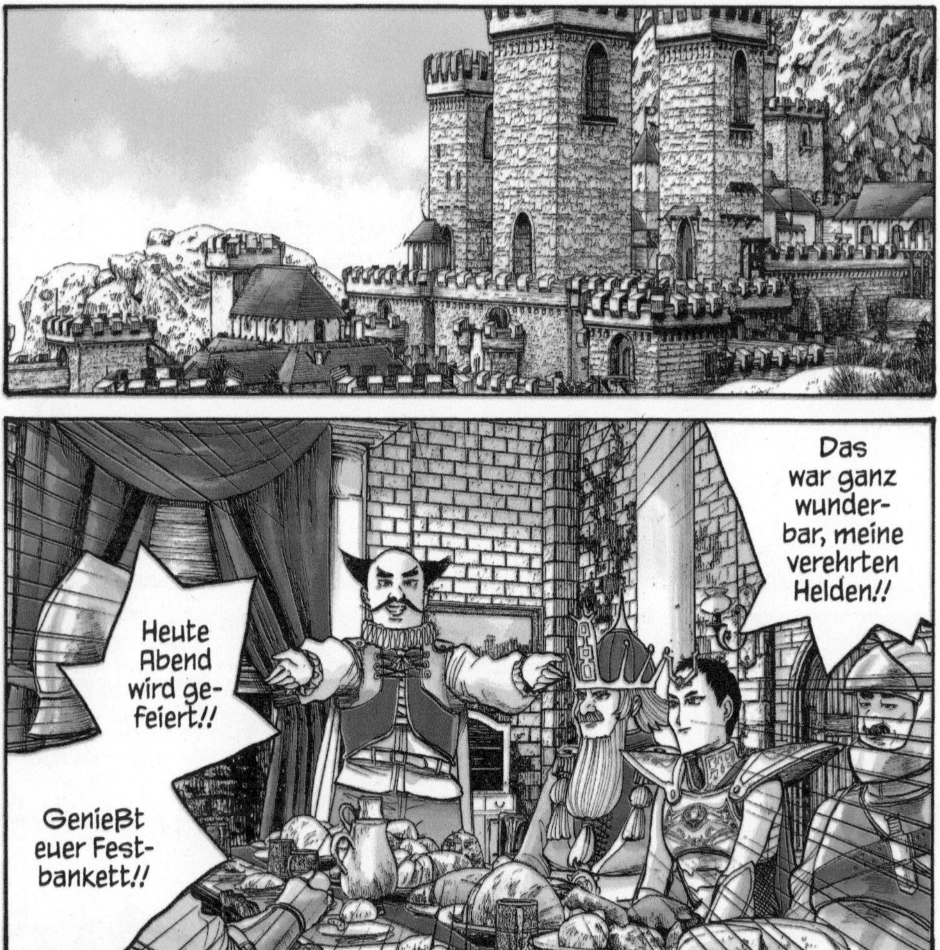
Das war ganz wunderbar, meine verehrten Helden!!
Heute Abend wird gefeiert!!
Genießt euer Festbankett!!
Hey! Bringt mir mehr zum Saufen!!
Silvia! Bitte nicht so vulgär!

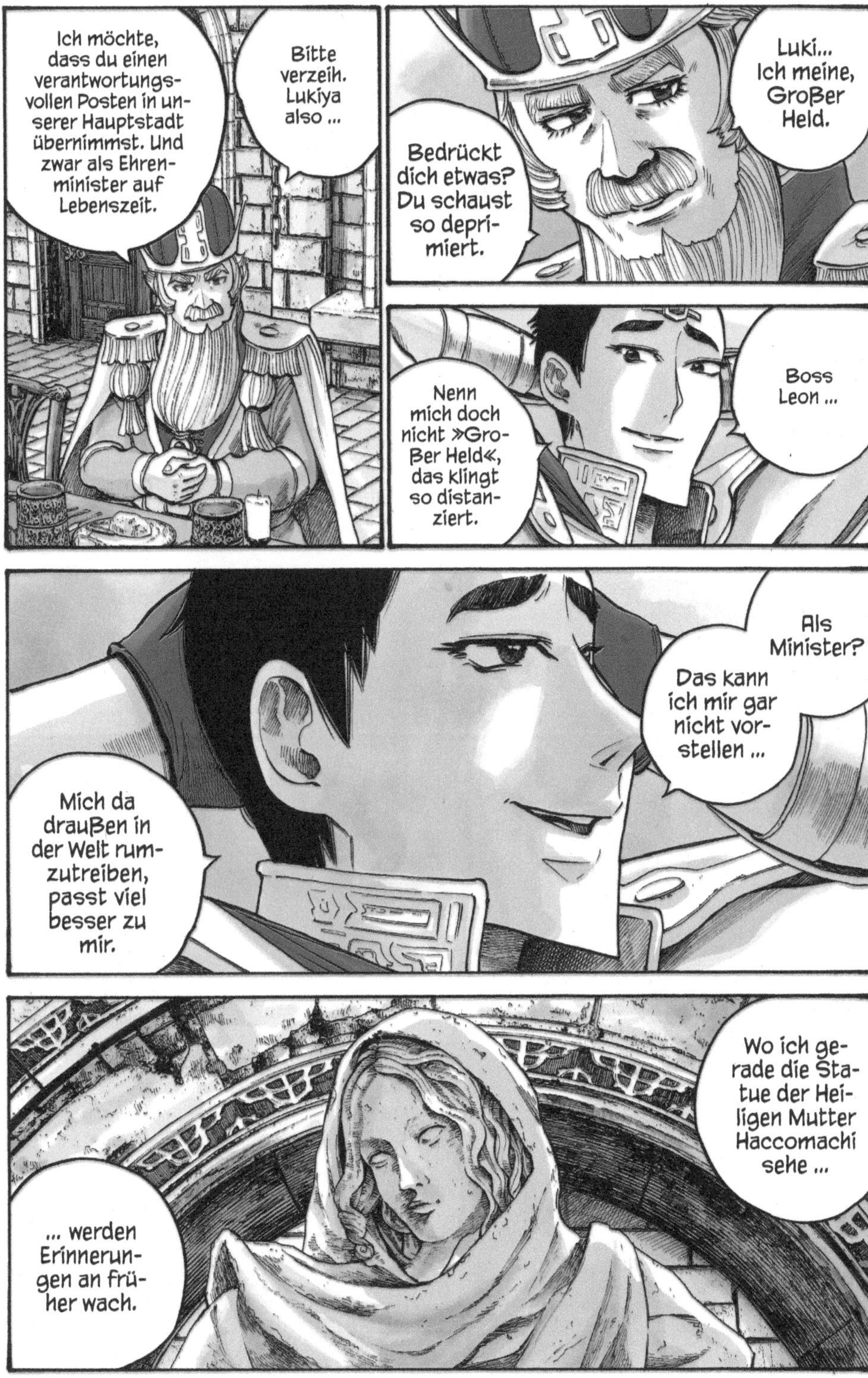
Luki... Ich meine, Großer Held.
Bedrückt dich etwas? Du schaust so deprimiert.
Boss Leon ...
Nenn mich doch nicht »Großer Held«, das klingt so distanziert.
Bitte verzeih. Lukiya also ...
Ich möchte, dass du einen verantwortungsvollen Posten in unserer Hauptstadt übernimmst. Und zwar als Ehrenminister auf Lebenszeit.
Als Minister?
Das kann ich mir gar nicht vorstellen ...
Mich da draußen in der Welt rumzutreiben, passt viel besser zu mir.
Wo ich gerade die Statue der Heiligen Mutter Haccomachi sehe ...
... werden Erinnerungen an früher wach.

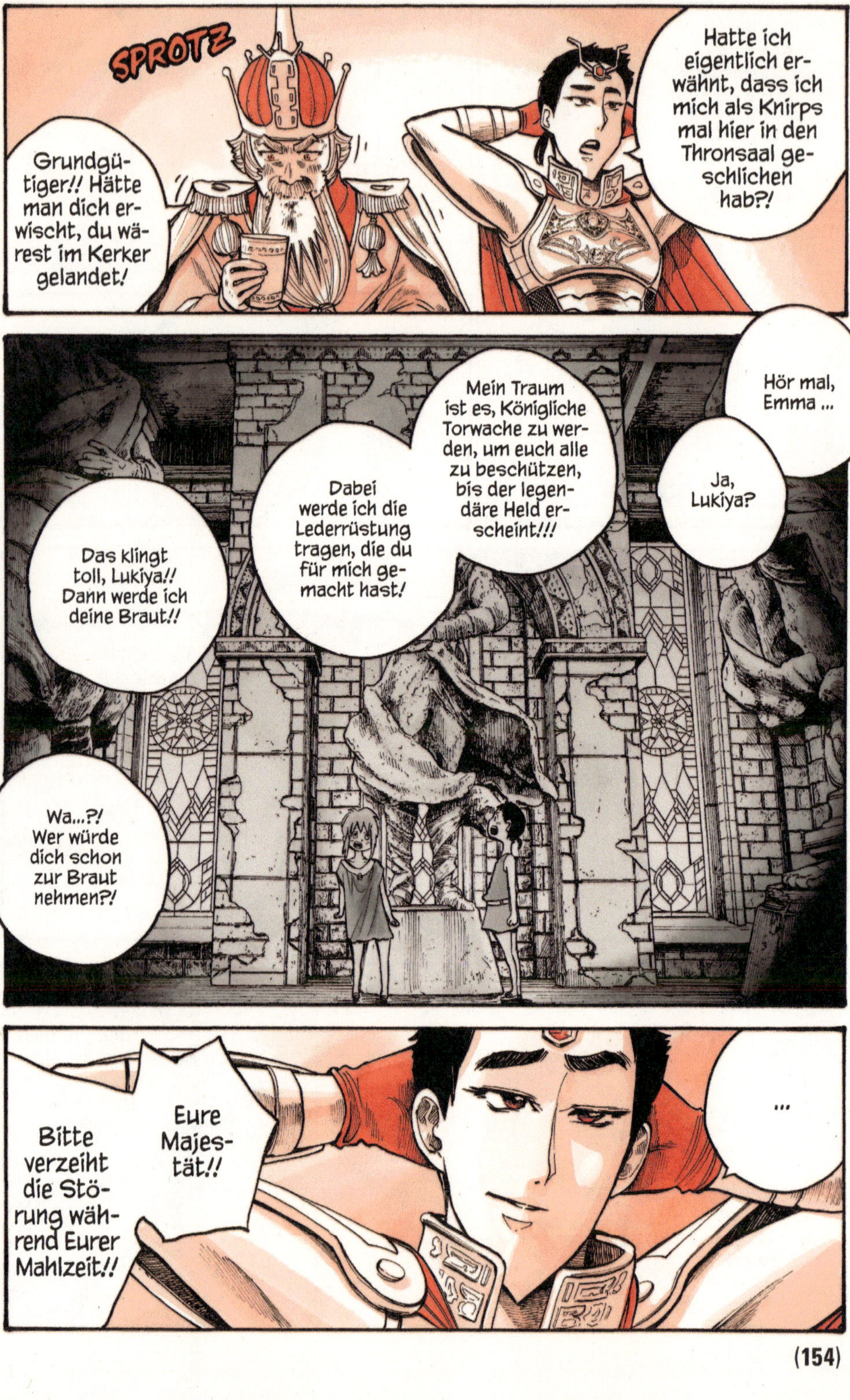
Hatte ich eigentlich erwähnt, dass ich mich als Knirps mal hier in den Thronsaal geschlichen hab?!
SPROTZ
Grundgütiger!! Hätte man dich erwischt, du wärest im Kerker gelandet!
Hör mal, Emma ...
Ja, Lukiya?
Mein Traum ist es, Königliche Torwache zu werden, um euch alle zu beschützen, bis der legendäre Held erscheint!!!
Dabei werde ich die Lederrüstung tragen, die du für mich gemacht hast!
Das klingt toll, Lukiya!! Dann werde ich deine Braut!!
Wa...?! Wer würde dich schon zur Braut nehmen?!
...
Eure Majestät!!
Bitte verzeiht die Störung während Eurer Mahlzeit!!

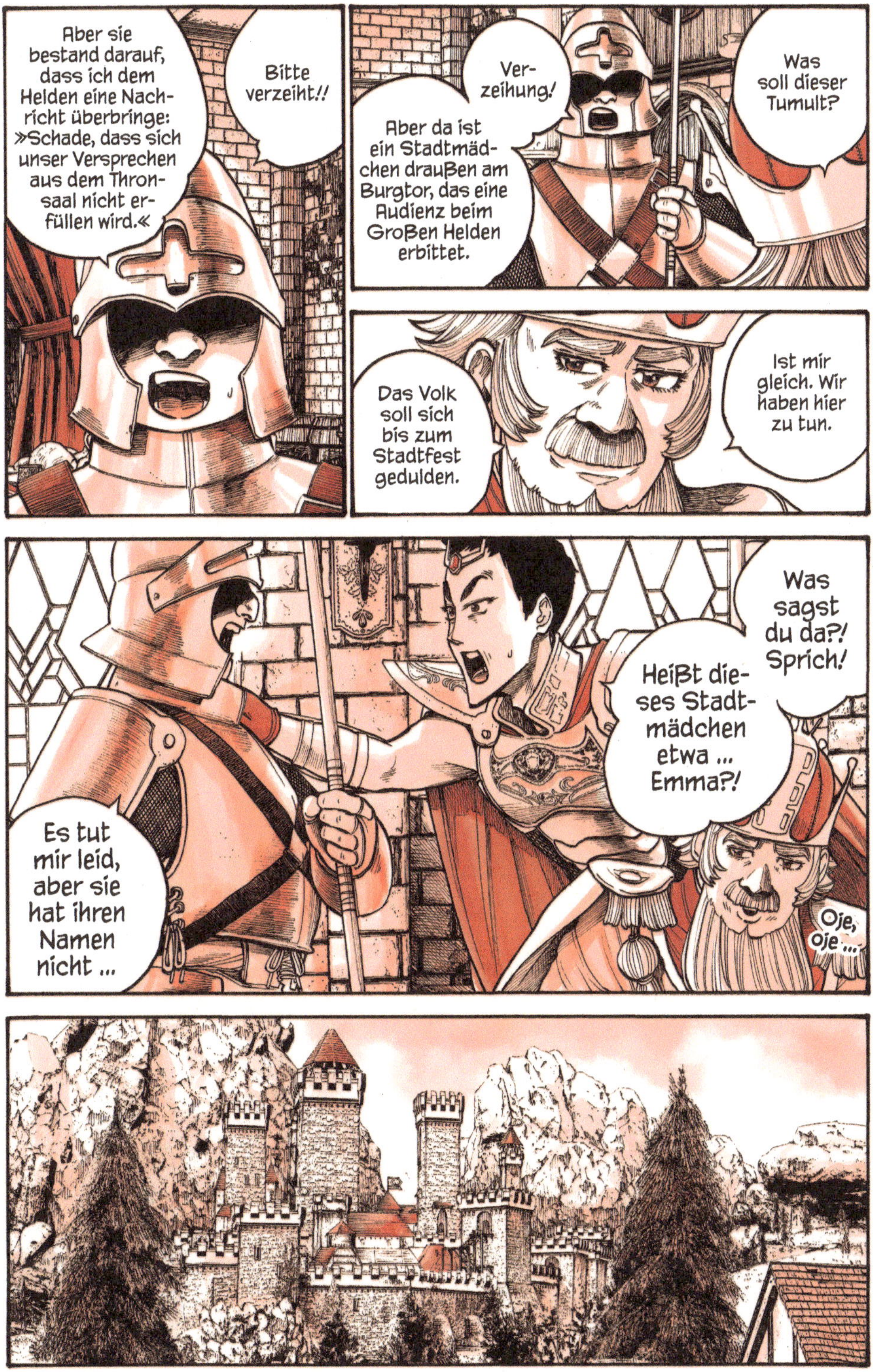
Was soll dieser Tumult?
Ver-zeihung!
Aber da ist ein Stadtmäd-chen draußen am Burgtor, das eine Audienz beim Großen Helden erbittet.
Bitte verzeiht!!
Aber sie bestand darauf, dass ich dem Helden eine Nach-richt überbringe: »Schade, dass sich unser Versprechen aus dem Thron-saal nicht er-füllen wird.«
Ist mir gleich. Wir haben hier zu tun.
Das Volk soll sich bis zum Stadtfest gedulden.
Was sagst du da?! Sprich!
Heißt die-ses Stadt-mädchen etwa ... Emma?!
Oje, oje ...
Es tut mir leid, aber sie hat ihren Namen nicht ...

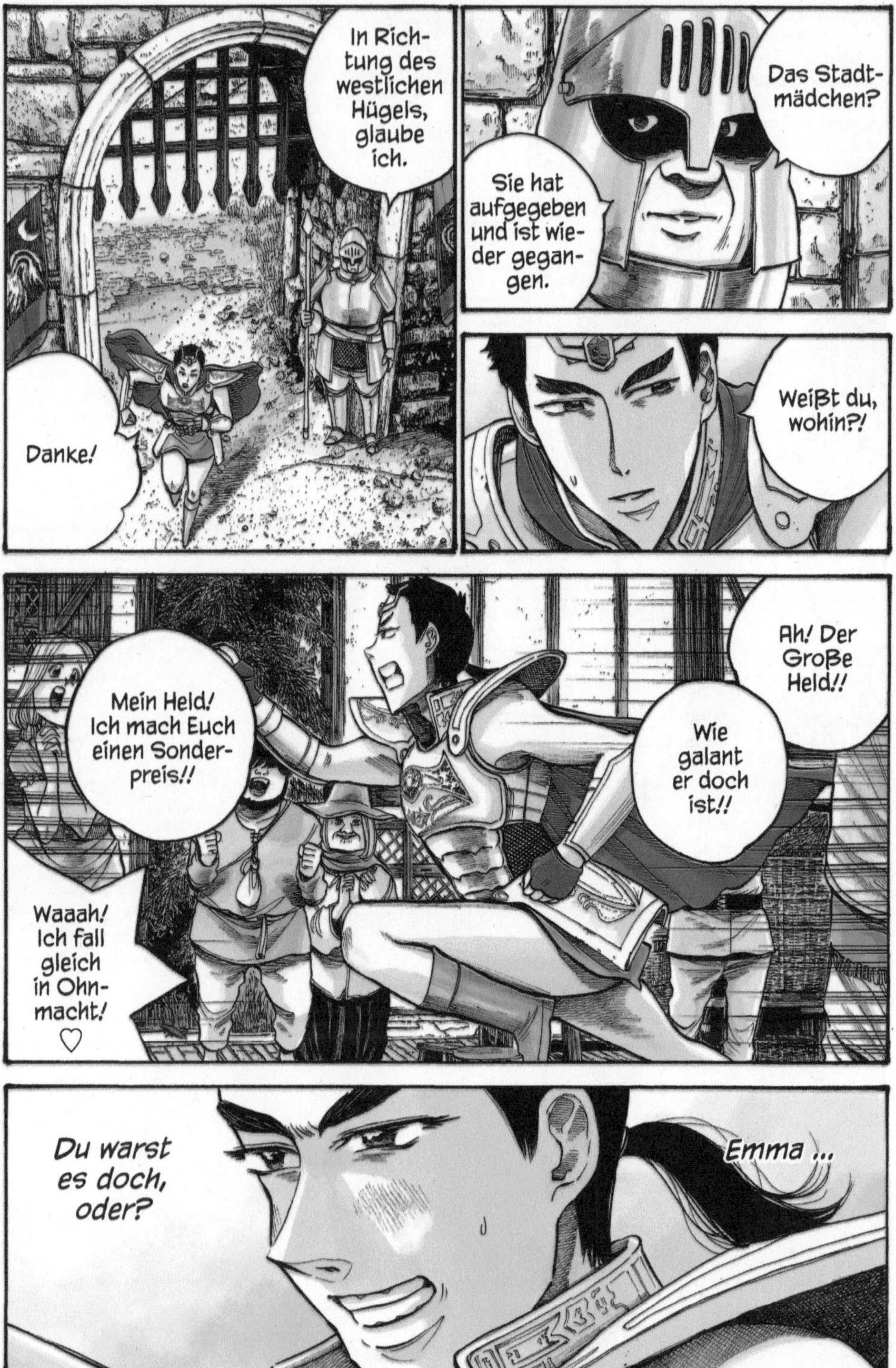
Das Stadtmädchen?
Sie hat aufgegeben und ist wieder gegangen.
Weißt du, wohin?!
In Richtung des westlichen Hügels, glaube ich.
Danke!
Ah! Der Große Held!!
Wie galant er doch ist!!
Mein Held! Ich mach Euch einen Sonderpreis!!
Waaah! Ich fall gleich in Ohnmacht! ♡
Emma ...
Du warst es doch, oder?

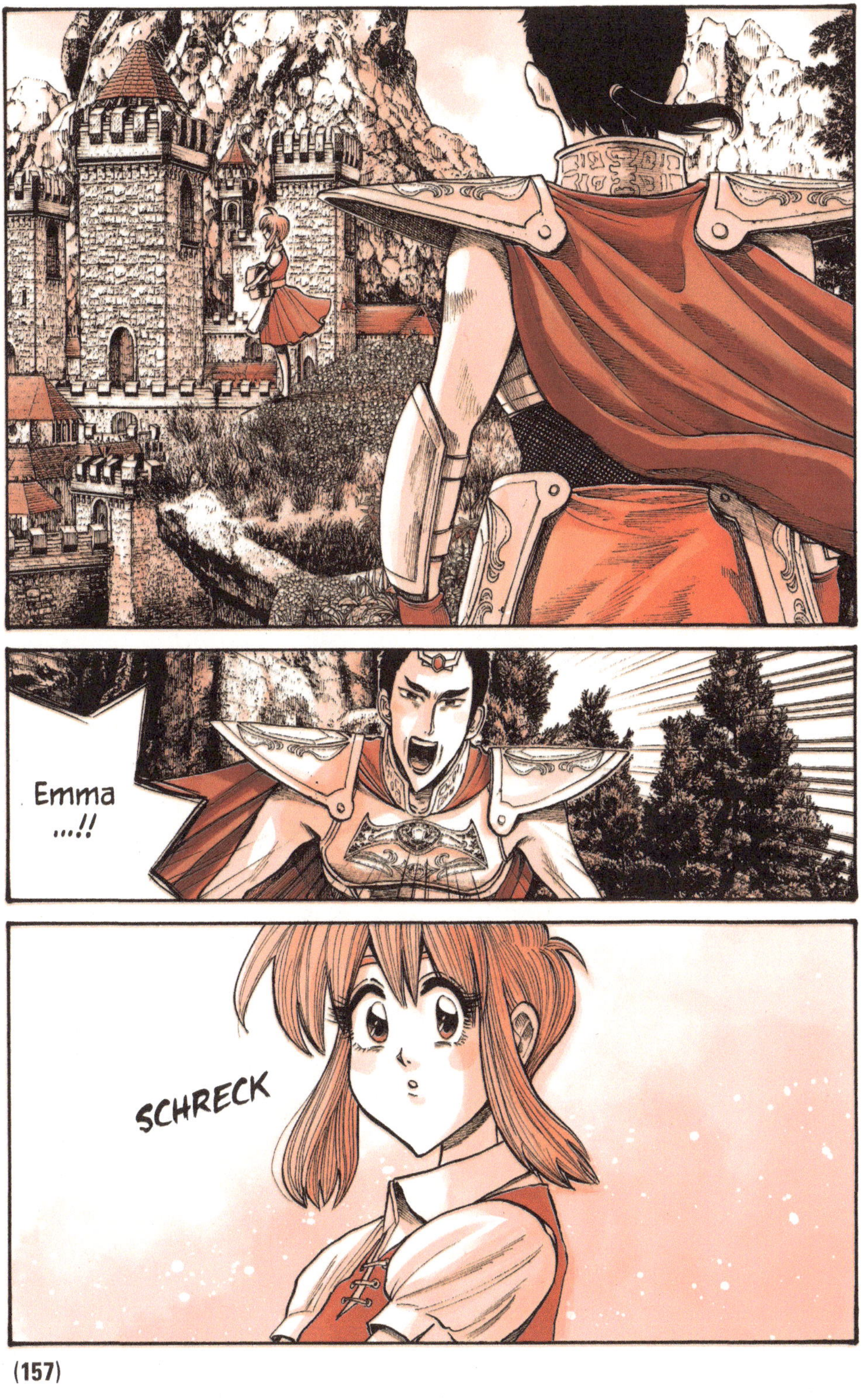
Emma ...!!
SCHRECK

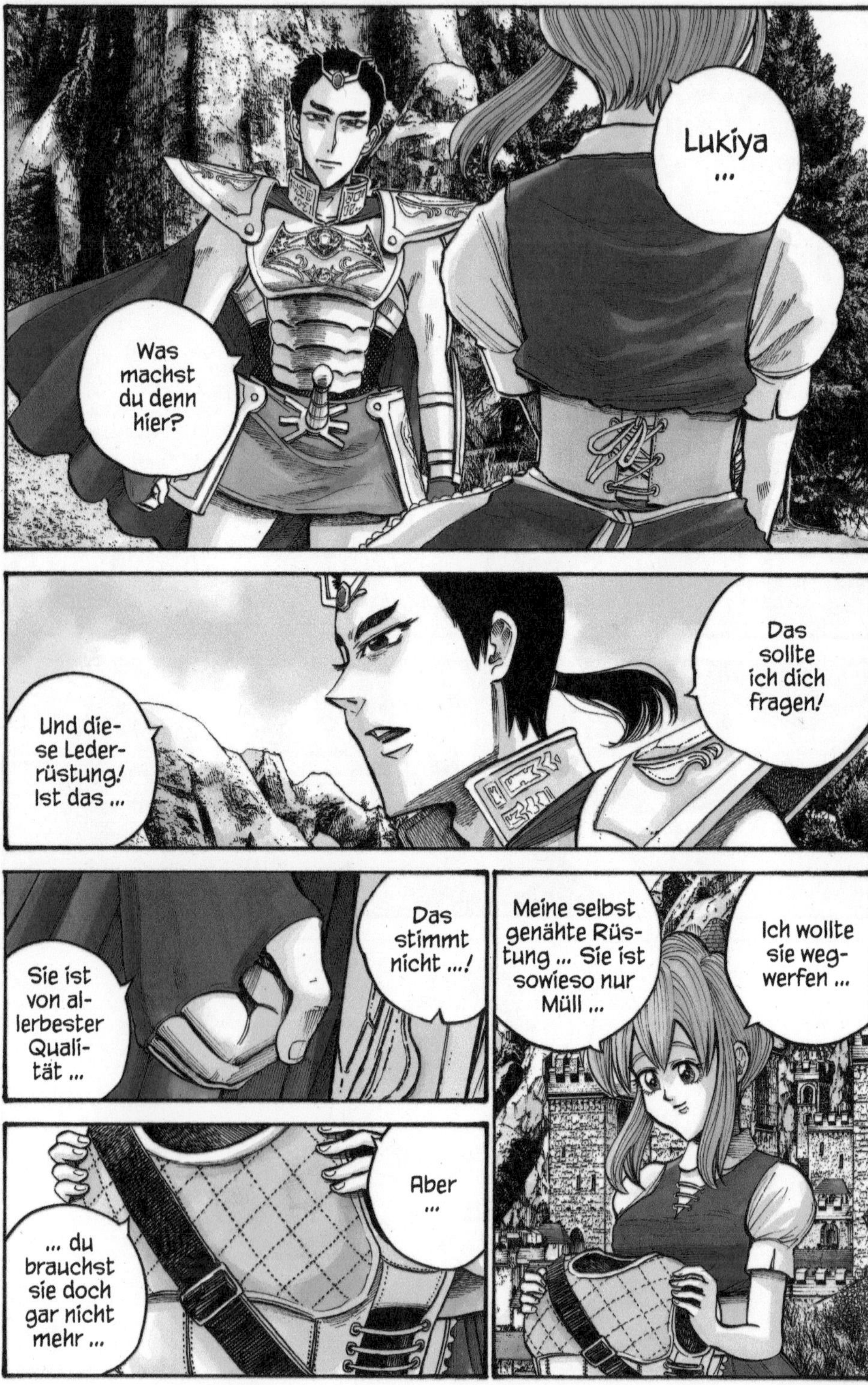
Lukiya ...
Was machst du denn hier?
Das sollte ich dich fragen!
Und diese Lederrüstung! Ist das ...
Ich wollte sie wegwerfen ...
Meine selbst genähte Rüstung ... Sie ist sowieso nur Müll ...
Das stimmt nicht ...!
Sie ist von allerbester Qualität ...
Aber ...
... du brauchst sie doch gar nicht mehr ...

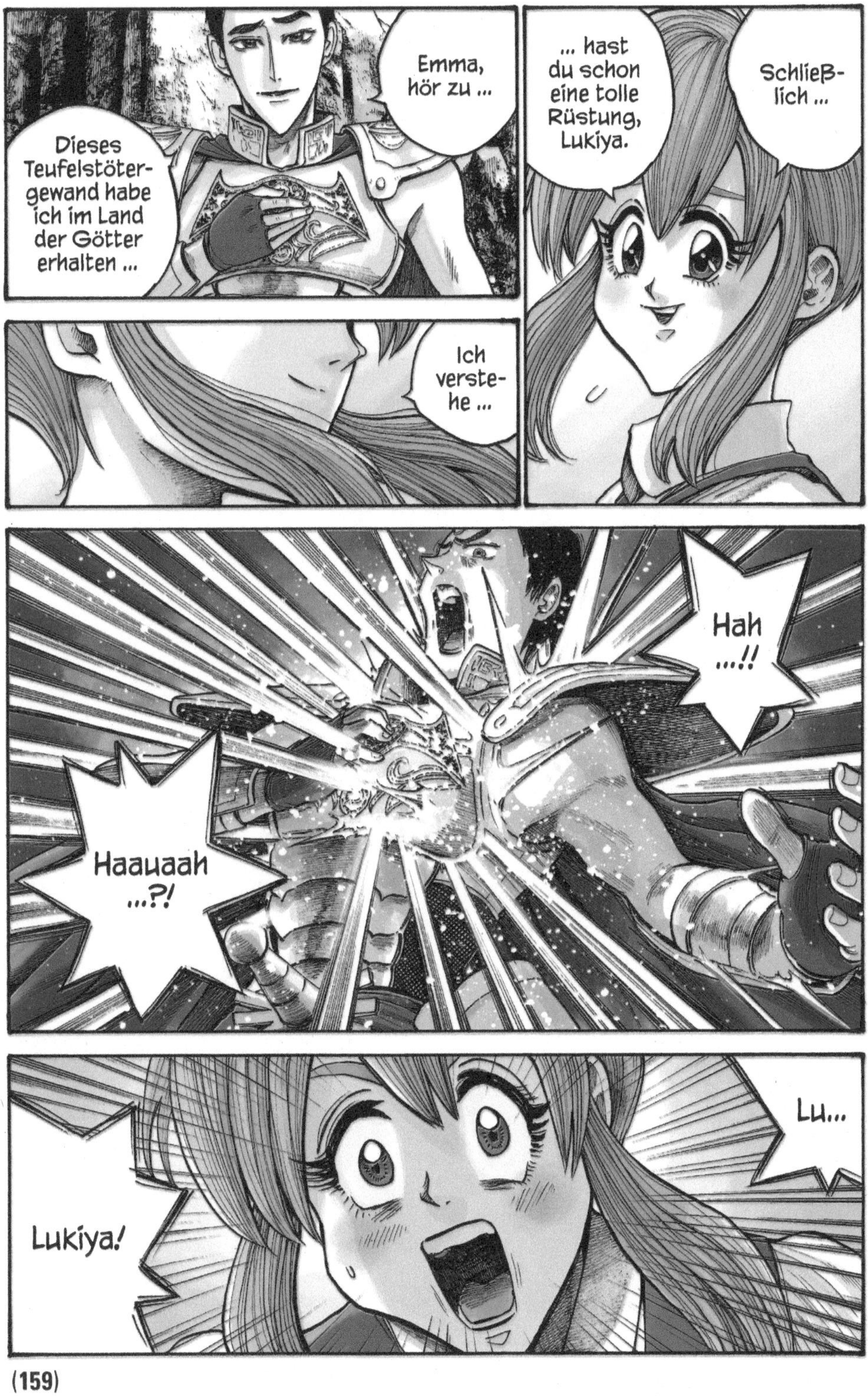
Schließ-lich ...
... hast du schon eine tolle Rüstung, Lukiya.
Emma, hör zu ...
Dieses Teufelstöter-gewand habe ich im Land der Götter erhalten ...
Ich verste-he ...
Hah ...!!
Haauaah ...?!
Lu...
Lukiya!

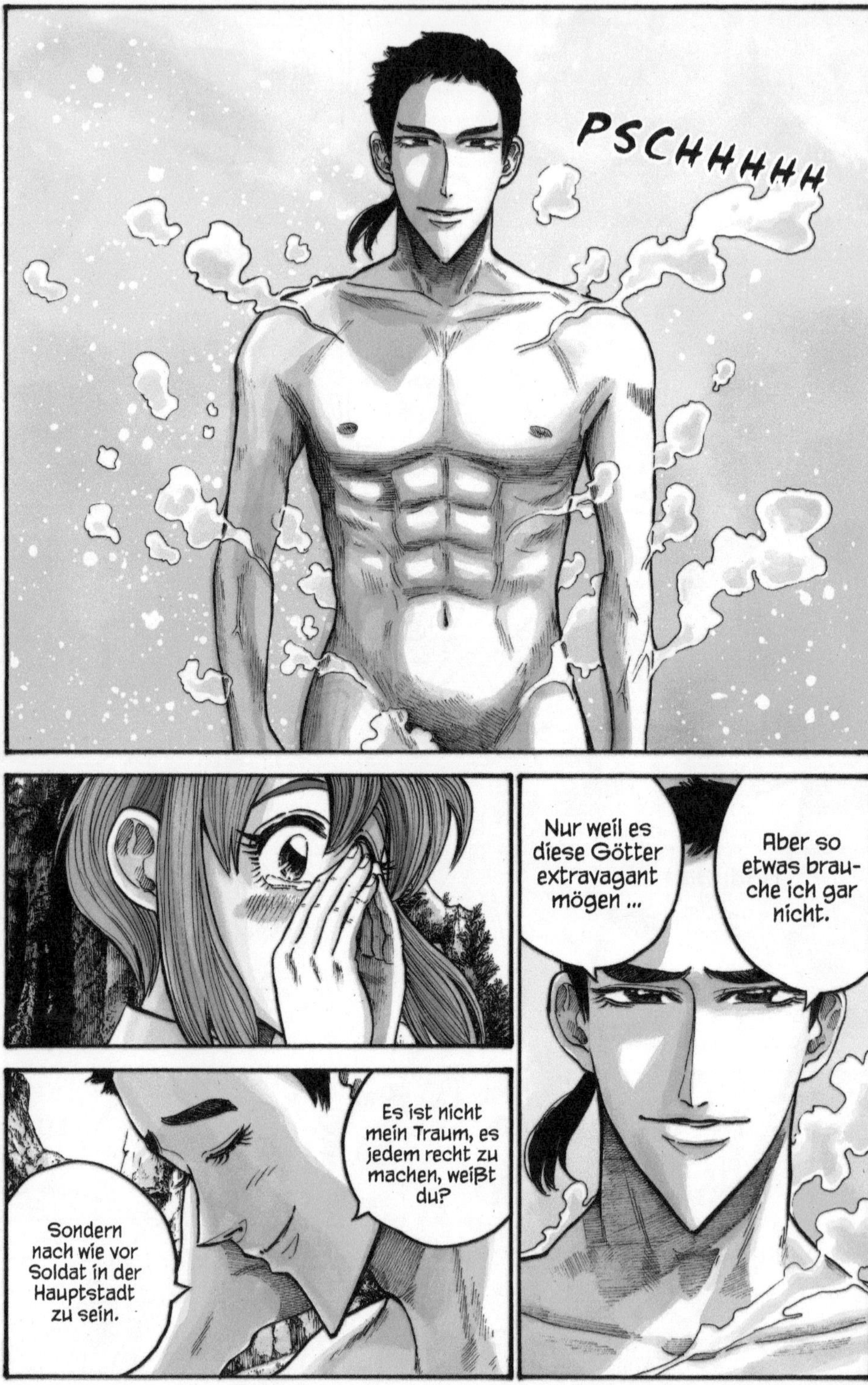
PSCHHHHHH
Nur weil es diese Götter extravagant mögen ...
Aber so etwas brauche ich gar nicht.
Es ist nicht mein Traum, es jedem recht zu machen, weißt du?
Sondern nach wie vor Soldat in der Hauptstadt zu sein.

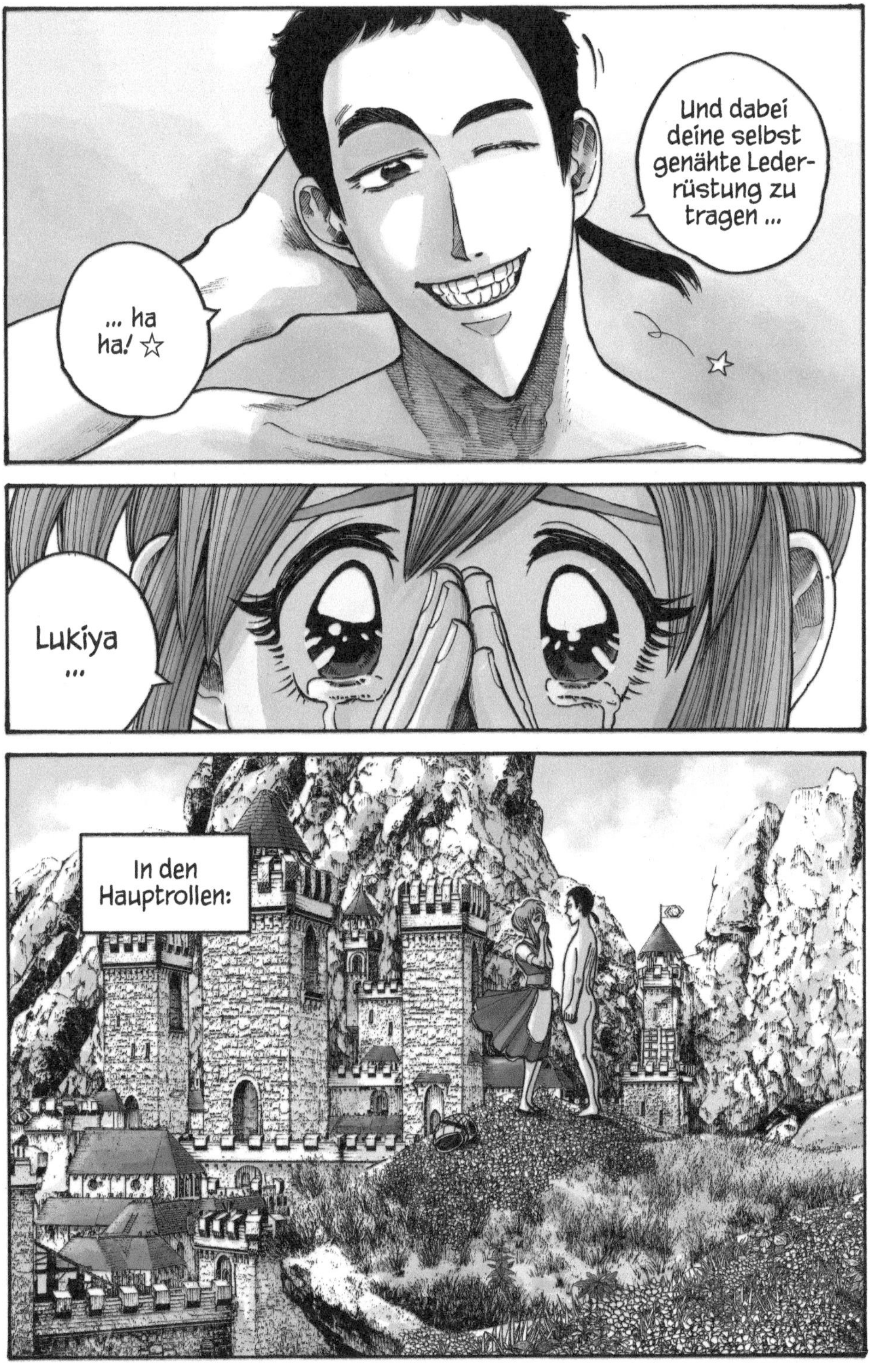
Und dabei deine selbst genähte Lederrüstung zu tragen ...
... ha ha! ☆
Lukiya ...
In den Hauptrollen:

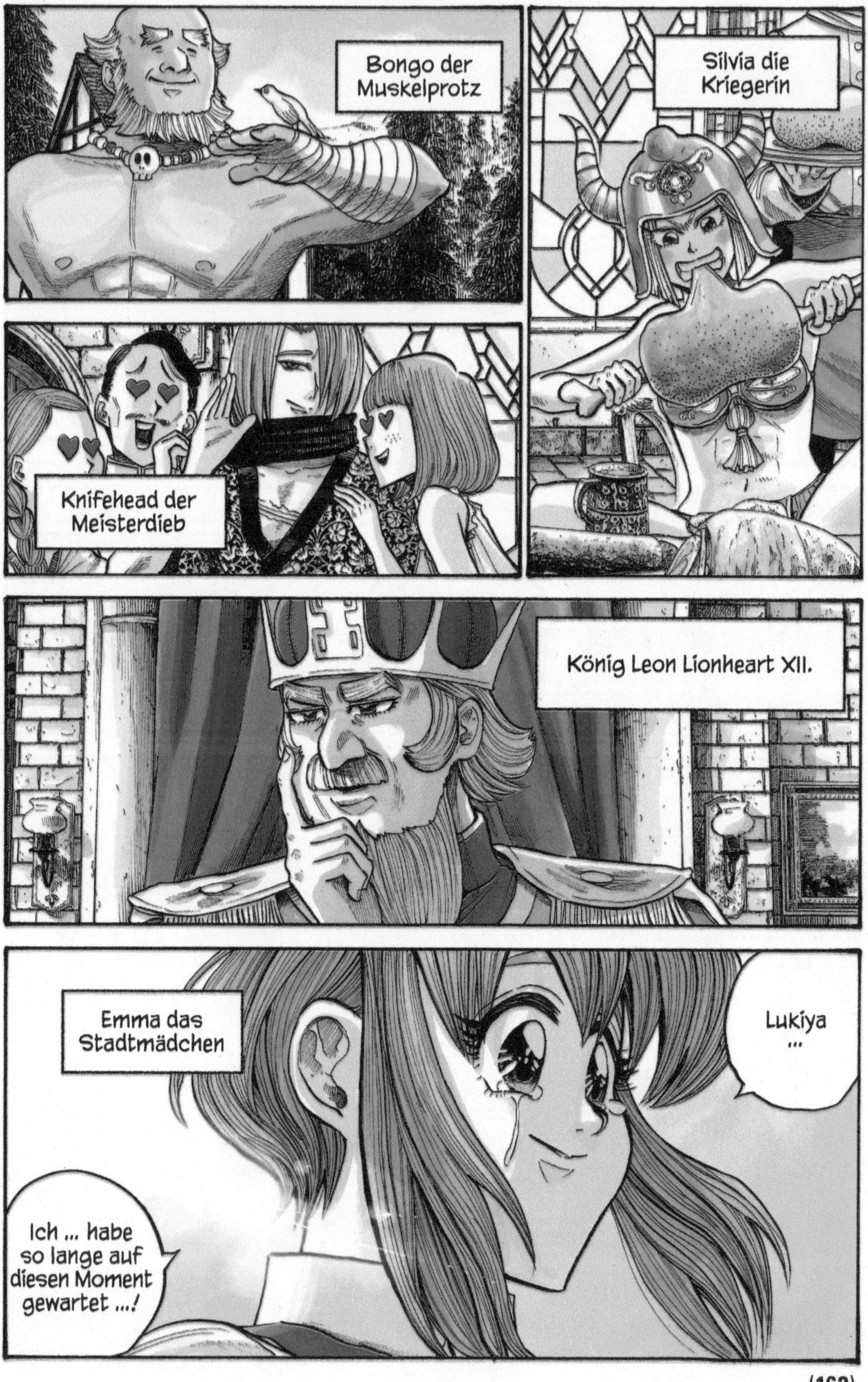
Bongo der Muskelprotz
Silvia die Kriegerin
Knifehead der Meisterdieb
König Leon Lionheart XII.
Emma das Stadtmädchen
Lukiya …
Ich … habe so lange auf diesen Moment gewartet …!

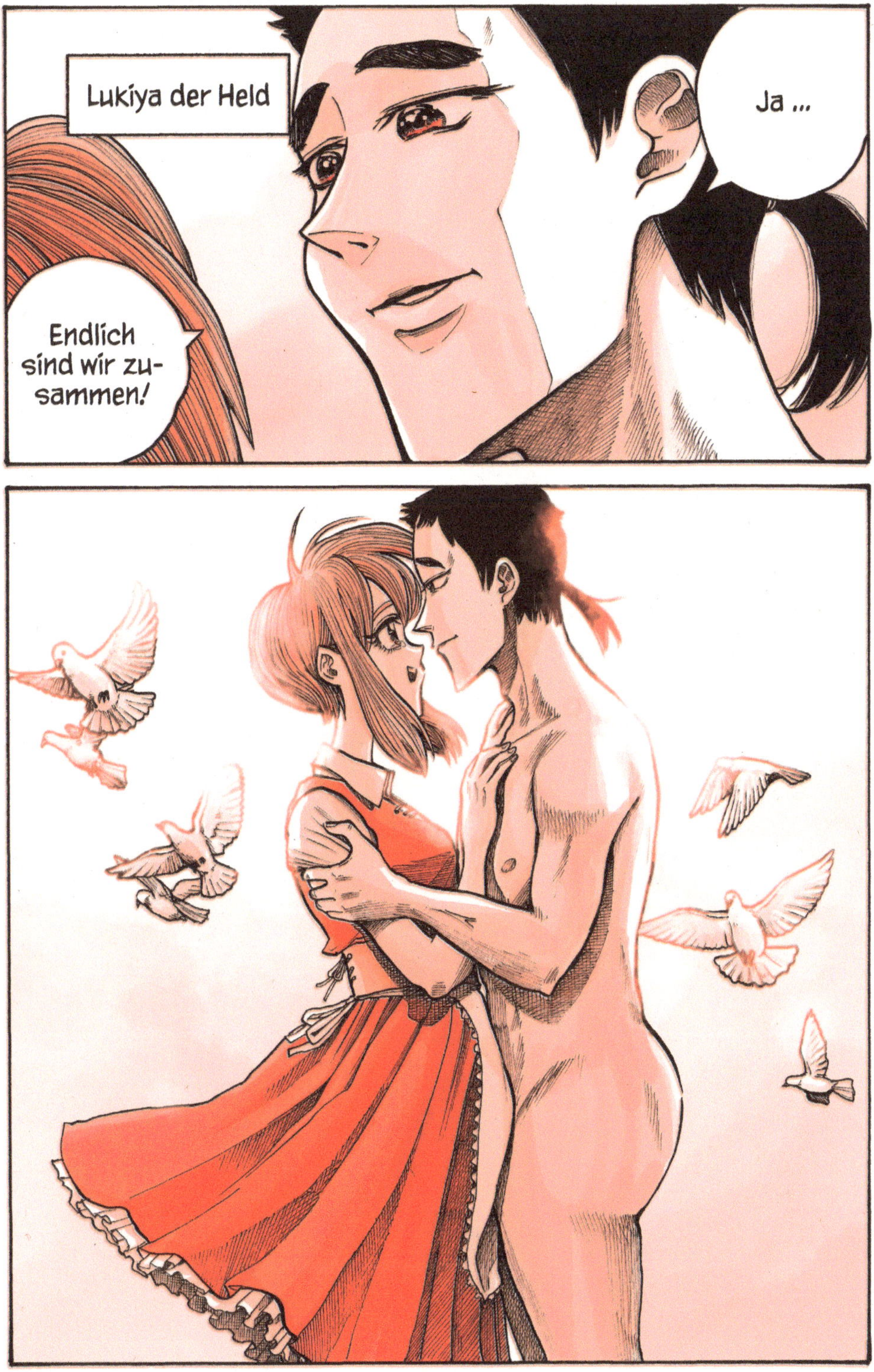
Lukiya der Held
Endlich sind wir zusammen!
Ja ...

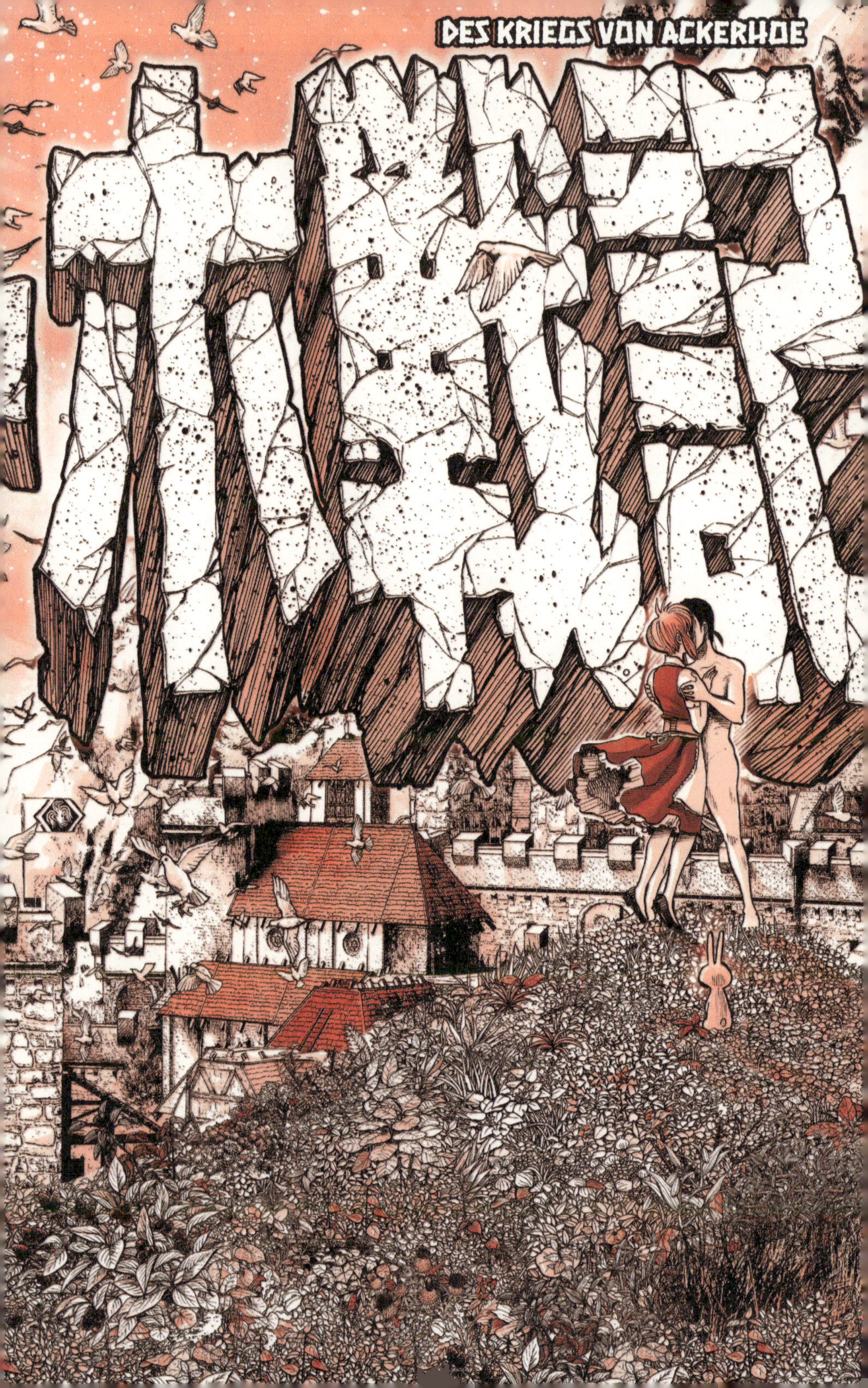
DES KRIEGS VON ACKERHOE

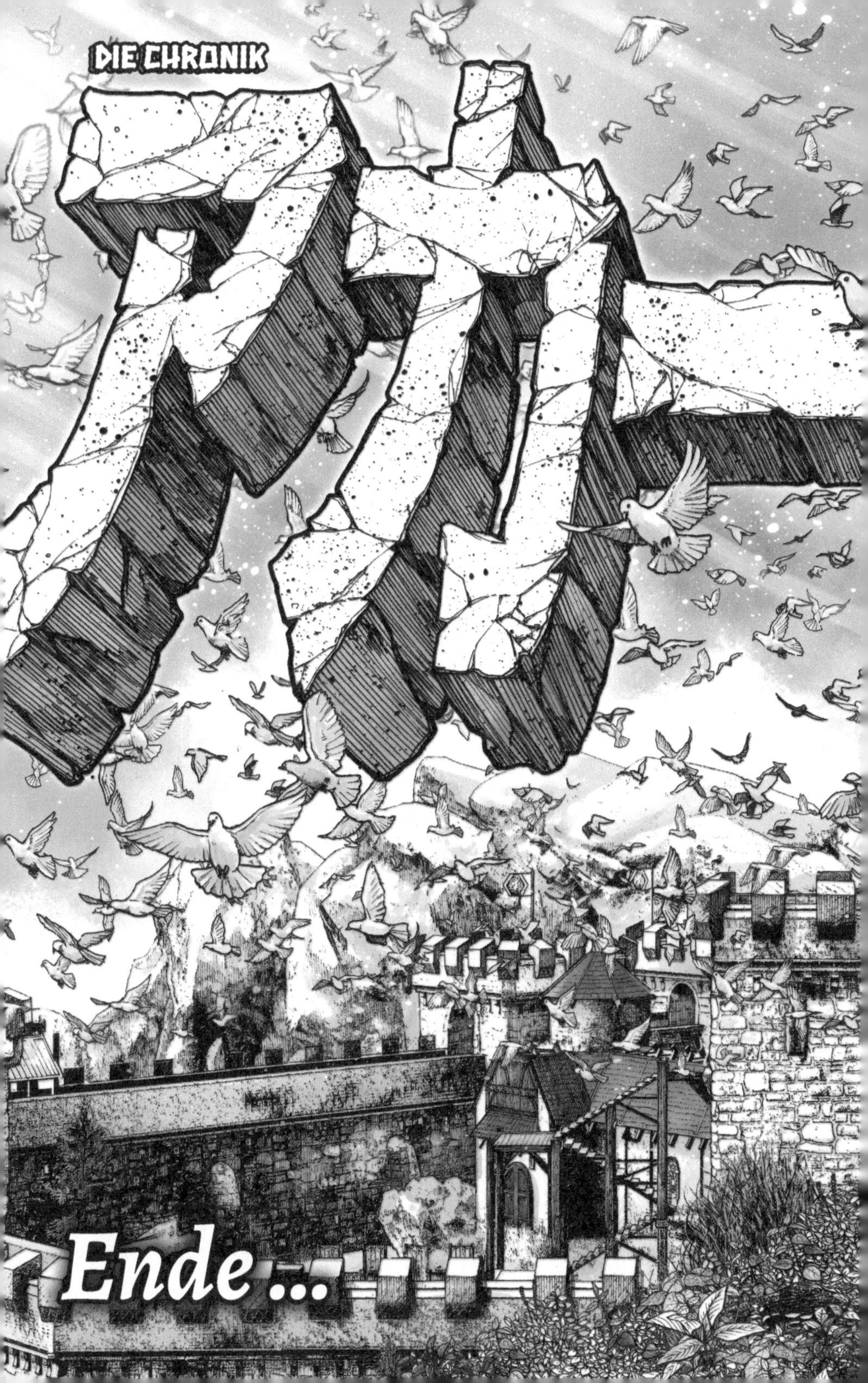
DIE CHRONIK
Ende ...

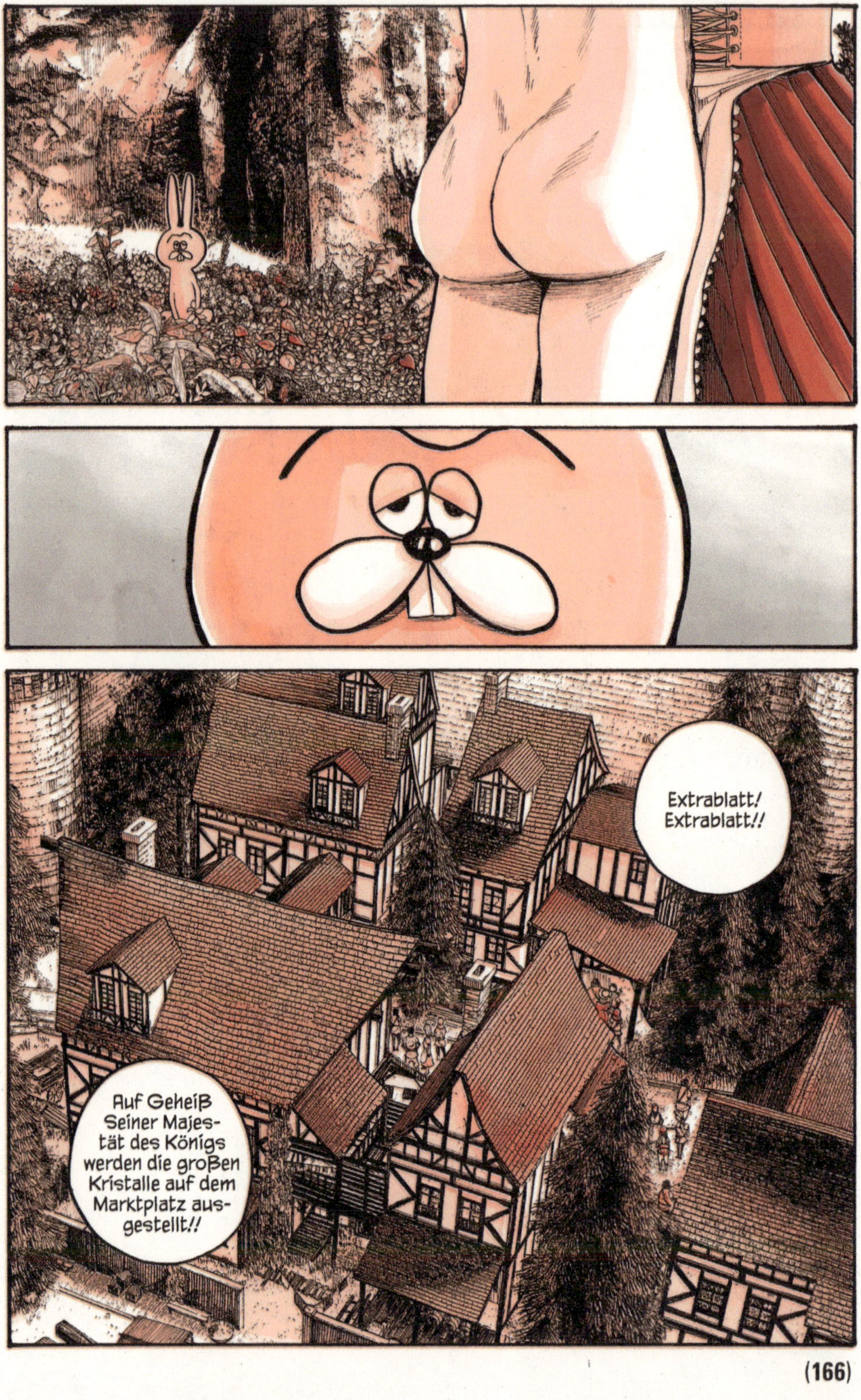
Extrablatt! Extrablatt!!
Auf Geheiß Seiner Majestät des Königs werden die großen Kristalle auf dem Marktplatz ausgestellt!!

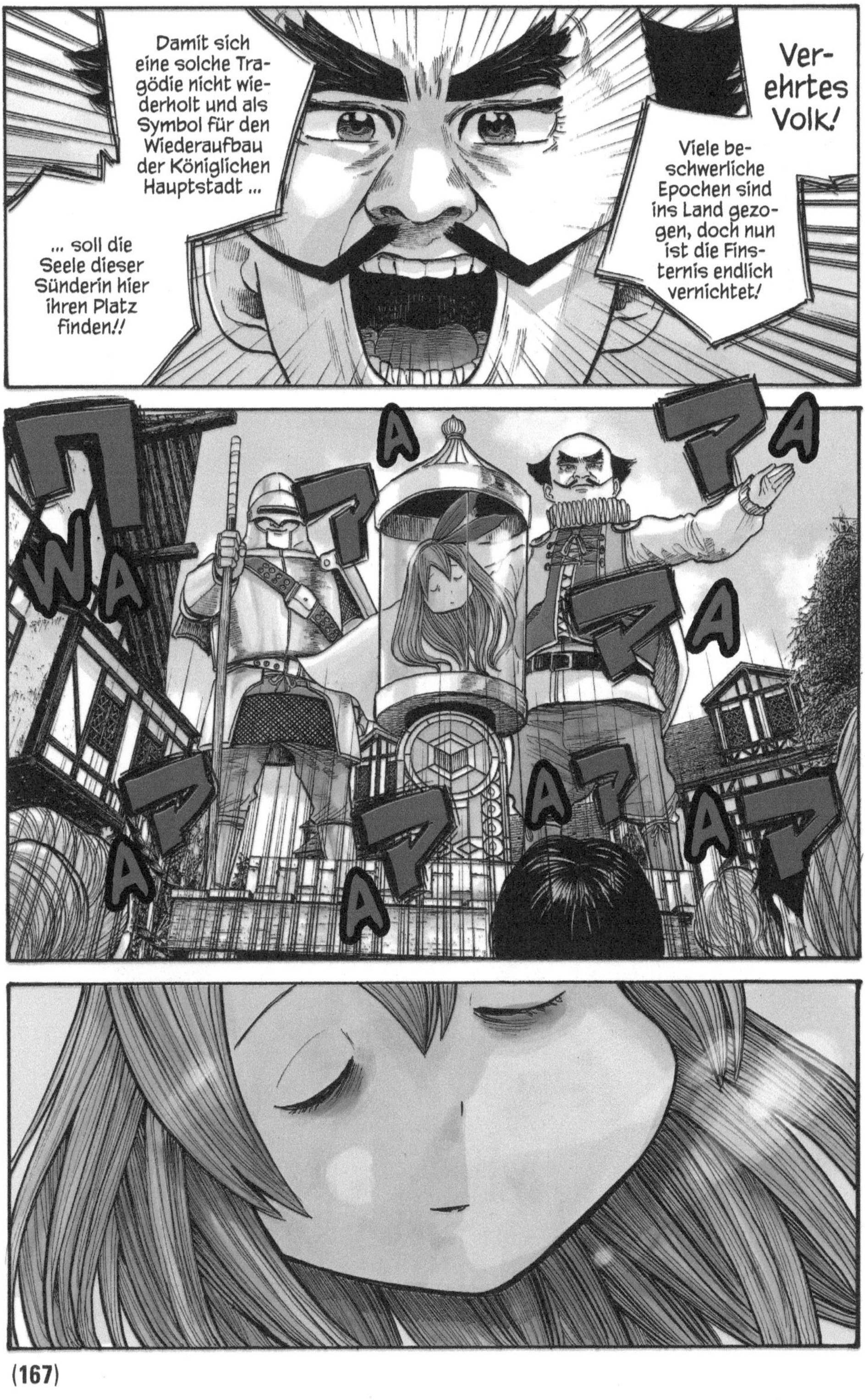
Ver-ehrtes Volk!
Viele beschwerliche Epochen sind ins Land gezogen, doch nun ist die Finsternis endlich vernichtet!
Damit sich eine solche Tragödie nicht wiederholt und als Symbol für den Wiederaufbau der Königlichen Hauptstadt ...
... soll die Seele dieser Sünderin hier ihren Platz finden!!
WA
A
A
A
A
A
A
A
A
A

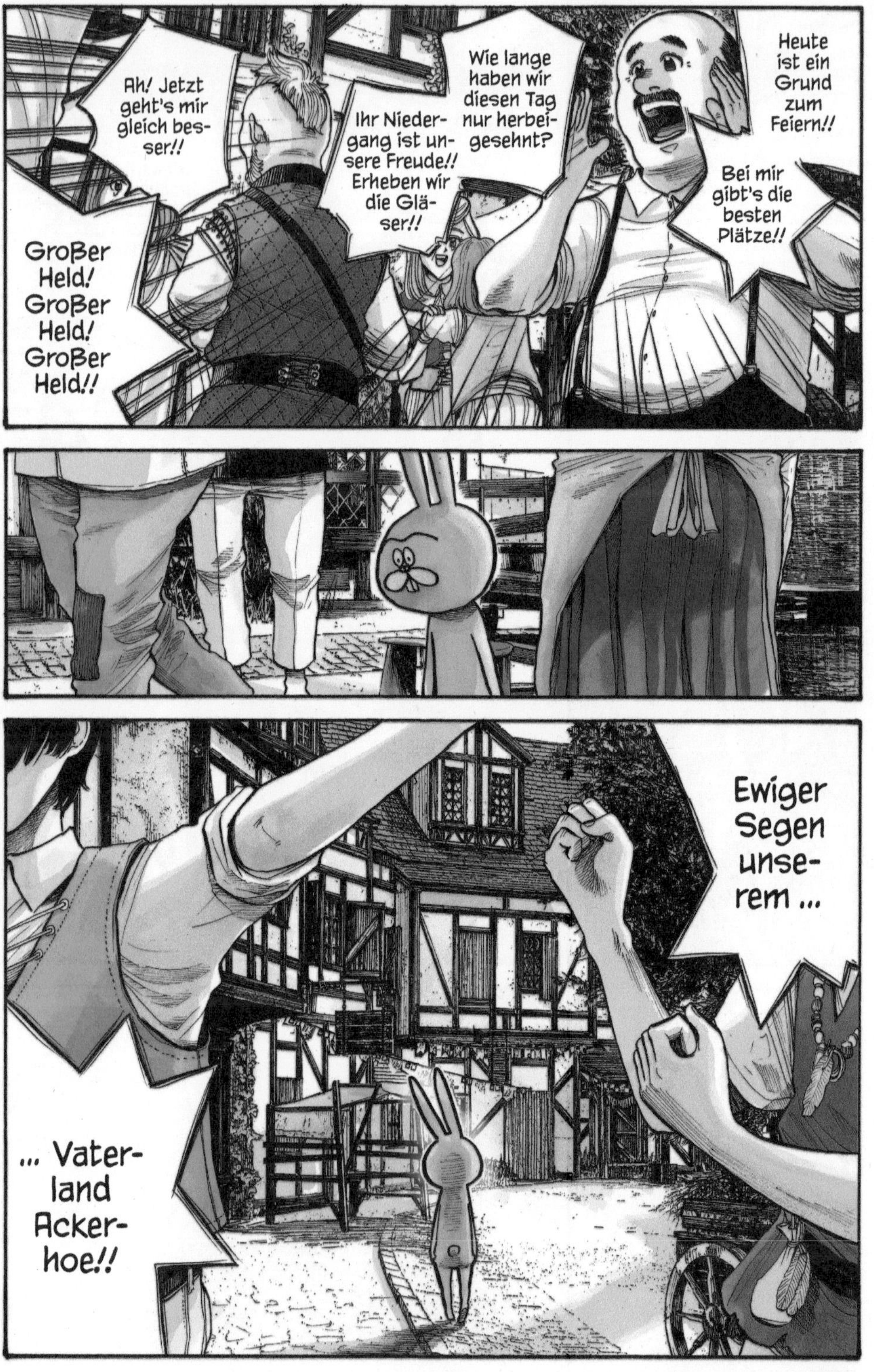

Heute ist ein Grund zum Feiern!!
Bei mir gibt's die besten Plätze!!
Wie lange haben wir diesen Tag nur herbeigesehnt?
Ihr Niedergang ist unsere Freude!! Erheben wir die Gläser!!
Ah! Jetzt geht's mir gleich besser!!
Großer Held! Großer Held! Großer Held!!
Ewiger Segen unserem ...
... Vaterland Ackerhoe!!

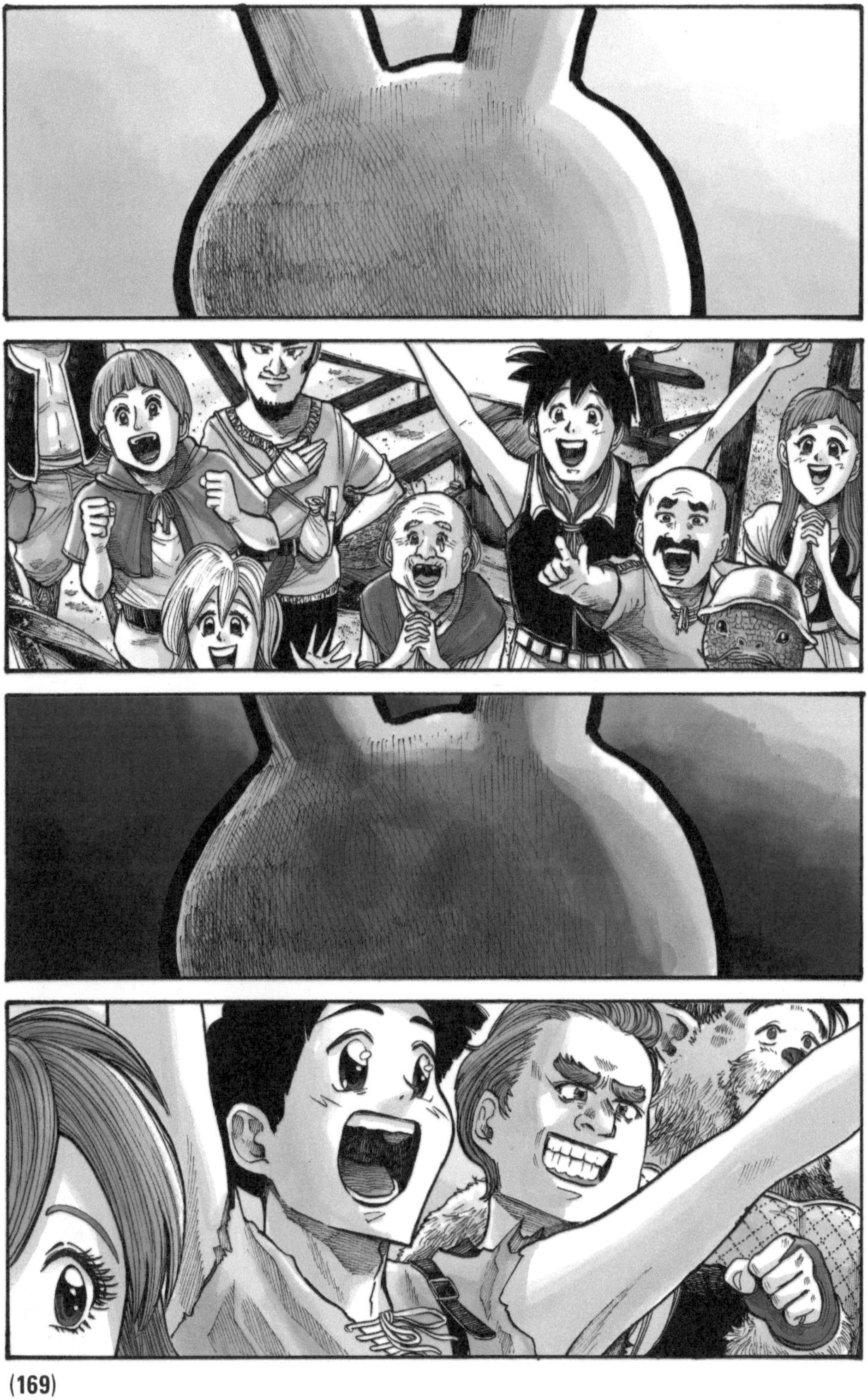

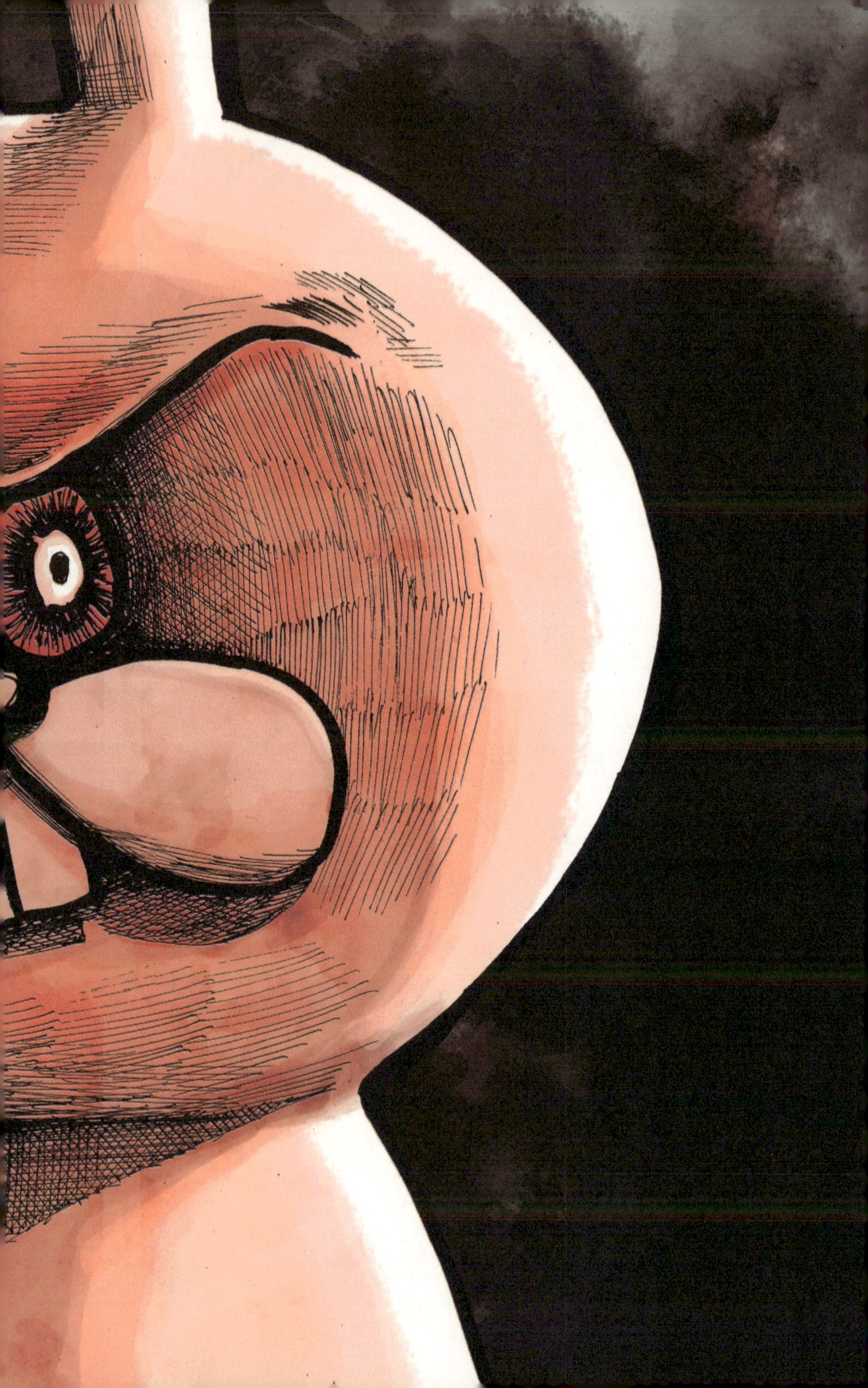

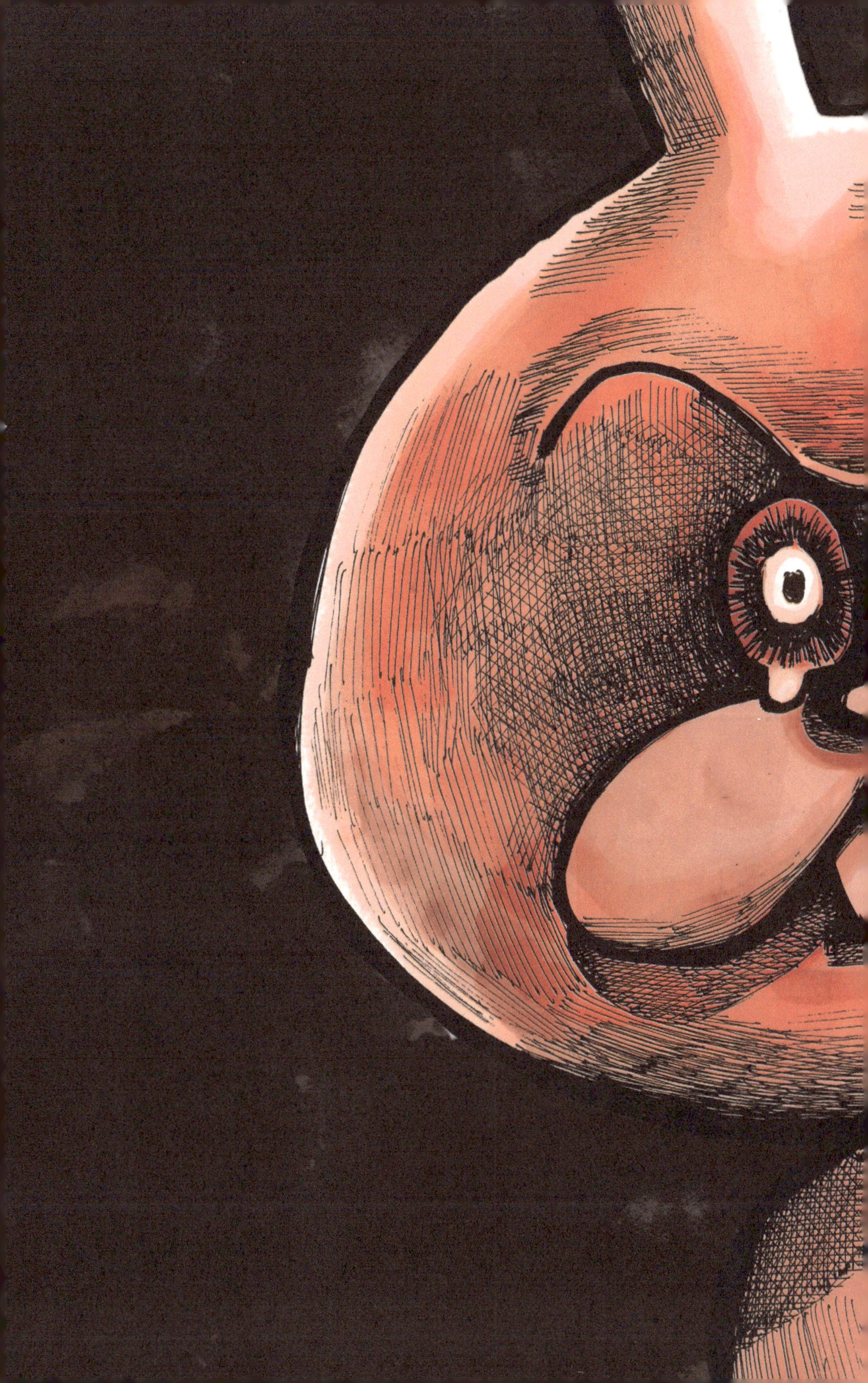

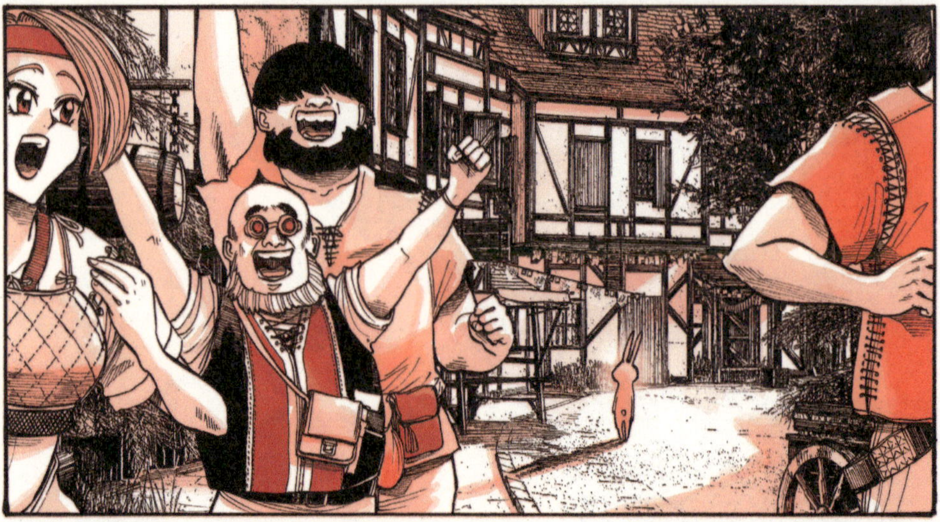

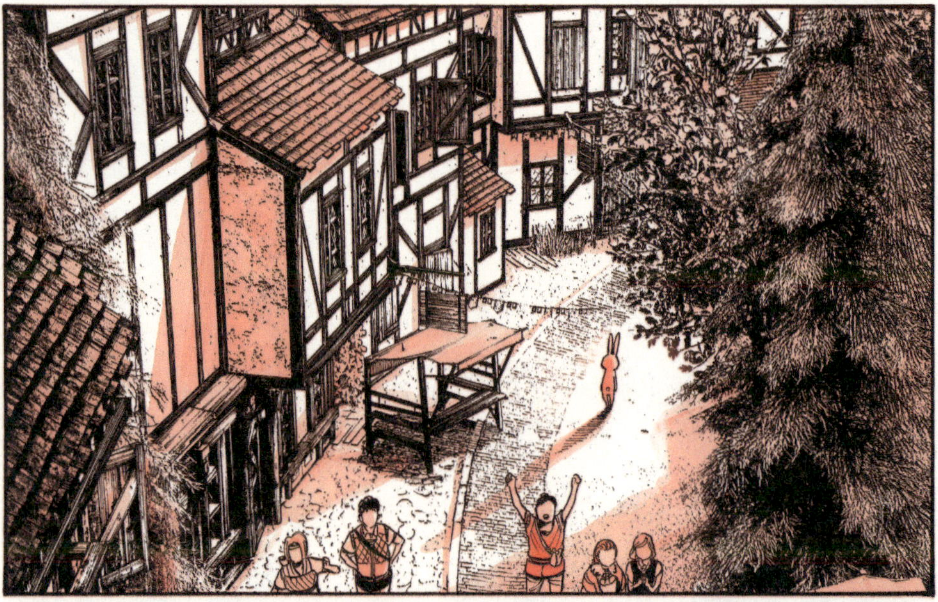

Heroes

Ende

»Bevor nicht alles Dasein erlischt,
wird auch die Macht der Finsternis
fortbestehen. Solange Menschen
Menschen sind.«

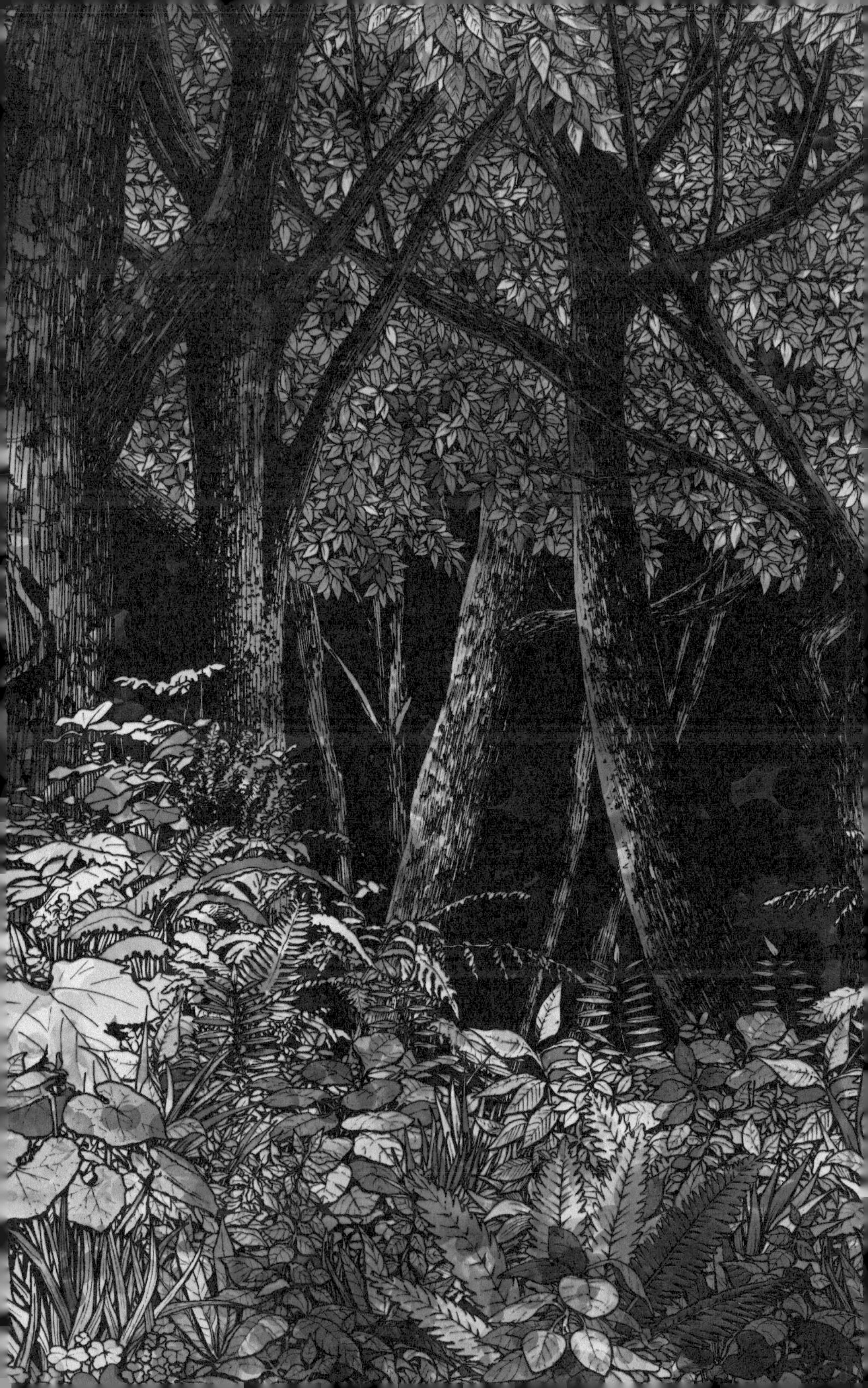

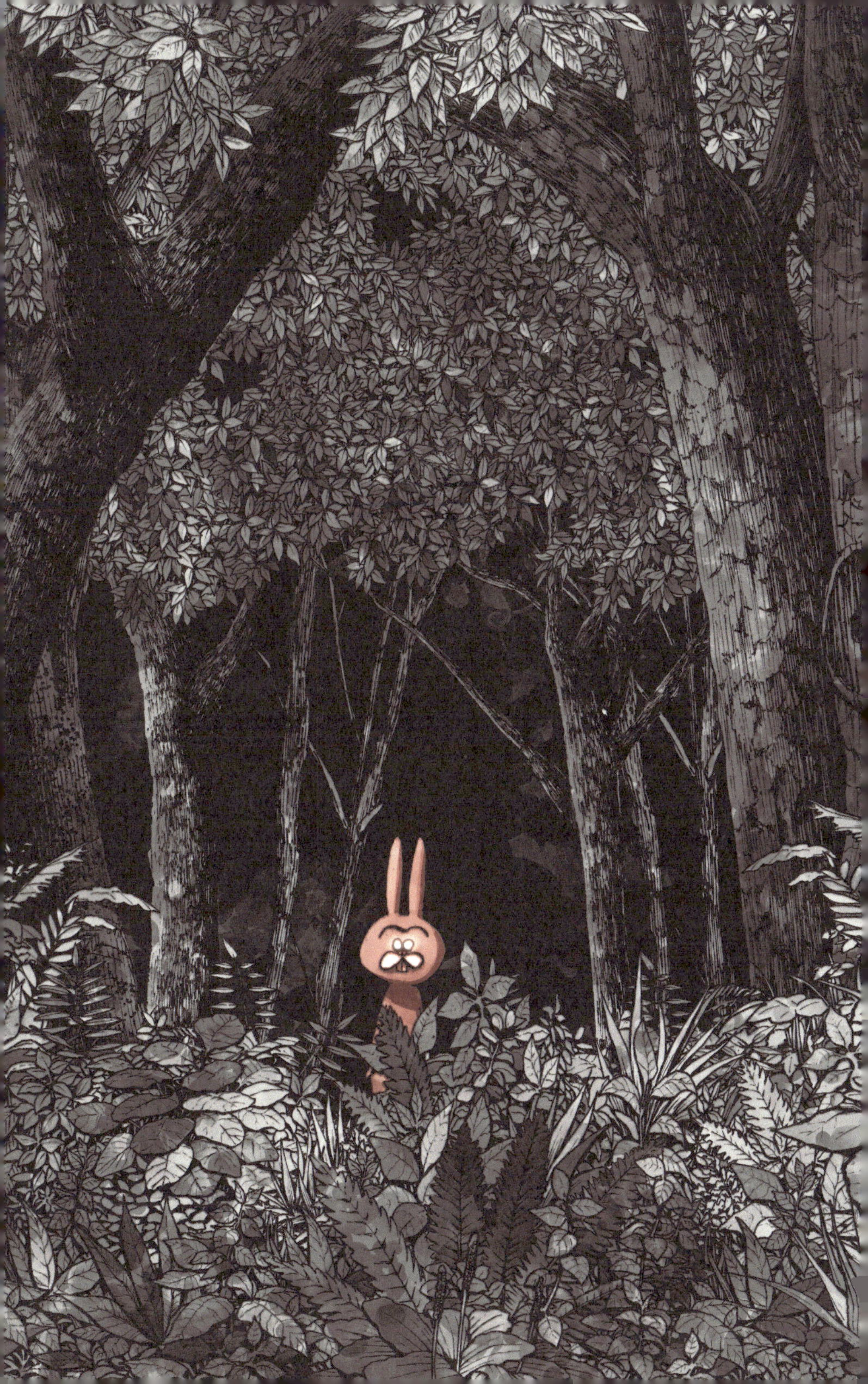

TOKYOPOP GmbH
Hamburg

TOKYOPOP
1. Auflage, 2023
Deutsche Ausgabe/German Edition

Aus dem Japanischen von Jan-Christoph Müller

YUSHA-TACHI
by Inio ASANO

Original Japanese edition published by SHOGAKUKAN.
German translation rights in Germany, Austria, Liechtenstein and German speaking area in the Switzerland, Belgium, Italy and Luxembourg arranged with SHOGAKUKAN through VME PLB SAS.

Original design: chutte

Redaktion: Lisa Duty
Lettering: Vibrant Publishing Studio
Herstellung: Rita Geers
Druck und buchbinderische Verarbeitung:
CPI – Clausen & Bosse GmbH, Leck
Printed in Germany

MIX Papier FSC® C083411

Wir achten auf die Umwelt.
Dieses Produkt besteht aus FSC®-zertifizierten und anderen kontrollierten Materialien.

ISBN 978-3-8420-8446-9

www.tokyopop.de

DEAD DEAD DEMON'S DEDEDEDE DESTRUCTION

Inio Asano

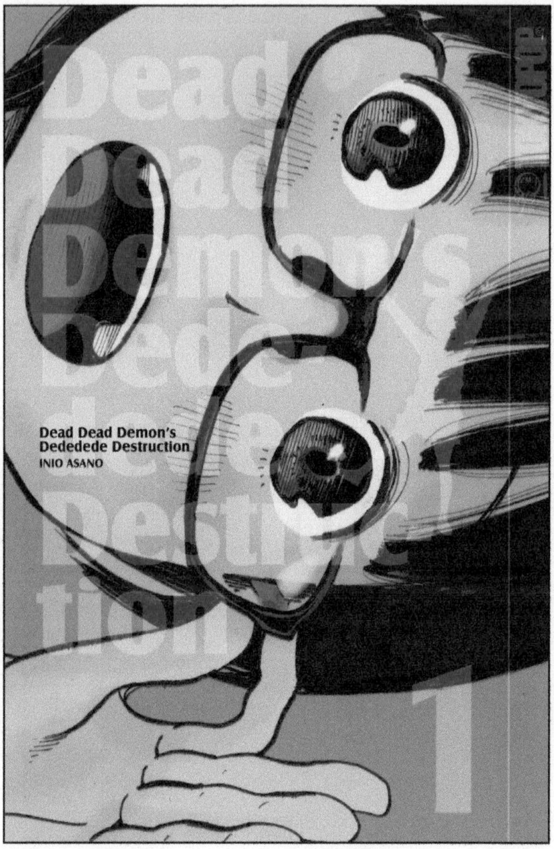

3, 2, 1 … Zerstööööörung!

Die Welt spielt verrückt: Riesige Raumschiffe sind am Himmel erschienen und schweben einfach über den Köpfen der Menschen. Sie töteten wahllos, doch seit geraumer Zeit tut sich nichts mehr. Manchmal verirrt sich ein Mini-Ufo auf die Erde, aber Schaden richtet es nicht gerade an. Kadode und On-tan finden ihre ganz eigenen Methoden, um mit dieser merkwürdigen »Bedrohung« umzugehen. Verändert hat sich allerdings nicht viel und man geht weiter zur Schule, trifft sich und hat Spaß … Nur für wie lange?

STOPP!

Dies ist die letzte Seite des Buches!
Du willst dir doch nicht den Spaß verderben und das Ende zuerst lesen, oder?

Um die Geschichte unverfälscht und originalgetreu mitverfolgen zu können, musst du es wie die Japaner machen und von rechts nach links lesen. Deshalb schnell das Buch umdrehen und loslegen!

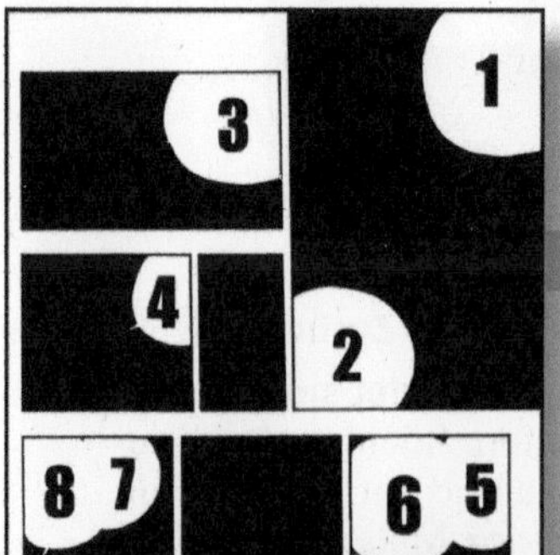

So geht's:

Wenn dies das erste Mal sein sollte, dass du einen Manga in den Händen hältst, kann dir die Grafik helfen, dich zurechtzufinden: Fang einfach oben rechts an zu lesen und arbeite dich nach unten links vor. Viel Spaß dabei wünscht dir TOKYOPOP®!